# ULTIMATIVE FOODIE-ZIELE

## DIE TOP 500 SPEZIALITÄTEN WELTWEIT UND WO MAN SIE ISST

# Einleitung

*„Un pincho de anchoas con pimientos, por favor. Y una copa de chacolí. ¡Gracias!"*
Sie bekommen einen kleinen Teller mit Ihrem ersten Pintxo und ein Glas baskischen
Sekt. *¡Salud!* Willkommen in San Sebastián in Spanien, einer der tollsten Städte der
Welt, um sich durchzufuttern! Zwischen der Bahía de le Concha und dem Fluss findet
man in den Gassen der Altstadt unzählige Pintxosbars, jede serviert ihre eigene Spezialität dieser baskischen Happen. In der Bar *Txepetxa* in der C/Pescadería sind Sardellen der beliebteste Snack. Ein paar Häuser weiter im *Nestor* ist es ein Salat aus Och-
senherztomaten mit Olivenöl und Salz oder eine Tortilla, die so begehrt ist, dass man
sich dafür auf einer Liste eintragen muss. Zu den Kreationen der Bar *Zeruko*, ebenfalls
in der C/Pescadería, gehört ein Stück Kabeljau von einem winzigen Grill. Es ist, als
wäre es eine Bestimmung der Stadt, alle Sinne zu erfreuen – auch den Abenteuersinn,
wenn man von Bar zu Bar zieht und innovative baskische Aromen ausprobiert.

Reisen wie diese haben Lonely Planets *Ultimative Foodie-Ziele*, eine Sammlung un-
vergesslicher kulinarischer Erlebnisse der Welt, inspiriert, und sie haben gezeigt, dass
Lebensmittel und Orte unauflöslich miteinander verbunden sind: Regionale Gerichte haben sich aus dem entwickelt, was in der Nähe wächst oder gerade Saison hat.
Manchmal erfindet ein gastronomisches Genie einen Klassiker, der in Restaurants auf
der ganzen Welt zubereitet wird: Wie viele Versionen des Nizzasalats mögen wohl existieren? Aber nur an der französischen Riviera kann man ihn in seiner Heimat kosten,
und hier passt alles perfekt zusammen, der Thunfisch aus dem Mittelmeer und die
sonnengereiften Tomaten aus der Provence. Dank Migration und Globalisierung kann
man heute leicht Kimchi in Los Angeles oder Manoushe in Melbourne kaufen, aber
nur in Korea bzw. dem Libanon kommt man an ihre kulturellen Wurzeln. Dort kostet
man nicht einfach nur das Gericht, sondern erlebt das Gewusel der Menschen, ihre
Sprachen, Aromen und Geräusche. Das macht jedes Gericht zu einem unvergesslichen
Erlebnis.
Wie haben wir unsere Auswahl zusammengestellt? Zunächst haben wir Reiseautoren,
Blogger und die Mitarbeiter von Lonely Planet, die sich sowohl fürs Essen als auch fürs

Reisen begeistern, gebeten, ihre leckersten kulinarischen Entdeckungen zu verraten. Außerdem haben wir 20 Köche und Food-Autoren mit einem Faible für internationale Küche – von José Andrés bis Andrew Zimmern – nach ihren fünf Lieblingserlebnissen zum Thema Essen gefragt. Anhand dieser langen Liste versuchten wir, ein Ranking zu erstellen: Wohin sollte man für die besten kulinarischen Erlebnisse weltweit reisen? Unser Team aus Food-Journalisten bekam Hilfe von einem Gremium – bestehend aus dem Koch und Moderator Adam Liaw und der Food-Bloggerin Leyla Kazim –, das die Gerichte nach Geschmack, kultureller Bedeutung und der besonderen Atmosphäre des Ursprungsortes bewertete.

Das Ergebnis ihrer Diskussionen und Beiträge ist dieses Buch. Schaut man sich die Top Ten an, dann fällt auf, dass gemeinsames Essen besonders hoch im Kurs steht. Offenbar gehört neben der Atmosphäre eines Ortes auch die Geselligkeit zu den Faktoren, die Gastronauten ermutigen, verlockend klingende Gerichte zu bestellen, ohne genau zu wissen, was sie erwartet …
Vor Ort zu essen, was typisch ist für die jeweilige Region oder Stadt und nur regional angeboten wird, ist auch nachhaltig. Man kann den Kellner nach der Herkunft der Zutaten fragen – zum Beispiel bei Meeresfrüchten und Fischen, die in unserer Top 20 stark vertreten sind. Setzen Sie mit Ihrem Euro, Dollar oder Yen Nachhaltigkeitsanreize!

Dieses Buch reist mit einem unstillbaren Appetit um die Welt. Es besucht die kulinarischen Schmelztiegel London, New York und Melbourne und auch Ziele wie Lima, Singapur und Yucatán. Einige Gastro-Erlebnisse, die wir empfehlen, liegen wirklich weit ab von ausgetretenen Pfaden, z. B. im australischen Outback oder auf den Färöer-Inseln. Aber ihnen allen ist gemeinsam, dass sie uns übers Essen einen Ort, seine Bewohner und ihre Lebensart näher bringen. Zu jedem Gericht erfahren Sie genau, wo sie es essen können, für detaillierte Infos schauen Sie in unsere Reiseführer und auf lonelyplanet.com. Los geht's – packen Sie Ihren Pass ein, nehmen Sie locker sitzende Kleidung mit und entdecken Sie Ihre Lieblingsessen!

# Inhalt
## 01–99

# 100-199

# 200-299

# 300 – 399

# 400–500

01–99

© Lonely Planet / Mark Read

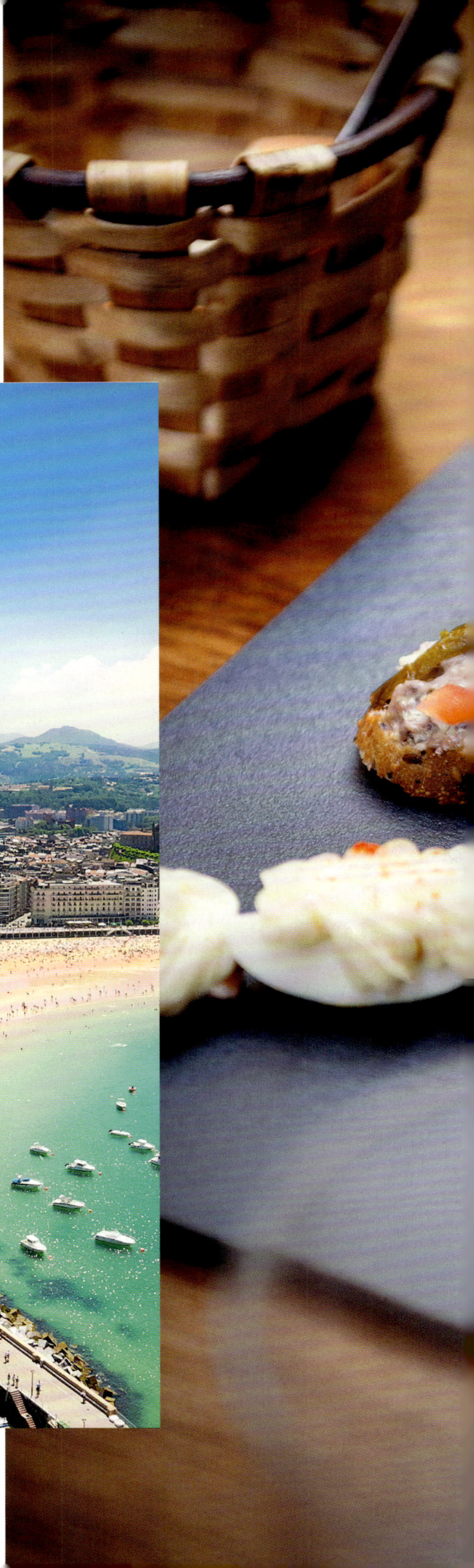

**Klassische Thekensnacks**

↓

Diese herzhaft-würzigen Buffalo-wings, die perfekt zum Bier passen, stammen aus der gleichnamigen Stadt im Bundes-staat New York.

 Seite 57

↓

Das üppige Sandwich Chivito entstand in Uruguay durch einen glücklichen Zufall.

Seite 174

↓

In Tokios Barviertel wird zu viel Alkohol mit Yakitori be-kämpft.

 Seite 228

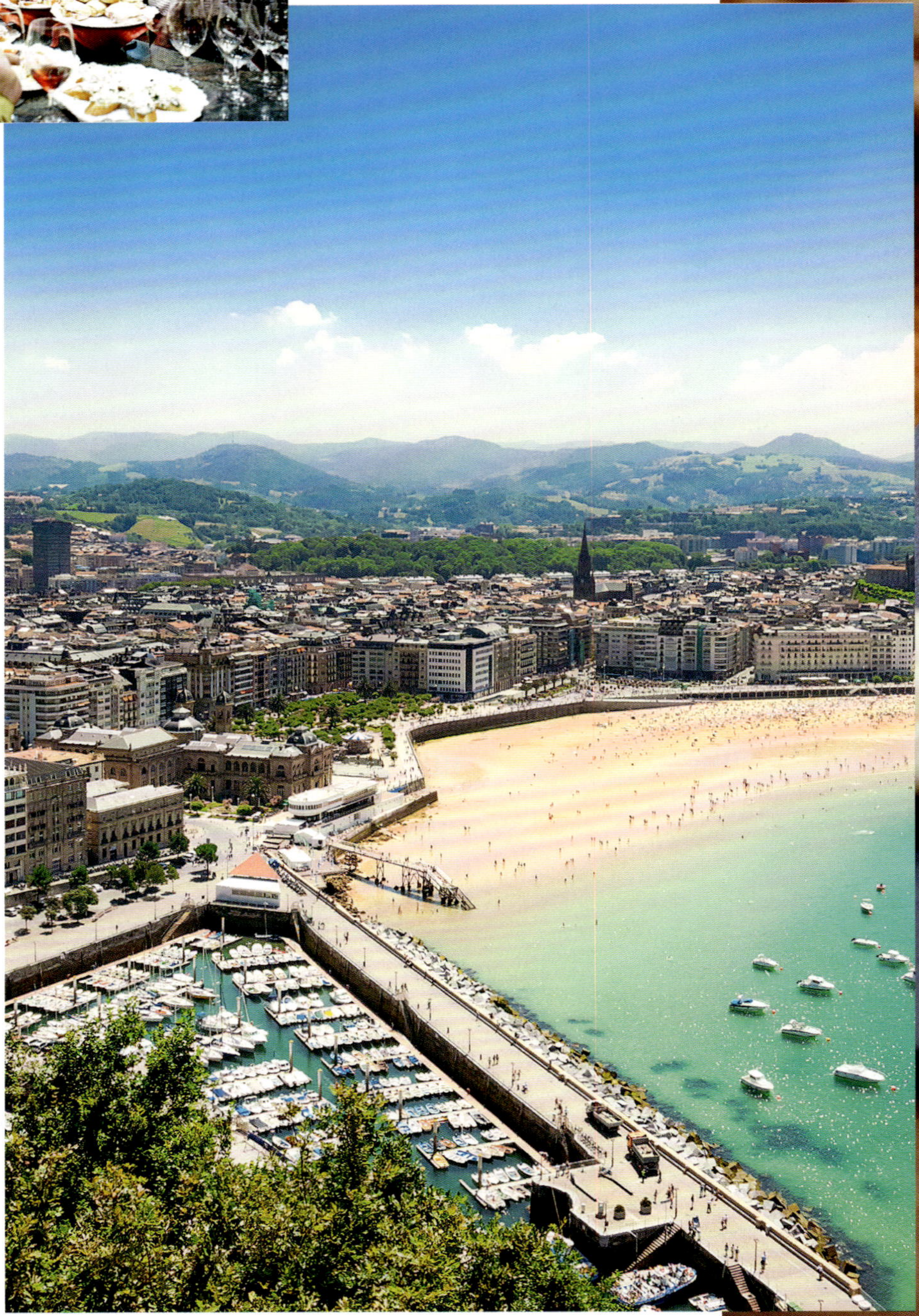

© Shutterstock / Alexander Demyanenko

# Pintxos-Kneipentour durch San Sebastián

## 01

SPANIEN // Es gibt kaum eine bessere Art, die Küche einer Kultur zu erkunden, als in San Sebastián Pintxos zu testen. Zu diesen kleinen Happen – außerhalb des Baskenlandes als „Tapas" bekannt – nimmt man am besten einen passenden Drink. So ist diese kulinarische Reise eine Kneipentour durch die Stadt. Ursprünglich waren Pintxos kleine belegte Brote, heute kann man sie in vielen Variationen genießen: mit den traditionellen gestapelten Belägen oder mit Kleinigkeiten aus der Molekularküche, deren Geschmack nicht zum Aussehen zu passen scheint. Natürlich findet sich fast jede regionale Zutat. Es ist schwierig, eine Favoritenliste zu erstellen, aber oft hauen einen die einfachen Varianten um: Spargel im Backteig, eine Thunfisch-Sardellen-Quiche oder Champignons in Knoblauch geschmort. Gönnen Sie sich also einen faulen Tag in der Stadt oder der Umgebung, machen Sie eine Siesta und ziehen Sie dann nicht vor neun Uhr abends los. Die nächste Kneipe ist immer nur ein paar Minuten entfernt, genau wie eine Speisekarte voller Leckereien und lauter neue Leute, die essen und trinken – folgen Sie ihnen einfach.

☛ PROBIER'S ! *Ganbara wird vom Küchenchef Juan Mari Arzak empfohlen. Der Spargel im Backteig gehört unbedingt dazu.*

# Suchen Sie ihren Curry Laksa-Lieblings-Stand in der City von Kuala Lumpur!

Unten: Curry Laksa. Rechts (oben): Die Skyline von Kuala Lumpur; (unten) kaum ein freier Platz in einem Straßenrestaurant im Zentrum.

**MALAYSIA //** Üppiges und cremiges Curry Laksa ist so ziemlich das Köstlichste, das man irgendwo auf der Welt in einer Schale bekommen kann. In Malaysia jedoch, vor allem in Kuala Lumpur, findet man die besten Orte, um es zu essen. Hier gibt es fantastische kleine Garküchen, die sich in den Schatten riesiger Wolkenkratzer ducken, und in der Madras Lane, direkt neben der Petaling Street, buhlen konkurrierende Stände mit Curry Laksa um Ihre Aufmerksamkeit.

Wählen Sie den mit der längsten Schlange. Wenn Sie dann Ihre Schüssel in den Händen halten, suchen Sie sich einen Plastikstuhl – unbedingt von dem Stand, bei dem Sie ihr Laksa gekauft haben! – und genießen Sie das überwältigende, schweißtreibende Ess-Erlebnis. Kehren Sie am nächsten Tag zurück, um die Version am Nachbarstand zu kosten. Ein berauschender Mix aus Gewürzen und Geschmäckern (wie frischem Kurkuma, Galgant, Chili, Kemirinuss und Garnelenpaste) gehört zur Currymischung, die zusammen mit Kokosmilch zur typisch orangen Nudelsuppe wird. Zwei Sorten Nudeln (dünne Reisnudeln, dicke Eiernudeln), dazu geschnetzeltes Huhn, Garnelen, Herzmuscheln, frittierter Tofu, Bohnensprossen, frischer Chili und Minze sowie ein paar Spritzer Limettensaft sind weitere Zutaten für ein Erlebnis, das es so nur in Malaysia gibt.

☛ **WO?** *In den Garküchen auf der Madras Lane, neben der Petaling St, Kuala Lumpur*

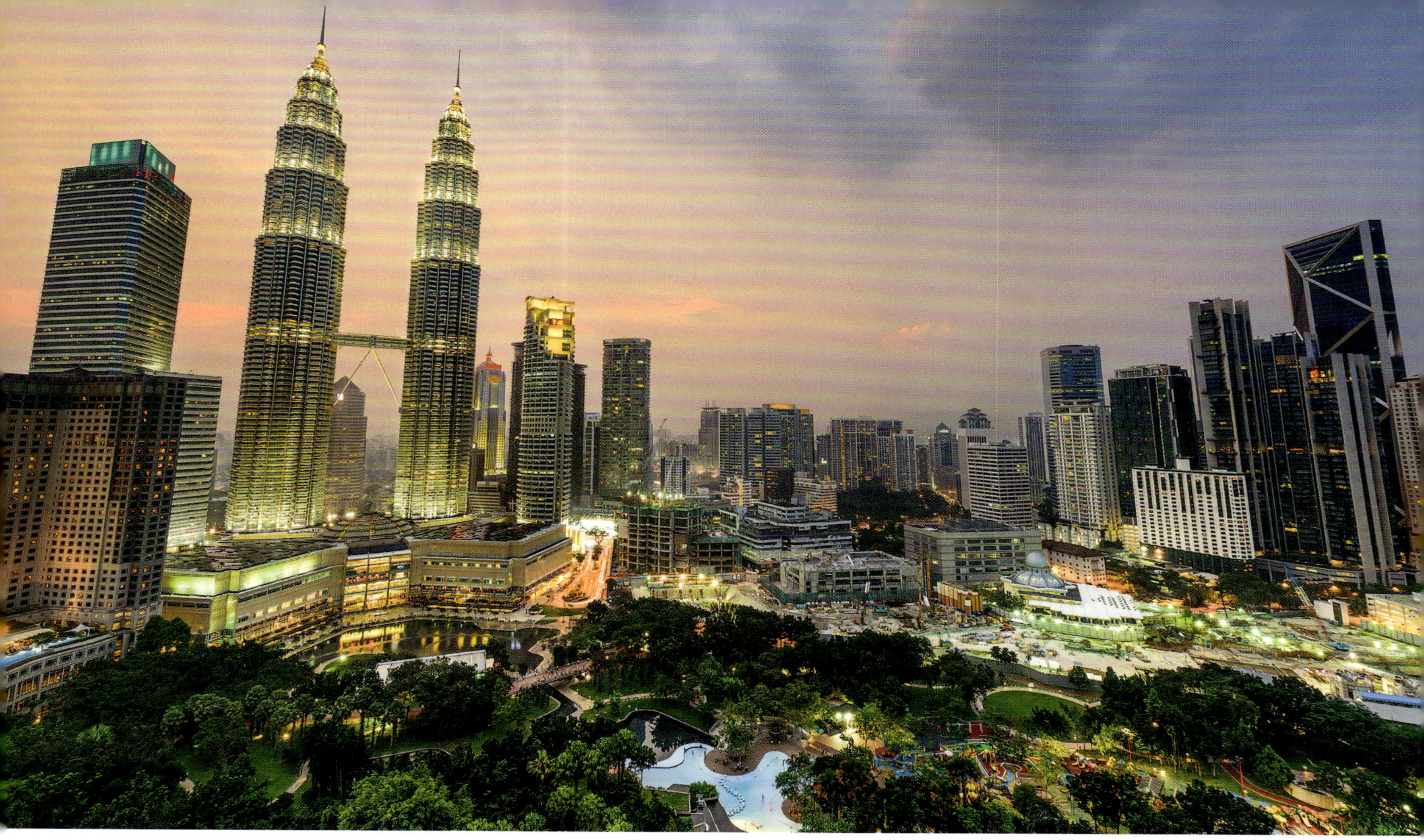

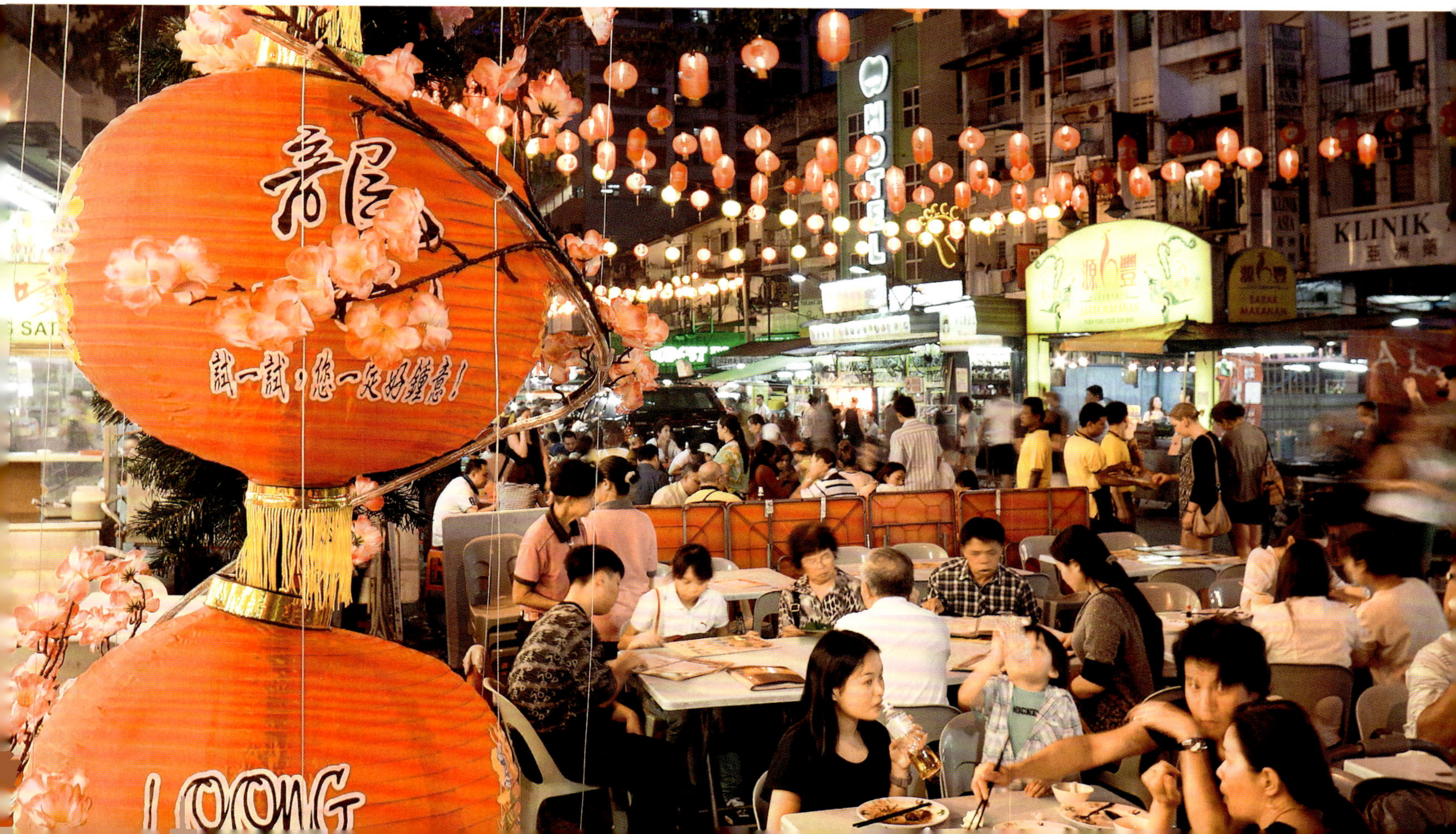
龍
試一試，您一定好鍾意！
LOONG
HOTEL
KLINIK

# Bei den Sushimeistern in traditioneller Umgebung in Tokio zu Gast!

**Wo die Köche Entertainer sind**

Ägyptische Meister schlagen, reißen und ziehen in Kairo am pizzaartigen Fetir-Teig.
☞ Seite 115

Die Lamian Nudelmacher in Lanzhou sind geborene Showmen.
☞ Seite 200

Bei Papabubble geht es genauso sehr um die bunten Farben wie um die Süßigkeiten.
☞ Seite 244

JAPAN // Wir würden gern sagen: Wenn Sie in Tokio Sushi essen möchten, dann gehen Sie zu Sukiyabashi Jiro oder Sushi Saito. Aber die unfassbar lange Warteliste dieser beiden Restaurants nimmt dem Erlebnis die Attraktivität. Wenn allerdings eine gute Fee (also der Hotelportier) den Zauberstab zückt, dann ergreifen Sie die Chance: Beide Lokale bieten Sushi in unbestreitbarer Meisterhaftigkeit an. Ohne gute Fee gibt es jedoch ein paar großartige Sushirestaurants in Tokio, die auch ohne Warteliste lebensverändernde Erlebnisse bieten. Dazu gehören Manten Sushi Marunouchi und Jūzō Sushi.

Die meisten Top-Sushiköche servieren Ihr Sushi im *omakase* Stil: Dabei wählen die Meister aus, welches Sushi zu Ihnen passt und bereiten für Sie die entsprechenden Speisen zu. Aber lehnen Sie sich noch nicht entspannt zurück – es gilt, die Etikette zu beachten. Wenn das frische Sushi vor Ihnen steht, nehmen Sie es mit den Händen, nicht mit den Essstäbchen. Dippen Sie es nicht in Sojaso-ße und fragen Sie nicht nach extra Wasabi. Der Koch hat es so gewürzt, und es käme einer Beleidigung gleich, den Geschmack zu verändern. Zwischen den Gängen ist es in Ordnung, mit den Essstäbchen eingelegten Ingwer oder *oshibori* (Handtücher) aufzunehmen, um die Finger zu reinigen.

Lassen Sie sich Zeit und reden Sie mit dem Koch; es ist so eine intime Situation und eine perfekte Gelegenheit, um mehr über diese uralte kulinarische Kunst zu erfahren.

Würdigen Sie beim Essen aber auch den Reis entsprechend: Sushimeister haben ihren Reis über Jahre perfektioniert und sehen ihn als genauso wichtig an wie all die anderen Zutaten. Nehmen Sie alles in sich auf, die Tradition, das Können, den Respekt, den Service – den Inbegriff des japanischen Ess-Erlebnisses.

☞ **WO?** *Manten Sushi Marunouchi, 2 Cho-me-6-1 Marunouchi, Chiyoda; Jūzō Sushi, 2 Chome-4 Asagaya Kita, Suginami, Tokio*

Unten: Ein Sushikoch bereitet in einem Restaurant in Tokio eine Platte zu. Links: Die unwiderstehlichen Früchte seiner talentierten Arbeit.

*Lassen Sie sich Zeit und reden Sie mit dem Koch, um mehr über diese uralte kulinarische Kunst zu erfahren.*

# Ist eine Rinderbrust es wert, stundenlang dafür anzustehen? Ja, verdammt!

## 04

USA // Texaner kennen sich mit Grillfleisch aus. Wenn Sie – wie beim Franklin Barbecue in Austin – stundenlang dafür anstehen, muss es wirklich gut sein. Auf der Speisekarte im Franklin's stehen Rippchen, Würstchen und mehr, aber die Hauptattraktion ist die geräucherte Rinderbrust, *smoked beef brisket*. Das Rezept ist simpel: Das Fleisch wird mit einm Mix aus Salz und schwarzem Pfeffer eingerieben und dann lange bei niedrigen Temperaturen (low and slow) in Eichenholzrauch gegart, bis es butterzart ist und eine dünne, salzige Kruste hat. Es ist ein saftiger, rauchiger texanischer Klassiker, der bei den Texanern selbst als Bester seiner Art gilt. Auch viele Auswärtige sind Fans, darunter Barack Obama (musste nicht anstehen, hat aber für alle hinter ihm bezahlt) und Kanye West (versuchte vergeblich, die Schlange zu überspringen). In der Zeit, die es dauert, ins Franklin's zu kommen, könnte man in die anerkannte „Barbecue Capital of Texas" in Lockhart fahren und wieder zurück. Aber das Schlangestehen macht auch Spaß, es gibt Bier und man trifft nette Texaner, während man wartet. Und dieses Brisket ist verdammt gut.

---

☞ WO? *Vor dem Franklin's haben sich schon ab 5 Uhr morgens Schlangen gebildet, obwohl es erst um 11 aufmacht. Seien Sie also früh dort! 900 E 11th Austin, Texas*

### Sensationelle Salate

↓

Erst wenn man das Original in Athen gegessen hat, weiß man, wie gut griechischer Salat schmecken kann.
☞ **Seite 165**

↓

Der Cobb Salad aus LA trägt den Namen seines Schöpfers und ist experimentell entstanden.
☞ **Seite 175**

↓

Es gibt viele Varianten des Nizzasalats, aber nur eine Region, zu der er gehört: die französische Riviera.
☞ **Seite 182**

# Som Tam: Der Salat aus Bangkoks Straßen, der einen umhaut

## 05

THAILAND // Nur selten gibt es so einen Hype um einen Salat, aber Som Tam (grüner Papayasalat) ist auch kein üblicher Salat. Er ist eine Geschmacksexplosion – *Som Tam* ist sauer, salzig, süß und sehr feurig. Auch die Konsistenz ist außergewöhnlich, knackige Erdnüsse zusammen mit kühlen, hellgrünen Papayascheiben, Karotten und kleinen, süßen, saftigen Garnelen und Tomaten. Der Salat wird überall in Thailand verkauft, ist aber in der Hauptstadt Bangkok besonders beliebt – da scheint es an jeder Ecke einen Stand zu geben.

Auf der Straße, mitten im Verkehrschaos und bei drückender Hitze einen Teller *Som Tam* zu kaufen ist eine Art Initiationsritus für Besucher der Stadt, aber wenn Sie Ihren Salat lieber in relativer Ruhe genießen möchten, bietet das Restaurant Som Tam Nua im Siam Center am Siam Square eine gute Variante an – für westliche Gaumen leicht gezähmt, aber immer noch köstlich. Somtum Der in Silom ist ebenfalls großartig, hier kann man die Schärfe individuell bestimmen – seien Sie aber gewarnt, der schärfste Salat wird Sie nämlich Feuer spucken lassen.

---

☞ WO? *An Ständen in Bangkok oder im Som Tam Nua, Siam Center, Siam Square oder Somtum Der, 5/5 Saladaeng Rd, Silom, Khet Bang Rak; beide in Bangkok*

Links oben u. Mitte: im Franklin's. Links unten: der scharfe *Som Tam* Salat. Rechts oben: Besitzer Aaron Franklin. Rechts unten: Marktstand in Bangkok

© Getty Images / Nicholas Gouldhurst

# Bitte eine Scheibe Smørrebrød, das himmlische Brot aus Kopenhagen!

Tomaten und Basilikum; paniertes Schweine-kotelett mit Äpfeln, Thymian und Zwiebeln; und schließlich Camembert mit schwarzer Johannisbeermarmelade. Und zu trinken? Wählen Sie aus mehr als 140 Sorten Schnaps, Aquavit und Genever. Das sollte reichen.

**WO?** *Restaurant Schønnemann, Hauser Plads 16, Kopenhagen*

Ihr Smørrebrød wird serviert (links); es gibt eine Unmenge von Belägen – und strikte Regeln für die Präsentation (unten).

**DÄNEMARK //** Was verkauft sich noch besser als geschnittenes Brot? Dänisches *Smørrebrød*! Nehmen Sie eine Scheibe Roggenbrot, bestreichen Sie sie mit Butter und packen Sie dann an Leckereien darauf, was Sie möchten. Na ja, ganz so einfach ist es doch nicht. Es gibt ein paar Regeln für *Smørrebrød*, die es zu mehr als einem schlichten belegten Brot machen: Zunächst kommen die dünnen Beläge aufs Brot, danach die massigeren; und wenn man nacheinander mehrere Sorten *Smørrebrød* isst (und das ist fast immer der Fall), dann beginnt man mit Hering als Belag, es folgen eine andere Fischart, dann Fleisch und zum Schluss Käse. Diese sorgfältig choreografierte Reihenfolge soll Ihren Gaumen sanft durch die Geschmackskombinationen führen.

Aus der unüberschaubaren Belagsvielfalt ragen einige klassisch dänische *Smørrebrød*-Kombinationen hervor: Eingelegter Hering, Zwiebeln und Dill; Mayonnaise, gekochte Eier, Krabben, Dill und Zitrone; Roastbeef, Essiggurken, Zwiebeln und Meerrettich; Blauschimmelkäse, Äpfel und Bacon.

In Kopenhagen ist das Restaurant Schønnemann *die* Institution in Sachen *Smørrebrød*. Hier lässt die feine und raffinierte Präsentation an Sushi denken. Für das ultimative *Smørrebrød*-Erlebnis probieren Sie Folgendes: Hering mariniert in Dillsahne mit Kapern, Zwiebeln und Spiegelei; geräucherter Lachs und geräucherter Heilbutt mit einem Salat aus Krabben und Mayonnaise,

## Das große Brotbacken

↓

Es gibt sogar ein Museum für das Boudin Sauerteigbrot in der ersten Boudin-Bäckerei in San Francisco.

 **Seite 88**

↓

Bara Brith ist ein Früchtebrot, das in Wales gern zum Tee gegessen wird, auch wenn manche es einen Kuchen nennen.

 **Seite 250**

↓

Irlands Version davon, Barmbrack, hat seinen eigenen Platz in der Folklore des Landes.

**Seite 312**

© simon@simonbajada.com

_Im Restaurant Schønnemann lässt die feine und raffinierte Präsentation des Smørrebrød an Sushi denken._

# An der Küste Neuseelands sind Krebse so lecker, dass man eine Stadt nach ihnen benannt hat

NEUSEELAND // An der Ostküste der neuseeländischen Südinsel, ungefähr zwei Autostunden nördlich von Christchurch, liegt das pittoreske Städtchen Kaikoura. Es ist berühmt für die üppige Meeresfauna vor dem Ort, mit Pottwalen, Delfinen und Seehunden, die oft in Küstennähe kommen. Der Name der Stadt leitet sich von den Maori Wörtern „Kai" für „Essen" und „Koura" für „Krebs" ab.

An der nahen Küste nutzen viele Imbisswagen mit Meeresfrüchten den Namen der Stadt. Einer der ältesten und besten ist Nin's Bin. Vor diesem schlichten, blau-weißen, umgebauten Wohnwagen, der

ungefähr 20 Autominuten vom Stadtzentrum entfernt ist, stehen ein paar Holztische, an denen Einheimische und gut informierte Reisende Krebse und Muscheln mit Blick auf den Pazifik genießen. Nin's Bin bereitet die Krebse mit Butter, Knoblauch und etwas Petersilie zu, so dass das frische und zarte Fleisch zur Geltung kommt. Dazu ein paar Tropfen Zitronensaft, ein kaltes Bier und die Hoffnung, ein paar Pottwale zu sehen und schon hat man einen perfekten Nachmittag.

👉 WO? *Nin's Bin, Kaikoura, Südinsel*

# 08

## Bibimbap: Die südkoreanische Schüssel, die jeder mag

**SÜDKOREA //** Koreanisches Essen in einer Schüssel ist ziemlich perfektes Essen. Rind und kurz gebratenes Gemüse wie Shiitakepilze, Spinat und Zucchini geschichtet auf warmem, weißen Reis und gewürzt mit scharfer Chilipaste und einer *umami* fermentierten Sojabohnenpaste und obenauf rohes oder gebratenes Ei. Es gibt zwei Hauptvarianten von *Bibimbap: Jeonju*-Stil in einer kalten Schüssel und *Dolsot* in einer glühendheißen Keramikschüssel – das perfekte Gericht für jede Jahreszeit! Bei beiden werden wie bei einem Demonstrations-Menü alle Zutaten auf dem Reis ausgebreitet. Bewundern Sie also zuerst das hübsche, kulinarische Spektakel, denn alle Zutaten wurden aus bestimmten Gründen gewählt. Das Rot der Chilis steht für Ihr Herz, die grünen Gemüse für Ihre Leber, das Eigelb für Ihren Magen, schwarze oder sehr dunkle Zutaten (Pilze oder Sojasoße) sind für Ihre Nieren und der weiße Reis für Ihre Lungen. Und jetzt vermischen Sie alles und tun Sie Ihren Organen etwas Gutes.

🔖 **WO?** *In den Straßen von Seoul wimmelt es von Restaurants, die Bibimbap servieren, finden Sie Ihren Liebling.*

© Gary Blake / Alamy Stock Photo

© Shutterstock / noriko

Links: In der Pizzeria
Bellini in Neapel.
Mitte: Eine Margherita
mit Tomaten, Mozza-
rella und Basilikum.
Rechts: Neapel, ihre
Heimatstadt.

### Italienische Klassiker

↓

Wie jeder aus
Bologna weiß, wird
die wahre, köst-
liche Fleischsoße
Ragù mit Tagliatelle
gegessen.

 Seite 54

↓

Spaghetti Carbo-
nara stammen aus
Rom, wo man sie
überall in der Stadt
bekommt.

 Seite 118

↓

Das Risotto alla
Milanese der
Modehauptstadt
ist den Reisfel-
dern der Poebene
geschuldet.

 Seite 207

# Ein Loblied auf die Margherita in der Stadt, in der sie entstand

## 09

ITALIEN // Die ganze Welt steht für immer in Italiens Schuld, weil dort die Pizza erfunden wurde. Unter den unendlich viele Varianten gibt es eine Version, die besonders stolz präsentiert wird: Die original Pizza Margherita aus Neapel. Hier eine Margherita zu essen, ist eine fast religiöse Erfahrung – Sie werden überzeugte Gläubige unterschiedlicher Restaurants finden. Man nimmt an, dass dieses weltweite Phänomen zum ersten Mal von einem neapolitanischen Bäcker zubereitet wurde, als König Umberto und Königin Margherita im 19. Jahrhundert die Stadt besuchten. Laut der Legende hat er drei Pizzas gebacken, und der Königin schmeckte die mit Tomate, Mozzarella und Basilikum in den italienischen Farben am besten. Seither trägt sie ihren Namen. Wo soll man sie also essen? Eines der ältesten Lokale und ein wahrer Meister der Margherita ist Di Matteo. Aus den riesigen, himmelblau gekachelten Pizzaöfen kommen die lockeren, heißen Pizzas und landen direkt auf den Tellern der Pizza-Fans, ob einheimisch oder hier zu Gast. Wenn die Schlange vor Di Matteo zu lang ist, spazieren Sie weiter und finden Sie Ihren eigenen Ort der Verehrung.

🐾 WO? *Bei Di Matteo in der Via dei Tribunali 94, Neapel*

# Ab nach Hong Kong für das absolute Dim Sum!

## 10

CHINA // Dim Sum (übersetzt „leichter Imbiss") wird überall auf der Welt serviert, aber nirgendwo so wie in Hong Kong – es ist quasi ein eigenes Reiseziel. Dim Sum (auch *Yum Cha* genannt, „weißer Tee") hat sich aus dem Ritual entwickelt, auf einer Reise eine Teepause mit Imbiss einzulegen und ist heute der weltbeste Brunch.

In Hong Kong kann man so einfach oder so extravagant Dim Sum genießen, wie man möchte. An vielen Orten der Stadt bereitet DimDimSum die Snacks traditionell zu – Sie werden feststellen, dass *Siu Mai* (gedämpfte Schweineklößchen), *Har Gow* (gedämpfte Krabbenklößchen) und *Char Siu Bao* (gedämpfte Klößchen mit Grillschwein) alle köstlich sind. Die Atmosphäre brummt: Studenten, Touristen und Dim Sum Liebhaber mit kleinem Geldbeutel finden sich ein. Am anderen Ende des Spektrums befinden sich Restaurants mit Michelin-Sternen wie Duddell's und Fook Lam Moon. Im unfassbar eleganten Duddell's werden die Klassiker aufwendig aufgepeppt: Stellen Sie sich Schweine- und Krabbenklößchen vor mit Jakobsmuscheln und Kaviar oder Wan-Tans mit frittiertem Schwein und Krabben und Foie gras. Fook Lam Moon dagegen kocht klassisch kantonesisch, bietet der High Society von Hong Kong Leckereien mit kleinen, überraschenden Verzierungen wie *Siu Mai* mit Krabbenrogen oder gedämpfter Oktopus mit Currysoße.

Ob Sie nun in einem günstigen Restaurant um einen Platz kämpfen oder in einem teuren sitzen, während leise Teewägen an ihren Tisch fahren, Dim Sum in Hong Kong sollten Sie unbedingt kosten, bevor Sie den sprichwörtlichen Löffel abgeben.

👉 WO? *DimDimSum, 26-28 Man Wui St, Jordan; Duddell's, Level 3 Shanghai Tang Mansion, 1 Duddell St, Central; Fook Lam Moon, 35-45 Johnston Rd, Wanchai*

Der Temple Street Night Market in Hong Kong (rechts), wo Sie köstliche Dim Sum (unten) kosten können.

© Shutterstock / Stripped Pixel

© 500px / Hobbyman

# 11

## Ceviche brachte Peru auf die kulinarische Landkarte

PERU // 2017 waren zwei peruanische Restaurants unter den 10 besten weltweit. Das überraschte niemanden, der dort schon mal war und das Essen gekostet hat, vor allem das berühmte Ceviche. Für die noch nicht Eingeweihten: Ceviche ist roher Fisch (oder andere Meeresfrüchte) mariniert in Zitrusfrüchten, meist Limette oder Zitrone oder eine Mischung aus beiden, was den Fisch nicht nur würzt, sondern auch die Aminosäuren denaturiert, also den Fisch „kocht". Zudem wird Ceviche mit Chili, Zwiebeln, Salz und Koriander gewürzt. In der quirligen Metropole Lima muss man nicht weit gehen, bis man auf eine *Cevichería* trifft. Aber weil sich Lima kilometerlang an der pazifischen Küste ausbreitet, haben wir ein paar Vorschläge. Das winzige Al Toke Pez hat treue Fans wegen seiner unkomplizierten Interpretation der Klassiker und weil alles absolut frisch ist ... ach, und es ist billig. Wenn Sie bereit sind, mehr Geld für den Fisch auszugeben, dann ist La Mar das Richtige: Die Atmosphäre hat Klasse und die Ceviche hier ist köstlich, aber amüsieren Sie sich und probieren Sie etwas Neues, wie die *Carretilla* aus Oktopus, Riesenkalmar, Meeresschnecken, Napfschnecken und Venusmuscheln.

☞ WO? *Im Al Toke Pez, Av Angamos Este 886, Surquillo und La Mar Cebicheria, Av Mariscal La Mar 770, Miraflores, beide Lima*

**Großstadtgebäck**

↓

Suchen Sie sich in einer Konditorei in Teheran etwas Süßes zum Frühstück aus.
 Seite 58

↓

Wiens Sachertorte genießt man am besten im Hotel Sacher (nach Originalrezept).
 Seite 110

↓

Zwar findet man Macarons an vielen Orten, doch in Paris stolpert man praktisch überall über die perfekten Exemplare.
 Seite 113

# 12

## Ultimative Puddingtörtchen aus Lissabons Pastelaria

PORTUGAL // „Bom dia."
„Bom dia, tem pastéis de nata fresquinhos?"
„Claro, vão ser quantos?"
„Um por favor. Pensado melhor... levo dois. Obrigado!"
Diesen Dialog hört man täglich auf den Straßen Portugals: Touristen wie Einheimische treibt es in hübsche, kleine Bäckereien (*Pastelaria*) für eine frische *Pastel de Nata* und sie kommen mit mindestens zwei wieder heraus. Mit einem Kaffee die perfekte Stärkung beim Sightseeing.

In vielen Ländern gibt es eine eigene Variante des Puddingtörtchens, aber in Portugal hat das einfache Rezept Perfektion erreicht: Der blätterige Teig ist zart und am Rand knusprig, der Eierpudding weich und süß, aber nicht klebrig, und das Ganze ist klein genug, um es in wenigen Bissen zu verschlingen. Die *Pastel de Nata* oder *Pastéis de Belém,* der ursprüngliche Name, wurde angeblich vor Jahrhunderten von Mönchen erfunden, aber heute muss man nicht ins Kloster, um sie zu finden – im Gebäck begeisterten Portugal gibt es gefühlt an jeder Ecke eine *Pastelaria.*

☞ WO? *Pastéis de Belém in Lissabon backt Pastéis de Nata nach dem Rezept, das es vom benachbarten Kloster Jerónimos 1837 erhalten hat.*

Die gelbe Straßenbahn in Lissabons Straßen (oben), wo man überall Pastéis de Nata (rechts) bekommt. Ganz rechts: In Rafael Osterlings El Mercado (s. S. 40).

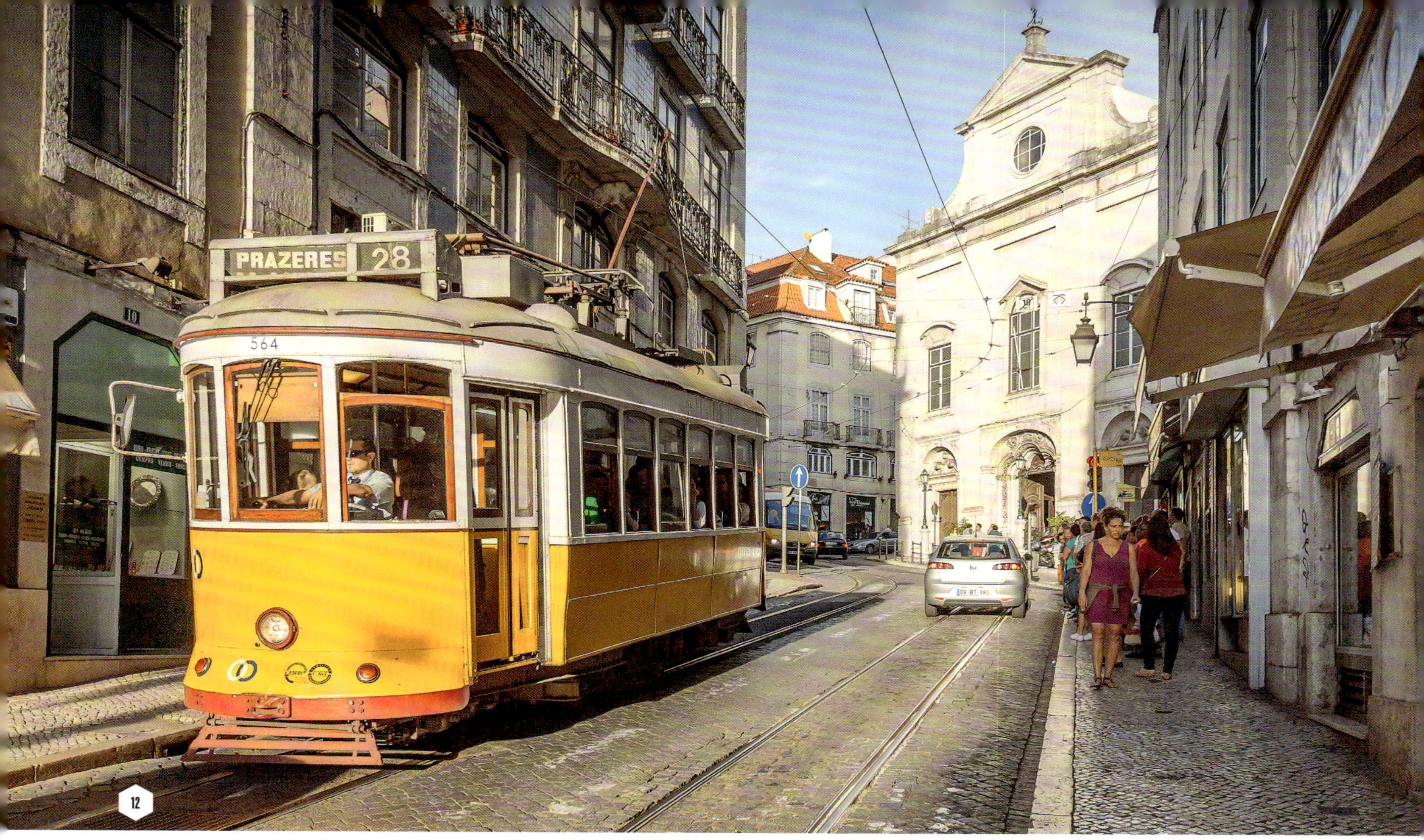


© Courtesy of El Mercado / Pierre Monetta

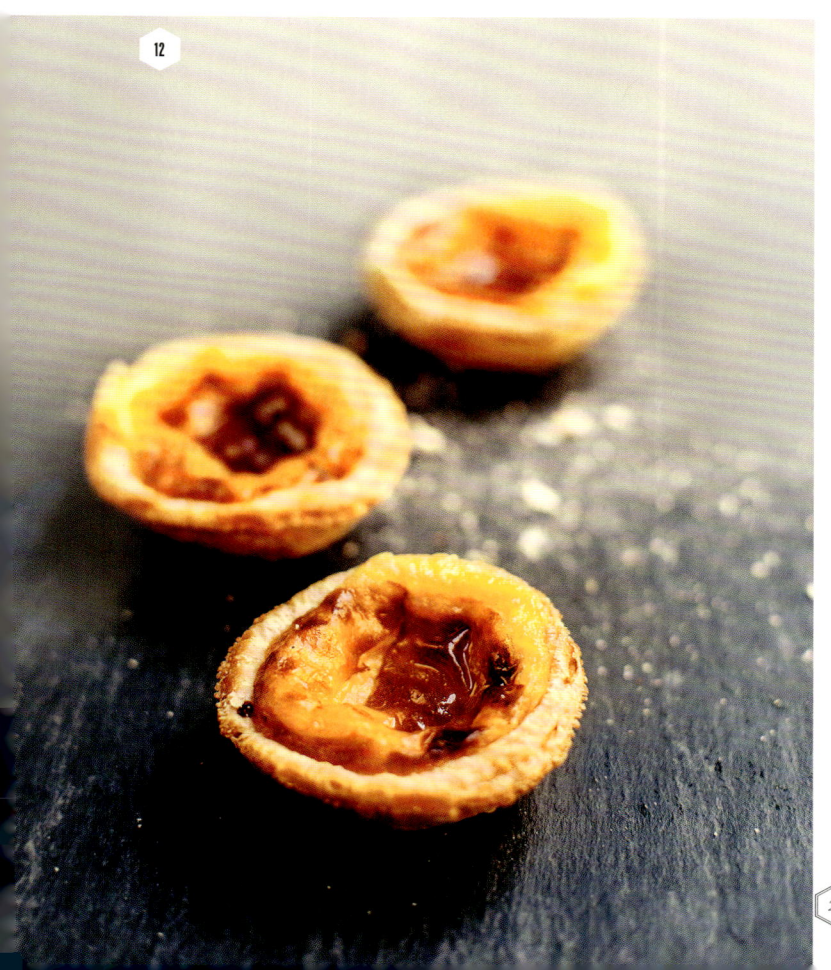

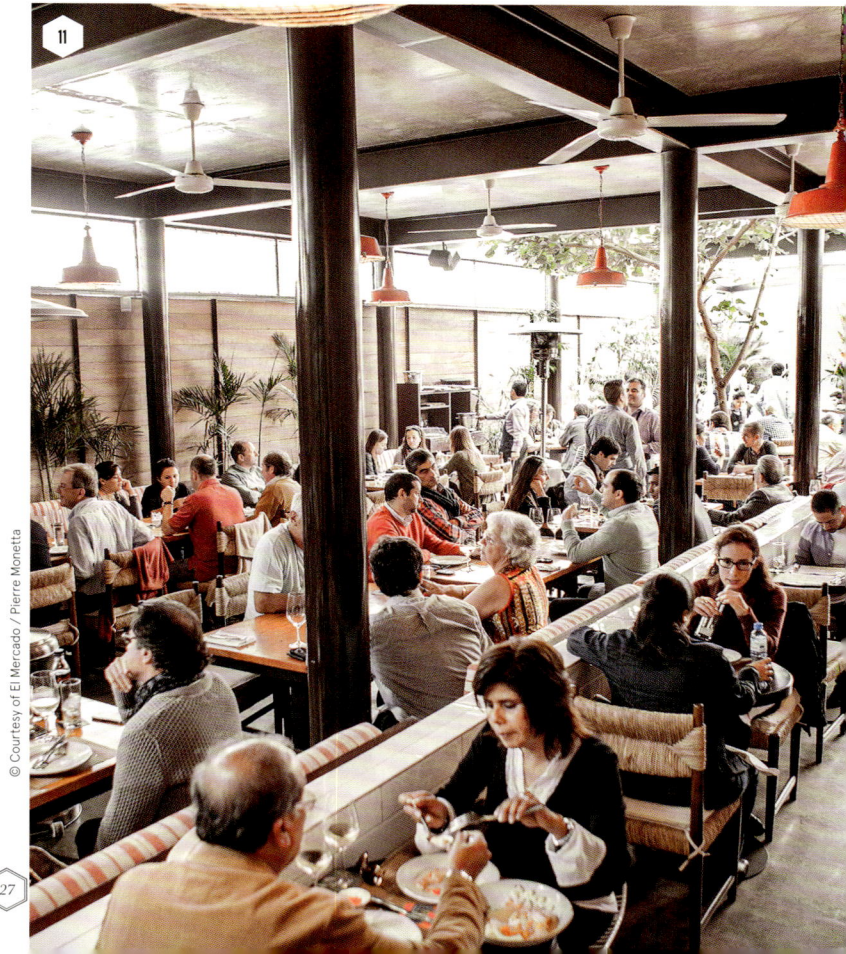

# Eric Ripert

*Eric Ripert ist ein französischer Star- und Fernsehkoch und berühmt für seine innovativen Meeresfrüchte-Gerichte. Ripert gründete in New York das Le Bernardin, eines der renommiertesten Restaurants der Welt, und schrieb Kochbücher geschrieben, darunter sein neuestes, My Best.*

## 01

**GRANATAPFELSAFT, BODH GAYA, INDIEN**
Der frische Granatapfelsaft von den Straßenständen in den kleinen Dörfern außerhalb von Bodh Gaya ist der beste überhaupt.

## 02

**GANJANG-GEJANG, SÜDKOREA** Immer wenn ich in Südkorea bin, esse ich dieses traditionelle Gericht aus rohem Krebs mariniert in Sojasoße — ein Muss!

## 03

**ALLES IN ALAIN DUCASSES LOUIS XV, MONACO** Die Gerichte in diesem Restaurant mit drei Michelinsternen im L'Hôtel de Paris an der französischen Riviera sind himmlisch. Es ist übertriebener Luxus und ein unglaubliches Erlebnis.

## 04

**KARTOFFELPÜREE, JAMIN, PARIS** Vor vielen Jahren habe ich Joel Robuchons berühmtes Kartoffelpüree zum ersten Mal probiert. Jamin ist inzwischen geschlossen, aber man kann es immer noch in einem seiner vielen Ateliers weltweit essen.

## 05

**ALLES IM RYUGIN, ROPPONHI, TOKIO**
In diesem Restaurant hat mich alles beeindruckt, von der intimen Atmosphäre bis zu den raffinierten Gerichten.

# Schlürfen Sie tasmanische Austern frisch aus dem Ozean!

## 13

**Einzigartige Meeresfrüchte**

↓

Die inneren Werte zählen: Das gilt nirgends mehr als wenn man Seeigel in Hokkaidō, Japan verzehrt.

 Seite 73

↓

Enten aus dem Meer! Im südlichen Portugal stehen gekochte Entenmuscheln auf der Speisekarte.

 Seite 121

↓

Das Ministry of Crab in Colombo ist wirklich ein Zentrum der Krustentierexzellenz.

Seite 231

**AUSTRALIEN //** Ob Sie sie nun kauen oder direkt schlucken: Als Austernliebhaber sollten Sie sich eine Reise ins Muschel-Mekka Tasmanien gönnen. Für Fans frischer Schalentiere ist die gesamte Ostküste ein Traum, vom wunderschönen Bruny Island im Süden bis zur spektakulären Freycinet Peninsula im Norden. Während die meisten Austernfarmen rund um die südliche Hauptstadt Hobart liegen, bietet die Reise nach Norden atemberaubende Landschaften und perfekte Muschelromantik. Den Großteil der grünen Halbinsel bedeckt der Freycinet National Park mit Granitfelsen, die über Sandstränden aufragen, und ruhigen Buchten an der Tasmansee. Die Farmen für Pazifische Austern im Feuchtgebiet und den Meeresarmen hier haben diese Region zu einem Schlaraffenland für Liebhaber von Meeresfrüchten gemacht. Auf der Freycinet Marine Farm kann man ein Dutzend Austern frisch aus dem Meer kaufen und am nahen Strand oder an den Picknicktischen der Farm essen. Oder Sie machen eine Führung durch die Farm, um vor Ort zu erleben, wie die Zucht vonstattengeht.

Die riesigen, pazifischen Austern, die in Japan seit Jahrhunderten gezüchtet werden, wurden Mitte des letzten Jahrhunderts in Australien eingeführt und wegen ihres dicken, gehaltvollen Fleischs und schnellen Wachstums sofort zum Erfolg. Austern ernähren sich von Algen und Plankton und sind voller Vitamine und Mineralien – so haben sie einen hohen, natürlichen Zinkgehalt, was gut fürs Immun- und Verdauungssystem ist. Anfang der 2000er-Jahre entdeckten italienische Forscher, dass Austern bestimmte

Aminosäuren enthalten, die eventuell die Libido anregen – was die Legenden zu diesem Aphrodisiakum bestätigen könnte. Ob Sie sie lieber roh, mit viel Tabasco oder bloß einem Spritzer Zitronensaft mögen – in jedem Fall sollten Sie Ihre tasmanischen Austern mit Hochachtung essen!

Links, Wineglass Bay in Freycinet National Park liegt in der Nähe vieler Austernfarmen, wo man auch lernen kann, wie man Austern sicher öffnet.

**WO?** *Freycinet Marine Farm, 1784 Coles Bay Rd, mit Führungen, Verkauf, Speisen*

*Genießen Sie Meeresfrüchte so frisch wie möglich auf einer Austernfarm auf der Freycinet Peninsula in Tasmanien!*

Von links: Camembert aus einer ländlichen, französischen Fromagerie; Markstände in der Dordogne; ein Pariser Käsehändler schneidet seine Ware.

© Lonely Planet / Lottie Davies

## Wo Essen lehrreich ist

↓

Was gibt es schon über die Currywurst zu erfahren? Finden Sie es in ihrem Berliner Museum heraus!

 Seite 149

↓

Lassen Sie sich von Aborigines durch das Buschland im australischen Northern Territory führen!

 Seite 102

↓

Neuseelands Bay of Islands Honigladen informiert über die vielen Einsatzmöglichkeiten des Manuka-Honigs.

 Seite 285

© Lonely Planet / Andrew Montgomery

# Wählen Sie eine der drei besten Arten, französischen Käse zu essen ... oder alle!

## 14

FRANKREICH // Es gibt unendlich viele Möglichkeiten, französischen Käse zu genießen, aber das hier sind unsere drei Favoriten: Die Höhlen in Roquefort-sur-Soulzon zu besuchen fühlt sich anachronistisch an, denn alle Käselaibe sind wie schon seit Jahrhunderten in den 2 km langen Combalou Caves aufgereiht. Es ist die Tradition, die dem Roquefort seinen typischen scharfen Geschmack und seine Sahnigkeit verleiht – ihn hier zu probieren, hat etwas Magisches.

Dann der Käsewagen im Le Grand Véfour in Paris. Wenn Sie Ihren Blick vom üppigen Dekor des Ancien Régime mit den Fresken an der Decke, roten Samtbänken und vergoldeten Spiegeln losreißen können, entdecken Sie vielleicht den Käse: Unmengen von Schafs-, Ziegen- und Kuhmilchkäse, von pikant bis nussig. Die sachkundigen Angestellten werden Ihnen alle Varianten erklären.

Und schließlich französischer Käse, wie Sie möchten. Radeln Sie zu einer *Fromagerie* in einem Dorf, wo Sie Ihren Käse und eine Flasche Champagner kaufen. Suchen Sie sich einen ruhigen Platz auf dem Land und lassen sich vom Genuss verzaubern.

🔖 WO? *Combalou Caves, Roquefort, Roquefort-Sur-Soulzon, Aveyron; Le Grand Véfour, 17 rue de Beaujolais, 75001 Paris*

# 15

## Jerk Chicken: Die karibische Hitze in der Hauptstadt Jamaikas

JAMAIKA // Jamaikas scharfe Lieblingswürze hat schon lange den Sprung in andere Länder geschafft, da sie so wunderbar süchtig macht. Aber am allerbesten schmeckt diese karibische Spezialität, wenn man sie in ihrer Heimat zu Huhn isst. Das Gericht entwickelte sich, als die afrikanischen Sklaven der Spanier in die Berge flüchteten und sich dort mit der örtlichen Taino-Bevölkerung zusammentaten. Traditionelle Rezepte veränderten sich durch einheimische Zutaten … und Jerk Chicken war geboren! In die Gewürzmischung Jerk kommen viele Zutaten, vor allem Jamaikapfeffer und Scotch Bonnet Chili. Die herzschlagbeschleunigende Mischung wird dann großzügig auf das Huhn gestrichen und in die Haut gerieben und alles mindestens zwei Stunden mariniert. Schließlich wird das Huhn in Stücken gegrillt und geräuchert, und zwar über einem Feuer, in das grüne Äste des Jamaikapfeffers gelegt werden – das wahre Geheimnis dieses Fusiongerichts.

🖝 WO? *In Holzhütten, umgeben von üppigem Grün im Pepperwood Jerk Center, 2 Chelsea Ave, Kingston*

# 16

## Ein Fest für die Sinne: Lamm-Tagine in Marrakesch

MAROKKO // Marrakesch überrascht an jeder Straßenecke mit seiner Schönheit, besonders aber in den Kopfsteinpflasterstraßen und Souks der ockerfarbenen Medina. Die Energie und der Lärm der Straße und der vielen Menschen ist schwindelerregend, in der Luft liegt der Duft von Zimt. Lassen Sie sich treiben, bis Sie Appetit auf das berühmteste Gericht Marokkos haben, die Tagine. Im traditionell eingerichteten Restaurant im La Maison Arabe sitzt man unter einer handbemalten Decke, verschnörkelten Kronleuchtern und geschnitzten Holzfenstern, man lauscht einem tröpfelnden Brunnen im Innenhof und arabisch-andalusischer Livemusik. Entspannen Sie sich und schlürfen Sie Ihren Pfefferminztee, während Sie auf die Tagine warten, denn das saftige Fleisch und die Gewürze sind die Warterei wert. Wer die Tagine auch zuhause genießen möchte, bucht den vierstündigen Kochkurs des Restaurants und nimmt die Erinnerung mit.

🖝 WO? *Im Le Restaurant im Hotel La Maison Arabe, Derb Assehbi, Marrakesch*

# Der glorreiche Aufstieg des neuen Klassikers Singapurs: die Chilikrabbe

## 17

**SINGAPUR //** Von bescheidenen Anfängen – sie wurde in den 1950er-Jahren vom Handwagen aus verkauft – ist Singapurs berühmte scharfe Krabbe zu einem absoluten Muss geworden. Ursprünglich wurde die Krabbe mit eingelegtem Chili und Tomatensoße gekocht; heute entwickeln Restaurants ihre eigenen Soßen: süß oder würzig bis megascharf. In Fischrestaurants in der ganzen Stadt wird die Chilikrabbe angeboten, aber es macht Spaß, sich die Hände in der Schlange vor einem No Signboard Laden schmutzig zu machen. Auch No Signboard begann einfach, als simples Lokal, das keinen Namen hatte. Heute gibt es überall in der Stadt Läden. Man kann dort die Krabbe nach eigenem Geschmack würzen lassen, aber eine Chilikrabbe sollte auch brennen – seien Sie also nicht zu vorsichtig. Wenn der Teller serviert wird, krempeln Sie die Ärmel auf – das Gericht ist cremig, chaotisch und mit den Händen zu essen. Wenn all das weiche, saftige Fleisch sorgfältig aus der Schale befreit wurde (man darf alles, was man nicht erreicht, herausschlürfen), holen Sie sich ein paar Mantou (gedämpfte Brötchen), um die restliche Soße aufzunehmen.

🖐 **WO?** *Im No Signboard Seafood, 414 Geylang Rd, Singapur*

© Lonely Planet / Pete Seaward

© Getty Images / SamuelBrownNG

© Getty Images / Ng Hock How

# 18

## Zurück zu den Ursprüngen – Moules-frites in Brüssel

**BELGIEN //** Ein international gefeiertes Gericht in seinem Heimatland zu essen, ist eine ganz besondere Freude; und in Belgien sind es die *Moules-frites*, die zu diesem Erlebnis einladen. Die traditionelle Art, *Moules-frites* zuzubereiten, ist, diese Juwelen aus dem Meer mit Schalotten, Knoblauch, Weißwein und Sahne zu kochen. Dazu gehören Pommes Frites, und richtig rund wird das Gericht erst mit einem Glas des berühmten, belgischen Biers. Es ist nicht schwer, in Belgiens Hauptstadt Brüssel *Moules-frites* zu finden, aber am legendären Le Zinneke, das fast 70 unterschiedliche Varianten anbietet, kommt man

kaum vorbei. Die Auswahl ist erdrückend, sie reicht von einfachen Versionen über Klassiker wie Muscheln mit Bier, Chicorée und Sahne bis zu abenteuerlichen Varianten mit Sake und scharfem Chili. Le Zinneke Muscheln kommen täglich frisch aus Zeeland und werden nach den Anforderungen der Slow Food Organisation mit ökologischen und regionalen Produkten zubereitet.

☛ WO? *Krempeln Sie die Ärmel auf und bauen Sie ihren Muschelhaufen! Le Zinneke, Place de la Patrie 26, 1030 Schaerbeek, Brüssel*

# Nehmen Sie Platz für ein kulinarisches Spektakel in der Heimatstadt der Pekingente!

**CHINA //** Karamellfarbene Vögel hängen heute überall auf der Welt in den Fenstern von Chinarestaurants. Doch erst im 19. Jahrhundert sind Köche auf die Idee gekommen, so das Fett abtropfen zu lassen, um die berühmte, super knusprige Haut zu bekommen. In Peking, wo das Gericht erfunden wurde, gibt es Enten in günstig-fröhlichem bis hin zum Nobelambiente. Die beste liegt irgendwo dazwischen ... wie im Siji Minfu. Hier sind moderne Gastronomie und traditionelle Technik im Gleichgewicht. Nehmen Sie ein ganzes Tier und bezahlen Sie für die Premiumente (sie ist fetter und saftiger). Die gebratene Ente wird an Ihren Tisch gebracht und dann beginnt das Schauspiel des Tranchierens. Zuerst wird der Kopf entfernt, nun die knusprige Haut, dann wird das Fleisch auf eine Platte gelegt. Die Knochen werden entfernt und Weizenmehlpfannkuchen serviert, dann sind Sie dran: Tauchen Sie die Ente in die salzige Hoisinsoße, geben Sie eingelegtes Gemüse dazu sowie Frühlingszwiebeln und Gurkenscheiben. Wickeln Sie alles auf und stecken Sie es in den Mund. Zum Niederknien.

☛ **WO?** *Siji Minfu, 32 Dengshikou W St, DongDan, Dongcheng Qu*

# Bitte einsteigen! Pho vom schwimmenden Flussmarkt

Nudeln, Bohnensprossen, Frühlingszwiebeln, Thaibasilikum und anderen Zutaten gemischt wird. Die akrobatische Herausforderung mindert die Aromen der fleischigen Suppe nicht, Basilikum, Hoisin- und Chilisoße und frische Limette, das alles macht Pho zu einem der besten Frühstücke weltweit. Danach noch eine frische Ananas von einem Imbissboot und Sie sind im Himmel.

**☛ WO?** *Buchen Sie Ihren Ausflug nach Cái Răng auf einem kleinen Sampan, so kommen Sie den Händlern (und Imbissbooten) viel näher als auf einem großen Touristenboot.*

**VIETNAM //** In Can Tho, der größten Stadt im vietnamesischen Mekongdelta, trifft menschliche Emsigkeit auf die wasserreiche Fruchtbarkeit des Deltadschungels. Hier spielt sich das Leben auf dem Fluss Hau, einem großen Zufluss des Mekong, ab. Die Stadt breitet sich an seinen Ufern aus, die Häuser stehen auf Stelzen über dem schlammigen Wasser und im Fluss selbst, der vor allem für seine schwimmenden Märkte berühmt ist – deren größter ist Cái Răng. Dort geht es früh los: Käufer und Verkäufer tauschen Früchte, Gemüse und Geld von Boot zu Boot. Im Gedränge bieten kleinere Boote süßen vietnamesischen Kaffee und heißes Essen an. Man kann leicht auf einem Boot vom Zentrum Can Thos mitfahren, um den Markt zu besuchen, muss dann aber um 5 Uhr früh los. Diese schwimmenden Imbissbuden sind also ein Glücksfall. Und das nicht nur für einen Koffeinkick – manche bieten komplette Mahlzeiten an, darunter das Lieblingsfrühstück der Vietnamesen, Pho.

Es gibt wohl keinen besseren Ort, um Pho zu essen. Schließlich stammt ungefähr die Hälfte der in Vietnam produzierten Lebensmittel aus dem Delta, die Zutaten sind also alle super frisch, und Pho in Südvietnam ist wegen der üppigen Beilagen berühmt. Ein großer Teil des Spaßes besteht darin, zuzusehen, wie auf dem schaukelnden kleinen Boot dampfende Rinderbrühe aus einem großen Topf geholt und in einer Schüssel mit

Rechts: Händler laden Ware auf den schwimmenden Markt Unten: Cái Răng in Can Tho, wo viele Imbisse Pho servieren.

# 21

## Souvlaki: Duftendes Grillfleisch abends in Athen

GRIECHENLAND // Es ist spät in Athen und das verführerische Aroma von Kräutern und gegrilltem Fleisch lockt Sie hinaus auf die Straße. Die griechische Variante eines Fladenbrotsandwichs ist frischer und gesünder als die meisten anderen. Ein *Souvlaki* besteht aus Grillfleisch (Huhn, Schwein, Lamm oder Rind), einem knackigen Salat aus Tomaten, roten Zwiebeln und Gurken sowie erfrischendem *Tzatziki*, alles in ein großes, weiches Fladenbrot gepackt. Das Fleisch ist die entscheidende Zutat (im Unterschied zum Gyros wird es nicht am großen Grillspieß gebraten). Kleine Stücke werden auf Spießen gegrillt und mit Kräutern, Salz und Zitronensaft gewürzt. Vegetarier kommen auch auf ihre Kosten: Ein *Souvlaki* mit gegrilltem Halloumi ist ein nicht weniger großartiges Ende einer legendären Nacht in Athen.

☞ WO? *Suchen Sie im noblen Kolonaki nach Kalamaki Kolonaki (Ploutarhou 32). In Gazi bietet Elvis einen Schnaps zu Ihrem Souv an.*

## Martin Morales

*Martin Morales ist der Hauptgründer der Locations Ceviche Soho in London, Andina in Shoreditch, Casita Andina in Soho und Ceviche Old St. Er hat zwei Kochbücher geschrieben – „Ceviche: Peruanische Küche" und „Andina: The Heart of Peruvian Food".*

### 01

**„RAG STEAK", BOGOTÁ, KOLUMBIEN**
Dieses Steak wird mit Salz und Oregano gefüllt, in Stoff gewickelt und dann auf heiße Kohlen gelegt. Wenige Minuten später ist es saftig-gar.

### 02

**GEGRILLTES LAMM, FETHIYE, TÜRKEI**
In einem Restaurant in Kayakoy werden die Lämmer in der Nähe Ihres Tisches gehalten. Sie wählen die Teile, die Sie auf Ihrem eigenen Grill braten. Dazu gibt es Salat und frisches Brot.

### 03

**SCHWARZER TINTENFISCHREIS, PONTEVEDRA, SPANIEN** Im O Bocoi am Meer in Combarro ist der schwarze Tintenfischreis mit dem Geschmack frischer Tintenfischtinte absolut spektakulär.

### 04

**CALDEIRADA DE PEIXE, ALENTEJO, PORTUGAL** Suchen Sie ein lockeres Restaurant in einer Holzhütte an einem portugiesischen Strand, z. B. das Restaurante A Ilha, und genießen Sie diese klassische Fischsuppe im Freien.

### 05

**CEVICHE PISQUEÑO, LIMA, PERU EL MERCADO DE RAFAEL OSTERLING** Mein Lieblingsrestaurant in Peru repräsentiert Lima und seine exzellenten Ceviches; die Thunfisch- und Avocado-Ceviche ist eine aktuelle Empfehlung.

22

22

# 22

## Wie wär's mit Schokolade und Churros in Madrid?

SPANIEN // Madrid im Winter ist der Inbegriff von Romantik. Aber wenn Sie lange genug durch die frostige Schönheit des Parks Buen Retiro spaziert oder durch die Seitenstraßen rund um die Plaza Mayor gebummelt sind, ist es Zeit, Ihre eisige Nase aus dem kalten Wind zu bringen und *Churros* zu dippen. *Churros* sind im Grunde lange, dünne Teigfinger, die frittiert, gezuckert und mit einer sündhaft dekadenten Schüssel Schokoladendip serviert werden. Traditionell wird der Teig in einen großen Topf gespritzt und knusprig frittiert. *Churros* sind das perfekte Gegengift zum Winterwetter in Madrid, aber seien Sie gewarnt: Wenn nur noch ein Churro auf dem Teller übrig ist, ist das selbst für die dickste Freundschaft ein harter Test.

☛ WO? *Die Chocolatería San Ginés in Madrid am Pasadizo de San Ginés bietet rund um die Uhr Churros und Schokoträume.*

# Kleine Portionen vom Besten Barcelonas im Trubel von La Boqueria

SPANIEN // Schulter an Schulter mit Einheimischen in einer Bar in Barcelona zu stehen, Sangria zu nippen und Tapas zu knabbern gehört hier zu den größten Vergnügen überhaupt. Das andere, umwerfende Tapaserlebnis in Barcelona ist, in den Markthallen La Mercat de Sant Josep de la Boqueria, einfach La Boqueria genannt, zunächst die spanische Nahrungspyramide zu erkunden und dann zum Tapasgenuss überzugehen.

Die meisten Tapasstände servieren erst zur Mittagszeit, sodass Sie vorher noch ein paar Stunden an all den Ständen mit Frischwaren vorbeibummeln können, um richtig Appetit zu bekommen. Es gibt wunderschön präsentiertes, frisches Obst, beeindruckende *Jamón*stände mit riesigen Schinken in unterschiedlichen Reifephasen, Käse, Eier, Gebäck und Brot und eine atemberaubende Auswahl an Meeresfrüchten. Es herrscht ziemlicher Trubel, aber es gehört zum Spaß zuzusehen, wie Einheimische ihre Einkäufe erledigen und Touristen in gebrochenem Spanisch *Jamón Ibérico* bestellen.

Wenn Ihre Füße protestieren, steuern Sie die Bars an. Ramblero ist perfekt für Tapas aus Meeresfrüchten, frische Austern, Jakobsmuscheln, Miesmuscheln und mehr – die Kabeljau-*Esqueixada* (ein Salat aus gesalzenem Kabeljau mit Tomaten, Zwiebeln, Olivenöl, Essig und Salz) ist himmlisch. Dann weiter zum bekanntesten Tapasrestaurant des Marktes, El Quim de la Boqueria, wo man meist auf einen freien Platz warten muss.

Das typische Gericht hier sind die in viel Olivenöl gebratenen Eier mit Babytintenfisch, aber probieren Sie unbedingt auch die Waldpilze in Portwein. Schließlich noch zur Bar Pinotxo für Kichererbsen und Blutwurst.

Die Tore hier öffnen um 8 Uhr morgens (Mo. – Sa.), kommen Sie also früh, um Markt (und Essen) bestmöglich zu erleben.

Der berühmte Eingang zum La-Boqueria-Markt in Barcelona (links), wo El Quim (unten) einer der beliebtesten Stände für Snacks ist.

👉 **WO?** *Ramblero, El Quim de la Boqueria, Bar Pinotxo, La Mercat de Sant Josep de la Boqueria, alles in Barcelona*

*Frisches Obst, ganze Schinken und eine atemberaubende Auswahl an Meeresfrüchten werden wunderschön präsentiert.*

## Märchenhafte Märkte

↓

Düfte, Geräusche und ein allgemeiner Angriff auf die Sinne – der Nachtmarkt in Tainan ist unvergesslich.

👉 **Seite 52**

↓

Runden Sie Ihren Bummel durch die Toverhaller in Kopenhagen mit einem Craftbeer von der örtlichen Brauerei ab.

👉 **Seite 95**

↓

Meeresfrüchte findet man auf dem Fischmarkt Noryangjin in Seoul in jeder Form und Größe.

👉 **Seite 222**

# In einer italienischen Gelateria wird Eis zur Kunst

## 24

ITALIEN // Klar, wenn man bei strahlend blauem Himmel über Kopfsteinpflaster spaziert, ein Eis in der Hand, um sich herum attraktive junge Leute, von denen viele auf Vespas vorbeisausen, dann erscheint das ganze Leben heller und lebendiger. Aber das ist nicht der einzige Grund, warum Italiens *Gelato* das beste Eis der Welt ist.

Da das Eis wenig Fett enthält, sind Zutaten mit kräftiger Geschmacksnote wichtig, und anders als in vielen anderen Ländern wird das *Gelato* hier nicht als etwas unendlich lange Einzufrierendes betrachtet, sondern jeden Morgen frisch gemacht, wodurch frische, regionale, saisonale Zutaten spektakulär herauskommen. Sie essen also Pistazieneis, das aus den Nüssen vom Fuß des Ätnas hergestellt wird, und Erdbeereis aus reifen wilden Erdbeeren, die in April und Mai reifen. Zitrone, Amarenakirsche, Kastanie und Haselnuss sind sämtlich regionale und saisonale Sorten, die man unbedingt probieren muss.

Nicht jede *Gelateria* stellt ihr Eis selbst und traditionell her, aber es gibt ein paar eindeutige Zeichen, die anzeigen, ob Sie am richtigen Ort sind. Eissorten wie Pistazie und Banane sollten blass, nicht leuchtend bunt sein. Und der Eismacher sollte müde aussehen – er ist ja schon seit dem Morgengrauen wach.

☞ WO? *Jeder Eisfan muss einmal im Leben das Gelato probieren, das im legendären Caffè Sicilia in Noto in einem Brioche serviert wird. Corso Vittorio Emanuele 125, Noto*

Unten: Hier Ihr Pistazien- und Haselnusseis. Rechts: Sonne und Zitroneneis am Meer nahe der Bucht von Neapel.

# 25

## Hummus: Wie die bescheidene Kichererbse zum Mittelpunkt eines sozialen Events wird

ISRAEL // Wer Hummus einem Land zuordnen will, begibt sich auf ganz dünnes Eis. Zunächst also ein Hoch auf den Libanon, Syrien, Palästina, Ägypten, die Türkei und Zypern. Für dieses Buch bleiben wir aber in Israel. Im Grunde ist Hummus ein Dip aus Kichererbsen, Tahini, Zitronensaft und Knoblauch. In Israel ist es auch ein Gemeinschaftserlebnis. Rufen Sie also Ihre Freunde zusammen und legen Sie los. In Israel ist man sehr kreativ mit Beilagen zum Hummus, probieren Sie gegrillte Champignons, dicke Bohnenpaste mit Tahini und einem hartgekochten Ei und *Hummus Basar*, also Hummus mit gegrilltem Rinderhack. Es wird immer mit frischem Pitabrot und geviertelten weißen Zwiebeln serviert, der einzig akzeptierten Art, Hummus in den Mund zu bekommen.

☛ WO? *Wenn die Auswahl Sie lähmt, ab zum zuverlässigen Abu Hassan (auch bekannt als Ali Caravan), 1 Dolphin St, Yafo, Tel Aviv.*

© Bon Appetit / Alamy Stock Photo

25

© Lonely Planet / Mark Read

26

# 26

## Frisch gegrillter Fischsnack im Paradies

SEYCHELLEN // Palmenbestandene Strände, Granitfelsen, kristallklares Wasser und glänzende Korallen sind der ewige Reiz der 115 Inseln, aus denen die Seychellen bestehen. Es verwundert also nicht, dass der Fisch in diesem Paradies spektakulär gut ist. Viele Strandrestaurants und Händler bieten Ihnen Herz und Seele der kreolischen Küche. Sie können zwischen Schnapper, Seekatze, Stachelmakrelen und Speerfisch wählen, frisch gefangen von einem der schwankenden Boote aus, die Sie im türkisen Wasser sehen. Mit einer subtilen Mischung aus Chili, Ingwer, Knoblauch und Zitrone wird der Fang perfekt gegrillt. Zur Erfrischung kaufen Sie am Nachbarstand eine Kokosnuss, aus der Sie Wasser trinken. Und dann kann es passieren, dass Sie sich kneifen ...

☛ WO? *Mischen Sie sich bei Sonnenuntergang unter die Einheimischen am Beau Vallon Strand und riechen Sie das rauchige Aroma der gegrillten kreolischen Kreationen an den Ständen von Mahe.*

# 27

## Wie ein Missgeschick in einem französischen Hotel der Welt die Tarte Tatin bescherte

**FRANKREICH //** In der bekannten Version der Geschichte dieses umgekehrten Apfelkuchens rettet Stéphanie Tatin, Mitbesitzerin des Hotel Tatin in Lamotte-Beuvron, eine Pfanne mit der Füllung für einen Apfelkuchen, indem sie Blätterteig darüberlegt und alles in den Ofen schiebt. Die Kombination von karamellisierten Äpfeln mit knusprigem Teig kommt so gut an, dass sie zur Spezialität des Hotels und als *Tarte Tatin* zum Nationalgericht wird. Das Restaurant des Hotel Tatin hat sich seit dem „Malheur" anscheinend nicht sehr verändert. Sein gemütlicher Speisesaal mit Holzmöbeln, einem altrosa Teppich und geschwungenen Vorhängen hat genau die richtige *Grand-mère*-Atmosphäre für ein großes Stück ofenwarmer Apfeltarte, die auf dem Kopf steht.

---

📌 *WO? Im Hotel Tatin kann man auch übernachten. Es ist ein großartiger Ausgangspunkt, um die Wälder der Region Grand Sologne und das Loiretal zu erkunden. 5 Avenue de Vierzon, Lamotte-Beuvron*

# 28

## Feiern Sie mit Sarden und einem lange gegarten Porceddu

**ITALIEN //** Viele assoziieren Sardinien mit Fisch, aber auch das bergige Binnenland bietet tolle Köstlichkeiten, und *Porceddu* gehört ganz sicher dazu: ein ganzes Ferkel, das stundenlang über einem mit Myrte, Thymian, Oregano, Minze, Basilikum, Lorbeerblättern, Majoran und Apfelbaumholz geschürten Feuer gegrillt wird. Es ist eine Heidenarbeit, die auch den freiheitsliebenden Geist und die Liebe der Sarden zu ihrer wunderschönen Landschaft erkennen lässt. Wegen der aufwendigen Vorbereitung wird das Gericht meist bei Festen serviert, bemühen Sie sich also, zu einer Hochzeit oder Geburtstagsfeier eines Einheimischen eingeladen zu werden, um Fleisch zu kosten, das nach Stunden des langsamen Drehens über sanfter Hitze saftig und zart ist, mit einer knusprigen und salzigen Kruste ...

---

📌 *WO? Per Einladung bei Freunden oder in einem B&B wie Agriturismo la Sorgente Localita Annunziata, Castiadas, Sardinien*

# 29

## Willkommen in New York, wo Brötchen und Rindfleisch sich großartig ergänzen

USA // Die Ursprünge dieses Fast-Food-Klassikers sind heftig umstritten. Tatsächlich wurden in Hamburg die ersten Steaks aus Hackfleisch, Knoblauch, Zwiebeln, Salz und Pfeffer gemacht. Aber man hat sie nicht in ein Brötchen gesteckt. Die Amerikaner bestehen darauf, dass sie das waren und damit eine nationale Leidenschaft geschaffen haben. Das Brötchen selbst wurde veredelt, sodass man heute zusätzlich zum Sesambrötchen, das die Massen lieben, auch Brioche oder Ciabatta findet. Es ist heikel, über die besten Burger urteilen zu wollen, aber New York ist ein heißer Kandidat. Burger im Big Apple sind Big Business, und neue Läden mit kreativen Neuerungen tauchen ständig auf. Bill's Bar & Burger ist bekannt für ihren super leckeren Cheeseburger. Wenn Sie einen ausgefalleneren Burger probieren möchten, dann vielleicht einen Emmy Burger, von Emily in Brooklyn: trocken gereiftes Rindfleisch, Cheddar, Röstzwiebeln, Cornichons und eine koreanische Soße, alles in einem Brezelbrötchen.

 **WO?** *Bill's Bar & Burger, Bill's Rockefeller Center, 16 W 51st St (auch Downtown, 85 West St) und Emily, 919 Fulton St, Brooklyn*

# 30

## Wo, wenn nicht in ihrer Heimat, genießt man am besten Köttbullar, die schwedischen Fleischbällchen?

SWEDEN // Die fantastischen *Köttbullar* sind von Malmö bis zum Polarkreis beliebt, auch wenn Stockholm wohl ihre Hauptstadt ist, einfach, weil man dort die größte Auswahl hat. Bei einem Spaziergang durch die gewundenen Gassen der Altstadt Gamla Stan oder über die eleganten Kopfsteinpflasterstraßen des Stadtzentrums werden Sie auf jeden Fall ein Restaurant finden, das *Köttbullar* ganz traditionell serviert. Die Fleischbällchen werden aus gemischtem Hackfleisch gemacht, von Schwein und Rind, manchmal – besonders im Norden – auch vom Rentier, dazu Semmelbrösel und Piment. Serviert werden sie in einer flachen Schale mit cremigem Kartoffelpüree und sahniger Fleischsoße. Eingelegte Gurken und Preiselbeermarmelade ergänzen mit ihrer Säure wunderbar die Sahne. *Köttbullar* bietet ein raffiniert ausbalanciertes Geschmackserlebnis, auch wenn es ursprünglich ein Arbeitergericht war. Erst wenn Sie das Gericht in Schweden gegessen haben, haben Sie *Köttbullar* wirklich probiert.

☛ WO? *Köttbullar tauchen auf der Speisekarte des Tranan, Karlbergsvägen 14, Stockholm, nicht auf, aber das Lokal ist berühmt dafür.*

# Frische Fish and Chips in atemberaubender Landschaft

Links: Ein Fischerboot im Hafen von Stonehaven. Unten: Frische Fish and Chips können in Zeitungspapier oder auf einem Teller serviert werden.

# 31

**Made in England**

↓

Wie man Cream Tea – Scones, Marmelade und Clotted Cream – richtig serviert, spaltet die Nation.

 Seite 109

↓

Balti Curry wurde in Birmingham erfunden. Heute ist es in indischen Restaurants in ganz Großbritannien Standard.

 Seite 252

↓

Spülen Sie Ihren Steak and Kidney Pie mit einem Pint Ale in einem Londoner Pub hinunter.

 Seite 303

GB // Die Romantik der See ist in Stonehaven im Nordosten Schottlands sehr präsent: Der Kiesstrand verläuft entlang einer kilometerlangen Bucht, Segelboote dümpeln im Hafen, es wimmelt von Krebsen und Seesternen, Möwen fliegen im Wind, und in der Ferne liegt der bleierne Horizont der Nordsee. Perfekt wird die Szenerie durch The Bay Fish & Chips, deren Fisch nach MSC-Regeln gefangen wird – der Name des Fangbootes wird täglich angeschrieben. Die Kartoffeln für die Pommes Frites stammen aus dem nahen Potterton. Angesichts der Lage, der Nachhaltigkeit und des wunderbar zubereiteten Fischs ist das vielleicht das beste Fish-and-Chips-Lokal der Welt? Die ständige Schlange scheint das zu bestätigen.

Die Behauptung, dass man die beste Variante des britischen Nationalgerichts ausgerechnet in Schottland bekommt, wird nicht jedem schmecken. Auch weil es wohl in den 1860er-Jahren in England erfunden wurde, entweder in London, im Lokal des jüdischen Immigranten Joseph Malin, oder in Lancashire, wo der Unternehmer John Lees als Erfinder gilt. Egal was stimmt, es gibt überall in Großbritannien tolle Fish-and-Chips-Shops. Bleibt noch die Frage nach der besten Fischart. Kabeljau gilt heute als nachhaltigste Wahl, aber achten Sie auf das MSC-Siegel.

 **WO?** *Klassische Bestellung: Kabeljau im Teigmantel, dicke Pommes Frites, Irn-Bru. Beach Promenade, Stonehaven, Schottland*

*Spritzen Sie etwas Essig auf die dicken, weißen Fischfilets im knusprig frittierten Backteig und auf die heißen Pommes.*

# Genießen Sie den Nachtmarkt in Tainan bis zum frühen Morgen.

## 32

**TAIWAN //** Hier im Land der Straßenküchen ist Tainan die unbestrittene Essenshauptstadt. Liebevoll auch „Stadt der Snacks" genannt, ist es der Geburtsort von „Sargbrot" und *Danzai* Nudeln, an jeder Ecke findet man eine Garküche. Die Nachtmärkte aber sind es, die einen wirklich umhauen. Nichts bereitet auf die Überdosis von Sinneseindrücken vor, die einen beim Eintritt in dieses faszinierende Durcheinander aus Menschen, Düften und Lichtern der vielen Stände mit kulinarischen Köstlichkeiten erwischt.

Hier gibt es *Laksas* aus Singapur, Süßigkeiten aus Thailand und indisches Fladenbrot neben Ständen mit übel riechendem Tofu aus Taiwan, scharfem Entenblut, Austernomelette, Pfannkuchen mit grünen Zwiebeln, Milchfischsuppe, Obstspießen und alle möglichen Brotvarianten. Die Märkte sind groß, laut, wahnsinnig beliebt und ein wahrer Schmelztiegel von Kulturen und Traditionen. Auf den beiden größten, Hua Yuan und Dadong, gibt es viele Markt- und Spielstände (altmodisches Schießen auf Wasserballons u. Ä.), um sich zwischen den Snacks zu amüsieren – und in Dadong kann man beim Essen das merkwürdig unterhaltsame Spektakel von Nachtauktionen bestaunen.

☞ *WO? Spaß für die ganze Familie auf dem Nachtmarkt Dadong. No 276, Section 1, Linsen Rd, East District, Tainan City*

**Pariser Perfektion**

↓

Ein genialer Import aus der Bretagne: Crêpes werden überall in der Hauptstadt verkauft.

☞ Seite 99

↓

Wir haben den ultimativen Croque Monsieur in einem eleganten Bistro auf der Rive Gauche entdeckt.

☞ Seite 150

↓

Wo sonst die wunderbare Crème brûlée genießen als im magischen Montmartre?

☞ Seite 229

# Reservieren Sie einen Tisch in einem Pariser Bistro und bestellen Sie Tatar!

## 33

**FRANKREICH //** Wie Croissants und Baguettes, Zigaretten und Rotwein ist Tatar urfranzösisch. Schon wieder ein Klischee? Bedenken Sie bitte, dass es kulinarische Klassiker gibt – und dass Frankreich eine ganze Menge davon für sich beanspruchen kann. Kulinarisch kann man sich in der Stadt der Liebe also auch der einen oder anderen Binsenweisheit hingeben. Im Le Bar Romain etwa ist ein großer Teil der Speisekarte unterschiedlichen Tatarvarianten vorbehalten, von Thunfisch und Lachs bis zu Rindfleisch mit Kräutern, Zwiebeln und Lachsrogen oder Rinderfilet mit Balsamessig, Parmesan, Zwiebeln und Kapern. Alle verlockend. Aber Sie sind ja wegen des Originals hier, dem Rindertatar mit Zwiebeln, Kapern und Kräutern, dazu einfache Petersilienkartoffeln oder ein frischer Salat. Die Konsistenz des Fleischs ist weich mit leichter Würze, die Zwiebeln ergänzen Biss, die Kapern Säure. Abgesehen von den gut ausbalancierten Geschmacksnoten verzehrt man sein Tatar unter einer geschnitzten Holzdecke und Renaissancegemälden, die von funkelnden Kronleuchtern angestrahlt werden – und natürlich mit einem Glas Champagner.

☞ *WO? In der glitzernden klassischen Pariser Brasserie Bar Romain, 6 Rue de Caumartin, Paris*

Ein pulsierender Nachtmarkt in Tainan (oben), wo alle möglichen Leckereien köcheln und brutzeln (rechts). Ganz rechts: Tatar.

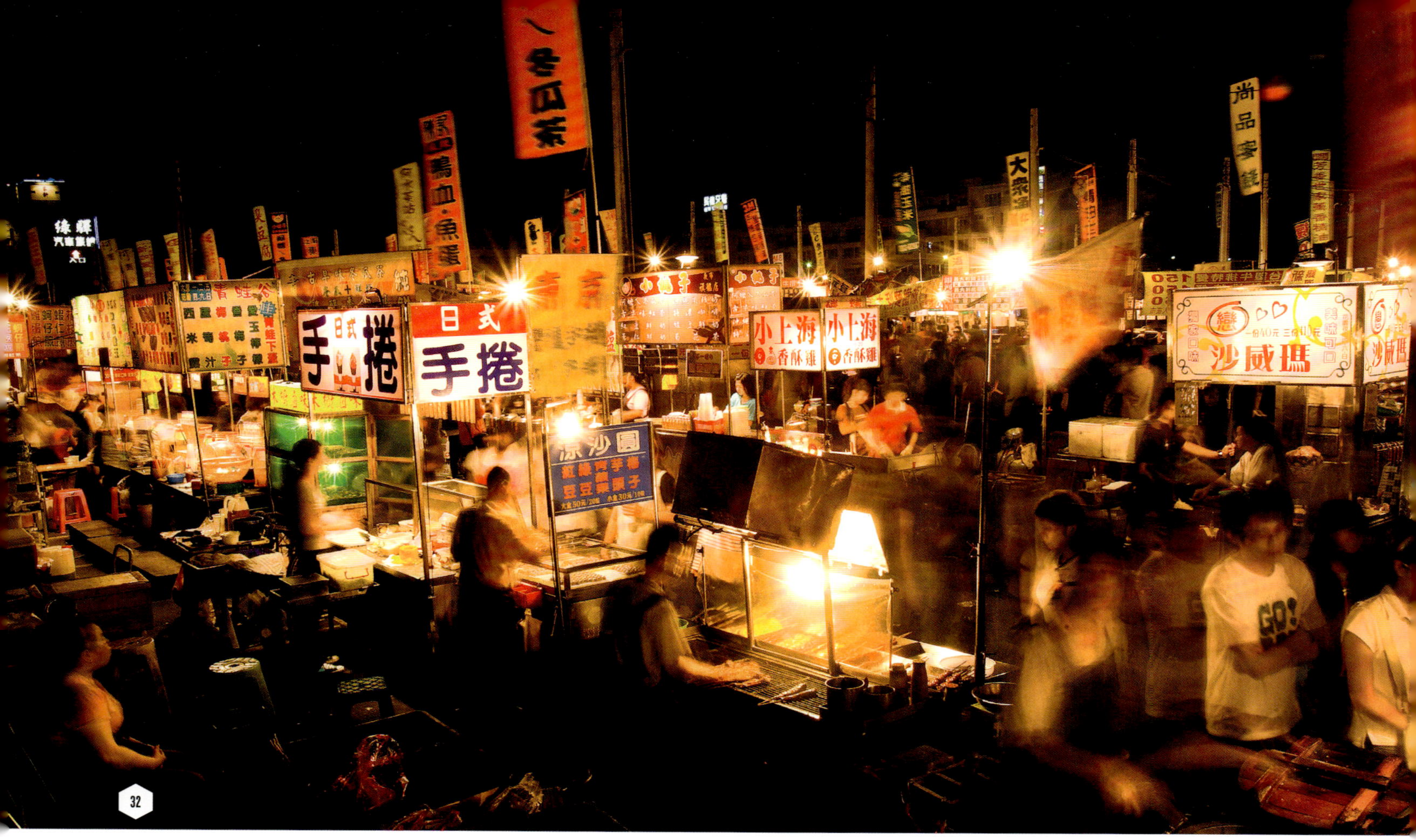


32

32

33

© StockFood / The Picture Pantry

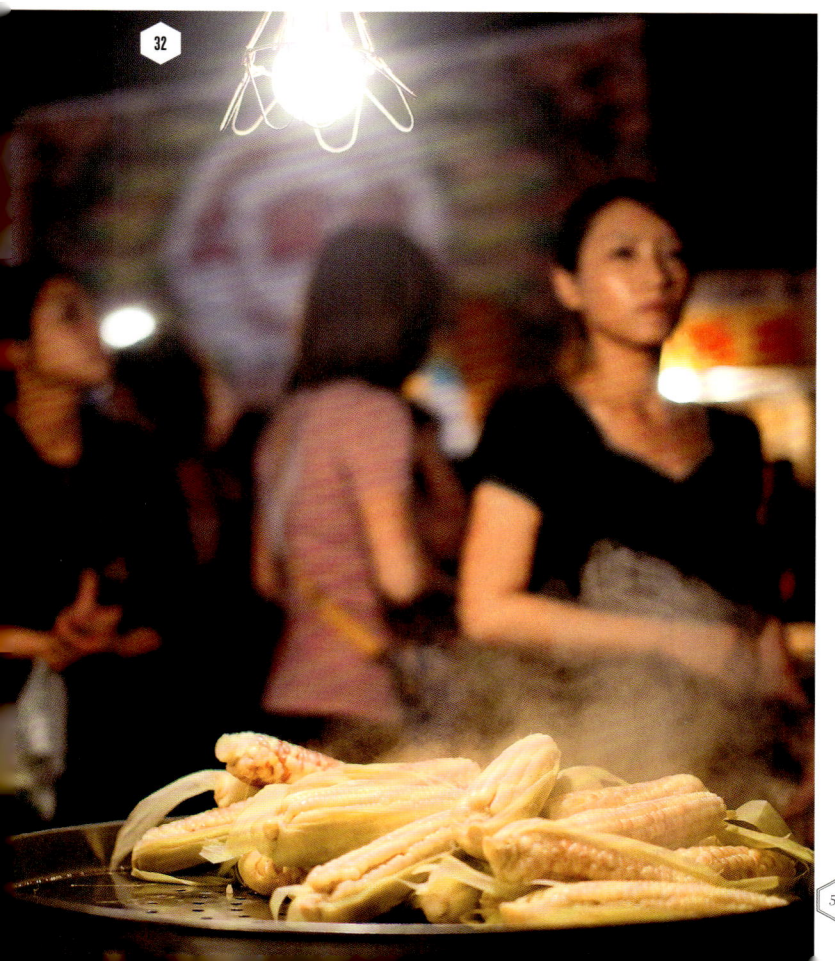

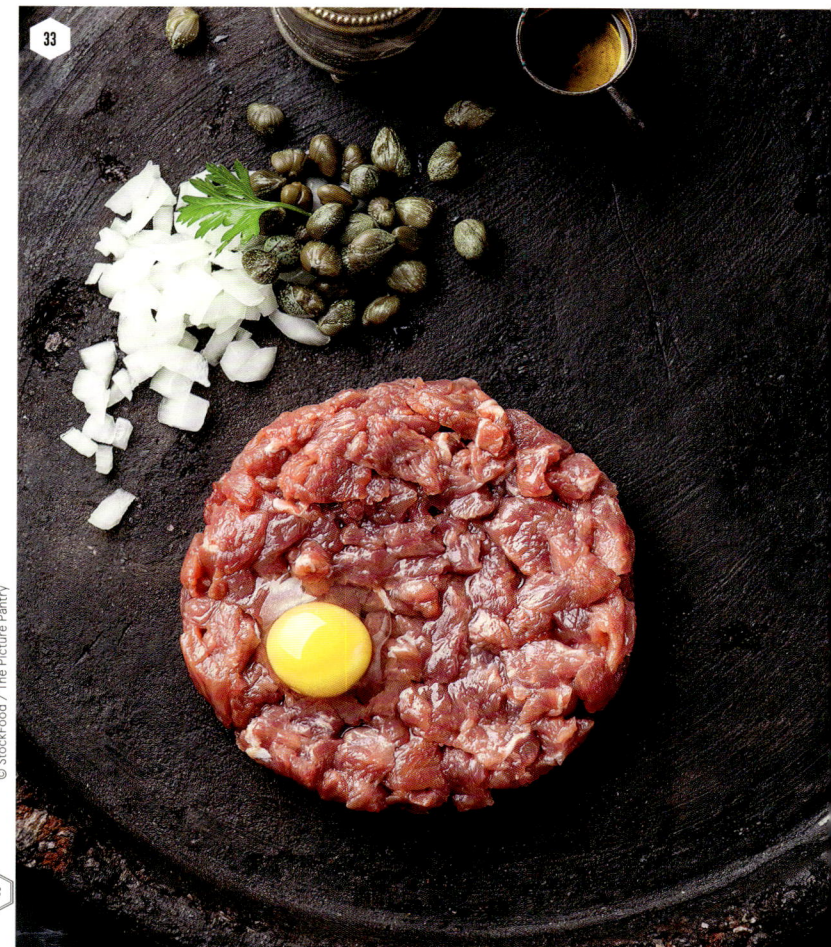

Links: Im Ristorante Diana in Bologna werden Tagliatelle zubereitet. Unten: Blick auf die Altstadt. Rechts: Ragù ganz traditionell.

## Streit ums Essen

Die indischen Staaten Westbengalen und Odisha streiten um die Ehre, Herkunftsort der Süßspeise Rasgulla zu sein.

☛ **Seite 232**

Am anderen Ende der Welt wird darüber diskutiert, wer den Kuchen zu Ehren von Anna Pawlowa erfunden hat.

☛ **Seite 280**

Osten oder Westen? Hier geht es nicht um den Ursprung, sondern um die Zubereitung eines North Carolina BBQ.

☛ **Seite 292**

© Lonely Planet / Susan Wright

# Keine Bolognese in Bologna

ITALIEN //Nein, das hier ist nicht Spaghetti Bolognese. Seien Sie gewarnt, bestellen Sie in Bologna Ihr Ragù nicht mit Spaghetti, sonst ernten Sie böse Blicke, verdrehte Augen und enttäuschtes Kopfschütteln. Das liegt daran, dass die Fleisch- und Tomatensoße, die der Welt als *Bolognese* bekannt ist, in Bologna nicht so heißt, es ist einfach Ragù und wird mit Tagliatelle serviert, nie mit Spaghetti. Die üppige Fleischsoße haftet nämlich besser an einer breiteren Nudel. Was also kommt in die traditionellen *Tagliatelle al ragù* in ihrer Heimatstadt? Mindestens zwei Sorten Fleisch (meist Pancetta und gewürfeltes Rind) unc oft etwas Kalbs- oder Schweinehack, Zwiebeln, Karotten und Sellerie, Rotwein und Rinderbrühe und Tomatenmark. Das Ganze wird zu leicht gesalzenen Tagliatelle mit etwas geriebenem Parmesan serviert.

Nicht, dass Ihnen nach dem Genuss des wahren Gerichts in seinem Ursprungsort nie wieder Spaghetti Bolognese schmecken würden. Aber es könnte passieren, dass Sie auch böse blicken, wenn jemand Spaghetti zu seinem Ragù Bolognese möchte.

☞ WO? *Im traditionellen Ristorante da Nello al Montegrappa im historischen Stadtzentrum. Via Montegrappa 2, Bologna.*

# 35

## Weniger ist mehr: Insalata Caprese auf der Sonneninsel Capri

**ITALIEN //** Sonnenschein, ein Tisch auf der Terrasse, ein roter Sonnenuntergang und die perfekte *Insalata Caprese*: Oft ist das Einfache das Beste. Dieser schlichte Salat stammt von der Insel Capri, einen Steinwurf von Sorrent an der italienischen Westküste entfernt. Es geht nur ums Zusammenbringen: Ein weicher Büffelmozzarella verstärkt die fruchtige Säure von großen, reifen Tomaten, dazu frische Basilikumblätter und etwas würziges italienisches Olivenöl – die Farben der italienischen Flagge. Ein Caprese braucht sonst nichts.

Diese Einfachheit stellt die Zutaten ganz in den Vordergrund, wie es in der italienischen Küche üblich ist. Es ist wichtig, dass die Zutaten regional, saisonal und einfach die besten sind. Eine fade Gewächshaustomate, Gummimozzarella oder langweiliges Olivenöl aus Massenproduktion werden sofort entlarvt. Machen Sie es richtig und genießen Sie einen Abend lang *la dolce vita* auf Capri.

☞ WO? *Terrazza Brunella (Via Tragara 24) hat eine Terrasse mit Blick aufs Meer und auf Capri und serviert eine gute Insalata Caprese.*

# 36

## Auf einem Barhocker in Buffalo verstehen Sie, warum Hühnerflügel als Thekensnack Karriere machten

**USA //** Die berühmten Buffalo Wings sind also ein Thekensnack. Essen Sie sie irgendwo anders, werden sie nach dem schmecken, was sie ja eigentlich auch sind: der schlimmste Teil eines Huhns voller Butter und Cayennepfeffer. Aber in ihrem natürlichen Lebensraum verzehrt — in einem Saloon, in dem ein Hockeyspiel laut auf einem Fernseher läuft und mit ein paar leeren Bierflaschen vor sich — verwandeln sie sich in das beste Gericht auf Erden. Buffalo ist eine Stadt im Staat New York und dort hatten die Wings in den 1960ern ihre Premiere. Fans ehren die damalige Besitzerin der Anchor Bar Teressa

Bellissimo als Erfinderin dieser salzig-würzigen Beilage zum Bier, welche heute sogar noch beliebter ist als Hamburger mit Pommes. Buffalo Wings sind über ihre Hauptzutat hinausgewachsen und zu einem Vehikel für geschmacksnervenbetäubende Schärfe geworden, weil Flügelfresswettbewerbe und Kneipenspeisekarten sie oft dazu nutzen, furchtbare Soßen zu präsentieren.

☞ WO? *„Wings" werden in Kneipen weltweit serviert, aber die Anchor Bar in Buffalo, New York, ist das Buffalo-Wing-Mekka.*

# 37

## Starten Sie in Kambodscha mit einer Schüssel Bai Sach Chrouk in den Tag!

KAMBODSCHA // Pikante, sättigende Schüsseln voller Suppe, Nudeln und Reis, oft am Straßenrand geschlürft – damit beginnen Millionen Südostasiaten ihren Tag. In Kambodscha gibt es Frühstücksvarianten wie *Nom Banh Chok* – Reisnudeln mit Fisch und einer grünen Currysoße, oder *Kuy Teav* – eine Reisnudelsuppe aus Schweine- oder Rinderknochen, doch es ist der einfache *Bai Sach Chrouk*, bei dem einem das Wasser im Mund zusammenläuft. In Kokosnuss mariniertes Schwein wird langsam über offener Flamme geröstet, dann auf Reis gelegt und mit Frühlingszwiebeln bestreut. Er wird mit eingelegten Gurken, Karotten, Ingwer, Daikon (Winterrettich) und einer Schüssel klarer Hühnerbrühe serviert. Süß, sauer, salzig, rauchig und super lecker.

☛ WO? *An jedem der geschäftigen Frühstücksständen in Phnom Penh, zwischen 7 und 9 Uhr früh (danach sind sie meist ausverkauft).*

© Austin Bush

© Getty Images / Andrew Peacock

# 38

## Entdecken Sie das iranische Leben in einer Teheraner Bäckerei!

IRAN // Morgens in Teheran: Kunden verlassen ihre Lieblingsbäckerei mit einem gefährlich schwankenden Stapel von Kuchenkartons voll mit frisch gebackenem Brot und allen möglichen zarten Leckereien. In einem Land, das vom Essen besessen ist, und einer Kultur, die stolz auf ihre Gastfreundschaft ist, sind die Bäckereien eine Art Metapher für das Leben. Täglich betritt man hier seinen Lieblingsladen, um *Lavash*, *Sangak* und *Barbari* zu kaufen – verschiedene Fladenbrote, die zu so ziemlich Allem gegessen werden. Manchen Iraner sieht man heute auch aus einer der neuen, international angehauchten Konditoreien kommen, mit einer dekadenten Auswahl von Kuchen, Keksen, Tarts, Macarons und anderem Süßgebäck, das zuhause zum Tee mit Freunden und Familie verzehrt wird.

☛ WO? *Es gibt viele Geschäfte zur Auswahl, aber Sie könnten mit dem Orient Café, Darvazeh Dolat No 16, Teheran beginnen.*

# 39

## Finden Sie absolute Ruhe in einer schottischen Lachsräucherei!

**GB //** Stellen Sie sich einen alten Ziegelofen auf einer Insel vor der schottischen Küste vor, Rauch kräuselt sich aus einem Loch im Dach, und drinnen hängen Reihen von rosa Lachsfilet über rauchendem, mit Whisky getränktem Holz. Stellen Sie sich vor, wie sich der Rauch mit dem zarten Fischgeschmack des Lachs verbindet, dazu noch das Geräusch der Wellen. Kein Wunder, dass kalt geräucherter Lachs von den Äußeren Hebriden oft als „Bester der Welt" gilt – er stammt von einem Ort, der unglaublich friedlich und geduldig ist. Es ist also Ihre Entscheidung: Sie könnten einen Yogaurlaub mit gesundem Essen buchen ... oder nach Schottland reisen und geräucherten Lachs mit einem Glas Single-Malt genießen.

☛ WO? *Auf den Hebriden wird der Lachs über Torf, Buchenholz und Holz von Whiskyfässern geräuchert. Clachan, North Uist, Schottland.*

© Image Scotland / Alamy Stock Photo

© Getty Images / Lingxiao Xie

# 40

## Grillen, einwickeln, essen ... Gegrilltes Schwein in Seoul

**SÜDKOREA //** Seoul bietet eine berauschende Mischung aus der Vergangenheit (antike Schreine, mächtige Stadtmauern, Holzhäuser), der Gegenwart (überall werden Sie den aktuellen K-Pop-Hit hören) und der Zukunft (für Südkoreaner ist die neueste Technik so wichtig wie Sauerstoff). Neben all diesen Zeitreisen hat es etwas Zeitloses, hier in einem Restaurant zu sitzen, in der Tischmitte ein Grill, in der Luft fleischiger Rauch und stapelweise perfekt vobereitete Zutaten zu Ihrer Verfügung. Es gibt viele Varianten von koreanischem Grillfleisch, aber keine ist besser als *Samgyeopsal* – dicke Scheiben Schweinebauch, gegrillt mit Knoblauch, Zwiebeln, Chili und Kimchi, eingewickelt in Kopfsalat und Perillablätter. Es ist einfach zuzubereiten und so umwerfend würzig, dass Sie schnell alles für ein zweites zusammensuchen.

☛ WO? *Jeju Abang ist für gegrilltes Schwein bekannt, genau wie die benachbarten Stände nahe der Jongno 3-ga Haltestelle (4. Ausgang).*

# 41

## Genießen Sie ein gehaltvoll-cremiges Massaman Curry in Bangkok!

**THAILAND //** Die südostasiatischen Garküchen und speziell die in Bangkok versprechen echte kulinarischen Abenteuer. In jeder Straße, Gasse und an jedem Kanal findet man Karren, an denen es alles gibt, vom Bekannten – wie *Moo Ping* Fleischspieße, *Pad thai* und *Tom Yum Goong* – bis zum ganz Einzigartigen – wie schwarze Sesam-Reisklöß-chen in scharfem Ingwer, Taroeis oder Massaman Curry. Anders als bei den meisten thailändischen Gerichten ersetzt Letzteres die süßen und leichten Gewürze durch dichte, schwere Gewürze wie sie eher in zentral- und südasiatischen Gerichten üblich sind. Kardamom, Zimt,

Nelken, Sternanis, Kumin, Lorbeerblätter, Muskatnuss und Muskat-blüte würzen die sämige Currysoße – wie bei einem stinknormalen Curry. Doch die clevere Kombination dieser Gewürze mit weiteren, regionaleren – Galgant, weißer Pfeffer, Garnelenpaste, Tamarinde, Kokosnussmilch, geröstete Erdnüsse – verleiht dem Gericht seinen einzigartigen Geschmack.

☞ **WO?** *Auf dem W Market mit internationalen Spezialitäten nahe der BTS Haltestelle Phra Khanong gibt es Livemusik und ein Bier.*

# 42

## Frische Kokosnuss im Paradies

↓

FIDSCHI // Manchmal geht es bei einem lebensbejahenden kulinarischen Erlebnis nur darum, eine frische Kokosnuss an einem Strand mit Blick auf türkises Meer zu essen. In Fidschi stehen charmante Hütten aus Holz und Stroh, hier *Bures* genannt, an der Blauen Lagune auf der Insel Yasawa. Sie wollen das noch perfektionieren? Vielleicht mit einem kleinen Geschenk von Mutter Natur, einer frischen Kokosnuss plus Strohhalm, nichts weiter: kalt, süß und erfrischend.

☛ WO? *Auf einer Sonnenliege. Genießen Sie dabei die glückliche Lage, in der Sie sich befinden.*

# 43

## Unendliche Variantenvielfalt: Baozi in Shanghai

CHINA // Süß oder salzig, diese faustgroßen Teigbällchen sind perfekt für ein Frühstück unterwegs. Holen Sie sich eines an einem der zahllosen Stände oder in einem der Restaurants, die sie überall in der Stadt anbieten. Traditionelle Baozi sind mit gegrilltem Schwein gefüllt, schlicht oder stark gewürzt. Es gibt aber auch vegetarische Varianten mit Füllungen wie Pilzen, Pak Choi, Lauch und Tofu, und es gibt süße Versionen, die mit roter Bohnenpaste oder Pudding gefüllt sind. In den letzten Jahren hat sich das Baozi-Angebot durch den Einfluss von Hipstern verändert, es gibt neue Lokale und Stände, die innovative Füllungen wie koreanisches Brathuhn, Okonomiyaki aus Japan und gegrilltes Schwein mit Äpfeln und süßsaurer Lotoswurzel anbieten.

☛ *WO? In der ganzen Stadt gibt es Tausende Baozistände, Läden und Restaurants. Für eine moderne Version probieren Sie Baoism in 150 Hubin Lu, Hubindao Mall, B2, Room E30, Shanghai.*

# 44

## Beenden Sie eine Nacht in Istanbul mit einem edlen Snack, Midye dolma

TÜRKEI // So genießt man *Midye dolma*: Nach dem Besuch eines Clubs oder einer Kneipe in einem der angesagten Stadtviertel (z. B. Beyoğlu, Karaköy, Şişli, Beşiktaş) geht es ab in die Nacht und hinter den Einheimischen her, die einen schon zu einem der vielen Stände führen werden, die die gefüllten Miesmuscheln mit Zitronenscheiben verkaufen. In der schwarz glänzenden Schale befindet sich die saftige Muschel auf Reis, der mit Zimt, Pfeffer und Kumin gewürzt ist, manchmal auch mit Pinienkernen und Korinthen. Machen Sie es den Einheimische nach, drücken Sie die Zitrone über der Muschel und dem Reis aus, und verzehren Sie dann alles mit einem Biss.

☛ *WO? Nach dem berühmten Istanbuler Nachtleben an jedem Stand, an dem Einheimische anstehen.*

# José Andrés

*José Andrés gehört zu den Pionieren der „Small Plate Movement" in den USA, vor allem aufgrund seiner vielen Restaurants wie „Minibar" in New York und „E by José Andrés" in Las Vegas.*

**KREBSE, MARYLAND, USA**
Im Bethesda Crab House werden sie perfekt zubereitet – viel Massachusetts und sonst nichts. Das schmeckt für mich nach Heimat.

**SANCOCHO, PUERTO RICO**
Ehrenamtlich habe ich für #ChefsforPuerto Rico viel von diesem einfachen, herzhaften Eintopf mit Rind und Gemüse serviert, den man überall im Land kocht.

**KAVIAR, RIOFRÍO, SPANIEN**
In diesem Dorf in der Provinz Granada gibt es den besten Biokaviar der Welt. Ich nehme eine Scheibe Jamón ibérico, einen Löffel Kaviar und falte alles zum „José Taco".

**MANDARINEN, OJAI, KALIFORNIEN**
Der Tangerine Man baut köstliche Kishu-Mandarinen an — so süß und saftig. Man kann sie im Internet bestellen, muss dafür also nicht nach Ojai.

**UNI, HOKKAIDO, JAPAN**
Ich bin mit meinem Freund Nobu Matsuhisa zum Seeigelfischen hergekommen. Der Rogen dort hat so viel Umami, es ist, als küsse man das Meer.

## Beißen Sie in ein Beignet im Big Easy

USA // Es ist fast magisch, wie ein schlichtes, frittiertes Stück Brandteig so viel mehr sein kann als die Summe seiner Teile. Die heiße, knusprige Hülle, das feuchte Innere und der Berg von seidigem Puderzucker darüber – alles zusammen macht aus dem *Beignet* aus New Orleans ein unwiderstehliches Dessert. Diese warme Süßigkeit gehört zur selben französisch-kanadischen Migrationskultur, die auch die Cajunkultur nach Louisiana gebracht hat. Sie ist vor allem im French Quarter beliebt, wo die Straßen aufgrund der Musik einheimischer Bands vibrieren, wahrscheinlich auch wegen eines kollektiven Zuckerrauschs durch die *Beignets*.

👉 *WO? Stürzen Sie sich ins Gewühl im 150 Jahre alten Café du Monde für ein klassisches New Orleans Beignet und Café au lait.*

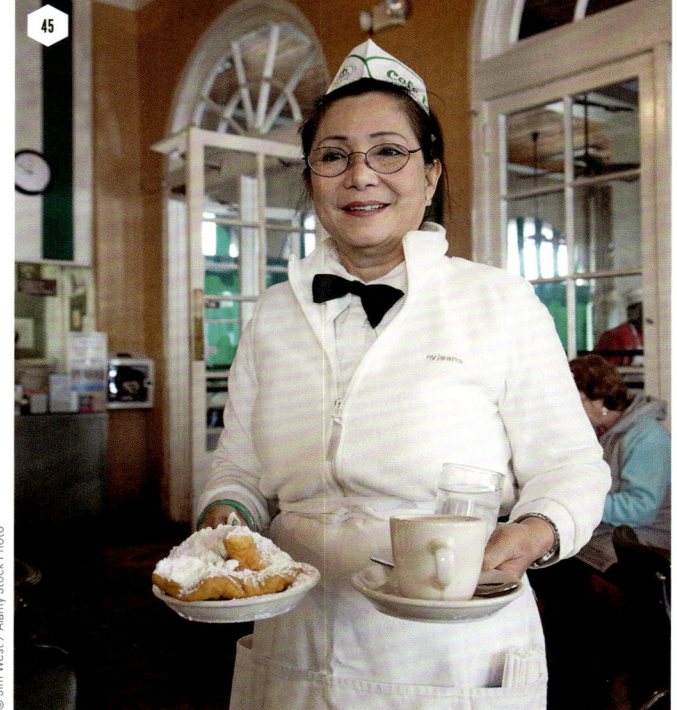

# 46

## Masala Dosa: Ihr kulinarischer Retter in den Riesenstädten im Süden Indiens

**INDIEN //** Im lauten Trubel einer südindischen Stadt, voller Menschen, Autos und Tuk-Tuks und der drückenden tropischen Luft, wirken das leichte Knuspern, die zarte Säure und die aromatische Würze eines frischen *Masala Dosa* wie eine frische Brise. Egal, wo Sie sind, ob in Mumbai im Westen oder Chennai im Osten, überall sehen Sie Leute, die eine dieser leckeren Reispfannkuchentaschen mit Kartoffelcurry essen. Und das zu jeder Uhrzeit – man genießt sie zum Frühstück, Mittag- und Abendessen oder zwischendurch. Die *Dosa* wird aus fermentiertem Teig aus gemahlenem Reis und Linsen gemacht, dann leicht auf einer Grillpfanne gebraten, bis sie auf einer Seite knusprig, auf der anderen weich und hell ist. Dieser Pfannkuchen wird dann mit Kartoffeln, Zwiebeln, Curryblättern, Kurkuma und einer Gewürzmischung (dem Masala) gefüllt und meist mit Kokosnusschutney serviert. Wo es den besten *Masala Dosa* gibt? Schwer zu sagen. Aber wer etwas Zeit im Süden verbringt, wird schon bald seinen Favoriten haben.

👉 **WIE?** *Streichen Sie etwas Kokosnusschutney auf das Dosa, reißen Sie ein kleines Stück ab und beträufeln Sie es mit Sambar.*

46

# Dunkle Tage in Dublin werden mit einer Schüssel Irish Stew und einem Pint Guinness heller

**IRLAND //** An Wintertagen, wenn es schüttet, die Temperaturen einstellig sind und der Himmel düster, zieht sich in Irland alles Leben in die Pubs zurück. Man nennt es „Craic" – man übersteht fieses Wetter und dunkle Tage mit einfachen Vergnügen wie Lachen, Singen und Tanzen. Der natürliche kulinarische Begleiter ist dann Irish Stew, ein Gericht, das die Zutaten, die gerade zur Hand sind, verzaubert. In der einfachsten Version wird Hammel oder Zicklein mit Kartoffeln und Zwiebeln gekocht; immer häufiger kommen Lamm und Zutaten wie Petersilie, Karotten, Lauch und Gerstengraupen dazu, um die wässrige

Brühe aufzusaugen. Es ist der Inbegriff eines wärmenden, herzhaften und sättigenden Gerichts. Man kann das Stew noch salzen, aber für die beste Würze sorgen die Gesellschaft von Freunden in einem Pub sowie ein Pint Guinness. In vielen Kulturen liegt die Romantik des Essens in stundenlangen Vorbereitungen und Unmengen von Zutaten, für die Iren liegt die Romantik im Essen und allem drumherum.

☞ WO? *The Brazen Head, 20 Bridge St Lower in Dublin ist Irlands ältester Pub und serviert ein klassisches Irish Stew. Noch Fragen?*

# Zeigen Sie Ihre Wertschätzung für das delikate Gleichgewicht von Kaiseki!

## 48

JAPAN // Gehobene Küche und wunderschön angerichtete Teller mit Michelin-Sternen sind in Japan Alltag, aber *Kaiseki* befindet sich noch eine Stufe darüber. Es gehört zu den teuren Gerichten und kann leicht Zehntausende Yen kosten, aber das ist es wert. Es ist nicht bloß ein Gericht, es geht um mehr als die Präsentation und den Geschmack; *Kaiseki* ist die Umsetzung des japanischen *Omotenashi* – was man als „aufrichtige Gastfreundschaft" übersetzen kann. Wenn der Koch Kaiseki serviert, ist sein Ziel, dem Gast ultimativen Respekt zu zollen. Es ist eine exzellente Verkörperung von japanischem kulinarischem Können, Ehrfurcht und Wertschätzung, und man sollte es wenigstens einmal im Leben erleben.

*Kaiseki* stammt aus Kyoto, wo diese außergewöhnliche Mahlzeit normalerweise in einem *Ryokan* serviert wird (einem traditionellen Gasthof mit Tatami-Matten auf dem Boden). Jeder Koch bereitet *Kaiseki* auf leicht unterschiedliche Art zu, vor allem, weil das Gericht ein künstlerischer Ausdruck von Wertschätzung des Gastes und saisonaler Produkte ist, daher werden zwei Kaiseki-Mahlzeiten niemals gleich sein. Die Gänge, die man erwarten kann sind: eine Vorspeise mit Sake, etwas Gesottenes, Sashimi, ein Gang namens *Hassun*, der die Jahreszeit verdeutlichen soll, etwas Gegrilltes und ein Reisgericht. Diese Parade essbarer Herrlich-

keiten kulminiert in einem Dessert und einer Matchatee-Zeremonie. Nehmen Sie sich einen Tag Zeit, um dieses Ritual zu genießen und dem Koch Ihre Wertschätzung für seine großartige Leistung zu zeigen.

☞ WO? *Im Kyoto Kitcho Arashiyama, 58 Sagatenryūji Susukinobabachō, Ukyō-k; oder Gion Karyo, 605–0074 Präfektur Kyoto.*

In Kyoto, wo es so wunderschöne Gebäude wie den Ginkaku-ji Tempel gibt (rechts), findet man auch die essbare Kunst des Kaiseki (unten).

# 49

## Genießen Sie in Santorini den Sonnenuntergang bei einem Teller Domatokeftedes!

GRIECHENLAND // Wieso schmecken diese einfachen Tomatenklößchen so gut? Vielleicht liegt es an der Schönheit von Santorini oder an den köstlichen Cherrytomaten, die auf der Vulkaninsel reifen... Wie dem auch sei, sie ist der beste Platz überhaupt, um *Domatokeftedes* zu essen. Die Tomaten haben durch den mineral- und nährstoffreichen Boden einen ganz eigenen Geschmack, passend zur Hauptreisezeit von Juni bis August sind sie am saftigsten. In den Tavernen serviert man diese Klößchen zu einem Ouzo Meze, und die Einheimischen wissen genau, dass die leicht frittierten Bällchen aus Tomaten, Feta, roten Zwiebeln, Petersilie, Minze und Oregano die perfekte Begleitung eines spektakulären Sonnenuntergangs und eines Gläschens Anisaperitifs sind.

☛ WO? *Domatokeftedes steht auf den Speisekarten der meisten Tavernen der Insel. Wählen Sie eine mit Aussicht und hauen Sie rein!*

© Jean Cazals

© Dosfotos – www.superstock.com

# 50

## Gönnen Sie sich ein Piri-Piri-Huhn am Strand in Mosambik!

MOSAMBIK // Es ist fast unmöglich, dem verlockenden Duft von scharfem Huhn auf einem rauchigen Grill in einer Marinade aus Paprika, Zitrone, Knoblauch und Gewürzen zu widerstehen. Warum sollte man auch? Vielleicht, weil man dafür einen der wunderschönen Strände Mosambiks verlassen muss, um dieses Nationalgericht mit feurigem Aroma zu genießen. Mit etwas Glück muss auch das nicht sein: Scharfes Piri-Piri-Huhn gibt es auch in Strandlokalen, und natürlich in Garküchen, Cafés, Restaurants und an Straßenständen in großen Städten. Das zarte Huhn passt perfekt zu einem kalten Impala Bier, dem ersten kommerziellen Bier, das nicht aus Gerste, sondern aus Maniok gebraut wird – gut für die Landwirtschaft und den Arbeitsmarkt des Landes.

☛ WO? *An Garküchen oder, wenn Sie ein schickes Restaurant vorziehen, im Piri Piri, Av 24 de Julho, Maputo, Mozambique.*

# 51

## Fattoush mit Freunden: Ein Tribut an Syrien und den weltbekannten Salat

SYRIEN // Wir ordnen diesen Salat Syrien zu, aber man findet ihn überall in der Levante. Durch die Zutaten – geröstetes Fladenbrot, süße Tomaten, frisches Gemüse, Kräuter, Zitronensaft und Sumak – passt er perfekt zu den hohen Temperaturen im Nahen Osten. Am besten genießt man ihn – was hoffentlich bald wieder möglich ist – in einem Straßencafé in Damaskus, der ältesten bewohnten Metropole der Welt. Die Syrer essen *Fattoush*, indem sie einige der Zutaten auf ein Blatt Kopfsalat oder ein Weinblatt legen und ein Päckchen packen. Solange eine Reise nach Syrien nicht ratsam ist, bereiten Sie eine große Schüssel für Freunde zu, servieren Sie Hibiskustee, *Zouhourat*, dazu, und stoßen Sie auf die Zukunft Syriens an.

👉 *WO? Das ist Alltagsessen, das man überall in Syrien und im Nahen Osten, ja inzwischen in Großstädten weltweit, bekommt.*

51

# 52

## Doughnut mit Bacon und Ahornsirup – zauberhaft!

USA // Portland: ökologisch-nachhaltig orientierte Stadt mit feinem Kaffee, großartigem Bier und Wein – und der Bacon Maple Bar von Voodoo Doughnut. Vor dem Kult-Doughnutshop im Zentrum bilden sich wegen der ausgeflippten, schreiend bunten Kreationen stets Schlangen: Da gibt es den vegetarischen Grape Ape, einen Hefedoughnut mit Vanilleguss, Traubenblüten und Lavendelstreuseln. Oder den Viscous Hibiscus und den Maple Blazer Blunt in Form einer Haschtüte, mit Zimtzucker und roten Streuseln, die wie Glut aussehen. Den Vogel schießt aber der Bacon Maple Bar ab, ein Hefedoughnut mit Ahornsirupguss und zwei kross gebratenen Baconscheiben. Süß, salzig und teigig – was passt da nicht? Wenn Sie möchten, verbrennen Sie danach ein paar Kalorien auf einem Mietrad von Biketown.

👉 *WO? Voodoo Doughnut hat drei Läden in Portland: 22 SW 3rd Avenue und 1501 NE Davis St. Oder man lässt es sich liefern.*

52

# 53

## Finden Sie in El Salvador Ihre Lieblings-Pupusa!

EL SALVADOR // Sie haben *Quesadillas* und *Arepas* probiert, dann ist es jetzt Zeit, sich mit Einheimischen in eine *Pupusería* zu setzen und mindestens drei Sinne mit der süchtig machenden *Pupusa* aus El Salvador zu verwöhnen. Diese dicken, runden Maistortillas werden gefüllt und dann auf einer Grillplatte knusprig gebraten. Zu den Füllungen zählen Käse, Bohnenmus, Huhn, *Chicharrón* (frittierte Schweinehaut) und *Revueltas* (eine Mischung aus Bohnen, Schweinefleisch und Käse), aber auch Meeresfrüchte und gemischtes Gemüse. Es gibt sogar süße Versionen mit Beeren. Herzhafte *Pupusas* werden immer mit einem Krautsalat namens *Curtido* und einer Tomatensalsa serviert, die durch den mächtigen Teig dringt. Dieses leckere Gericht wird an Straßenecken und in Restaurants verkauft, aber am besten genießt man es in den Spezialcafés namens *Pupuserías*. Es ist kein Problem, eines zu finden – die Herausforderung ist vielmehr, ihre Lieblings-Pupusa zu identifizieren.

🖎 WO? *Überall in El Salvador, aber inzwischen gibt es Pupusas auch in den meisten Großstädten der USA und Kanadas.*

# 54

## Fangen Sie ein paar Glasfischchen am Lake Onoke in Neuseeland!

NEUSEELAND // Jedes Jahr im August stellen eifrige Angler ihre Kescher überall in Neuseeland in Flüsse und Seen, um diese kleinen Süßwasserjungfische während der kurzen Saison, in der es erlaubt ist, zu fangen. Am Lake Onoke an der Südspitze der Nordinsel legen Fischer an den Seeufern ihre Netze aus und hoffen auf einen üppigen Fang. Die Saison ist strikt regelt, um die verschiedenen Spezies zu schützen, was die Zubereitung eines der beliebtesten Snacks Neuseelands – gebackene Glasfischchen – mit einer Prise Aufgeregtheit verbindet. Dafür werden die ganzen Jungfische mit Eiern, Mehl und Salz vermischt und dann in Butter gebraten. Trinken Sie dazu einen Martinborough Sauvignon Blanc im Lake Ferry Hotel am Seeufer.

🦐 WO? *Im Lake Ferry Hotel, 2 Lake Ferry Rd, South Wairarapa Coast*

# 55

## Warten Sie im Liegestuhl entspannt auf Ihre Riesengarnelen!

MYANMAR // Der weiße, von Liegen und Sonnenschirmen gesprenkelte Sand des von Palmen gesäumten Ngwe Saung Strand in Myanmar erstreckt sich über Kilometer – eine entspannte tropische Idylle. Im Norden gibt es schicke Hotelanlagen, im Süden günstigere Hotels und eine Backpacker-Szene, und dazwischen liegt das Dorf Ngwe Saung, wo man essen gehen kann... Aber was tun, wenn es einfach zu schwer ist, die sanfte Brandung zu verlassen? Keine Sorge, die Einheimischen kümmern sich darum. Es wird nicht lange dauern, bis ein fliegender Händler auftaucht und Ihnen leicht angebrannte Riesengarnelen anbietet, die auf einem Teller auf ihrem Kopf liegen. Das ist ein bisschen skurril, aber über den Genuss gibt es keine zwei Meinungen.

🦐 WO? *Ngwe Saung Beach, in der Region Ayeyarwady, Myanmar*

# 56

## Genießen Sie ein paar Samosas, während Sie sich Kalkutta anschauen!

**INDIEN //** Bei all den Anblicken, Geräuschen und, ja, Gerüchen in Indien rund um Sie herum sind diese köstlichen, leicht gewürzten Teigtaschen das ideale Straßenessen. Mit einer in der Hand können Sie immer noch Ihren Reiseführer konsultieren. Jede Region Indiens hat ihre eigene Samosaversion, vom Punjab, wo Kartoffeln und Erbsen die Füllung bestimmen, über Gujarat, wo fein geschnittene Kartoffeln mit Kohl gemischt werden und Karnataka, wo Zwiebeln und Hammelfleischstückchen beliebt sind, bis nach Delhi, wo die Füllungen ganz verrückt werden und Sachen wie Mungbohnendal hineinkommen. Aber wir essen jetzt ein bengalisches Samosa in Kalkutta – hier heißen sie *Shingara*. Die Mischung aus Kartoffeln, Erbsen, Blumenkohl, Chili, etwas Kumin und Erdnüssen oder – etwas edler– Cashewkernen, ist absolut köstlich. Als Stärkung beim Sightseeing schlägt nichts eine Tasse Chai mit einer dieser knusprigen Teigtaschen.

☛ **WO?** *Mit die besten Samosas in Kalkutta bekommen Sie bei Tewari Sweets in Bara Bazar oder beim Mrityunjoy Ghosh & Sons Sweetshop auf der Sarat Bose Road aus dem 19. Jahrhundert.*

# 57

## Schneiden Sie während der Saison auf der Halbinsel Shakotan einen Seeigel auf und löffeln Sie ihn aus!

JAPAN // Nicht viele Lebensmittel sehen von außen abweisender aus als der stachlige kleine Seeigel, auf Japanisch *Uni*. Das Essen macht durch den Kontrast zwischen dem dornigen Äußeren und der Köstlichkeit im Inneren richtig Spaß. Auf der nordjapanischen Insel Hokkaidō gibt es die frischesten, zartesten und schmackhaftesten Seeigel überhaupt. Hokkaidō hat zwei Spezialitäten: *Bafun Uni*, gehaltvoll, cremig und leuchtend orange, und *Murasaki Uni*, süß, zart und gelblich. *Uni*-Liebhaber empfehlen, Hokkaidōs Halbinsel Shakotan während der Fangsaison von Mitte Juni bis Mitte August zu besuchen.

Überall auf der Insel haben kleine Fischrestaurants dann *Uni* auf der Speisekarte, und weil der Igel ganz frisch ist, probiert man ihn am besten roh und pur. Wenn das stachlige Äußere aufgeschnitten wurde, greifen Sie hinein und löffeln Sie den merkwürdig aussehenden essbaren Rogen in den Mund; kein Geschmack lässt sich damit vergleichen.

 WO? *In Fischrestaurants auf der Shakotan Halbinsel, Hokkaidō. Man sollte von Mitte Juni bis Mitte August hinpilgern.*

# 58

## Sommer und Sonne auf einer Meerblick-Terrasse in Positano, dazu Spaghetti alle Vongole ...

ITALIEN / An der Amalfiküste, wo die Sonne auf kristallklares Wasser und steile Klippen mit pittoresken Schwimmbuchten scheint, wo pastellfarbene Dörfer an Bergen hängen, hinter ihnen Zitronenhaine und Weinterrassen, liegt die klassische Küstenstadt Positano: steile, gewundene Straßen, schicke Boutiquen und eine lebendige Gastrononmieszene. Die Küche hier basiert auf einfachen Techniken und frischen regionalen Zutaten. *Spaghetti alle vongole* (Spaghetti mit Venusmuscheln) ist *die* Verkörperung dieses Speisestils, und wir können uns keine bessere Art des *dolce vita* vorstellen, als in Positano auf einer Restaurantterrasse mit einem Teller dieser Pasta und einem Glas kühlen Weißweins zu sitzen: Meer und Land sind perfekt ausbalanciert, und die Mahlzeit ist fantastisch!

👉 WO? *In Positano und überall an der Küste Kampaniens*

© 500px / Francesco Riccardo Iacomino

# 59

## Ein echt britisches Wochenende mit einem Sunday Pub Roast

GB // Immer weniger Leute in Großbritannien gehen sonntags in die Kirche, aber der Sunday Roast ist immer noch weit verbreitet. Für Touristen ist er ein Muss. Ob in einem Pub in London oder in einem großen Inn auf dem Land, mit Tischen auf dem Rasen: Man ist unter Freunden und Familie, lacht, trinkt Bier und genießt heiße Scheiben Rinder- oder Schweinebraten, Yorkshire Pudding, Bratkartoffeln und Gemüse, alles mit einer sämigen Bratensoße. Wärmend, sättigend und lecker, klassische Hausmannskost. Darüber hinaus ist es eine beruhigende Erfahrung, ein wöchentliches Ritual, bei dem die Nation innehält, den Beginn der Arbeitswoche noch etwas hinauszögert und ganz im Augenblick lebt. Holen Sie sich einen Teller und langen Sie zu!

👉 WO? *Erst geht's in die Pubs in Ihrer Nähe, dann in's Sterne-Restaurant Star Inn in Yorkshire, Main St, Harome, bei Helmsley.*

© Shutterstock / mikecphoto

# 60

## Ikan Bakar: Gegrillter Fisch in Kuala Lumpur

MALAYSIA // Folgen Sie Mittags Ihrer Nase zu den würzigen Rauchwolken der Garküchen mit dem bunten *Ikan Bakar* (gegrillter Fisch) am Rand des Urban Orchard Park in Kuala Lumpur. Hier bekommt man den besten gegrillten Fisch der Stadt. In jeder Garküche gibt es mindestens eine gusseiserne Pfanne, an der man zwischen frischen Fischen wie Seewolf, Stachelrochen, Makrele und Tintenfisch wählen kann. In den Beilagen und Marinaden unterscheiden sich die Garküchen. Vor dr Zubereitung wird der Fisch in Bananenblätter gewickelt, um die Aromen zu verstärken und alles zusammenzuhalten. Es ist ein Erlebnis zuzusehen, wie Köche die grünen Päckchen in der Pfanne umdrehen und darauf achten, dass jedes auf den Punkt gegart wird.

☛ WO? *Bei so vielen Garküchen, die ihre eigene Version von Ikan Bakar anbieten, gibt es gar nicht zu viele Fische. Probieren Sie alle!*

61

60

# 61

## Einmal im Leben muss man hin: Chez Panisse

USA // Es zeigt den Einfluss von Chez Panisse, dass die „kalifornische Küche" (regionale, ökologisch angebaute Zutaten, zubereitet in einem Kochstilmix), die dort seit 1971 umgesetzt wird, heute ein Synonym für Kochen in der westlichen Welt ist. Es ist auch heute noch diesen Idealen verpflichtet und serviert saisonale Weltklassespeisen. Es gibt einen französischen Einfluss, aber eigentlich ist dieses Restaurant 100 % Bay Area. Von den regionalen Produkten bis zur Jovialität des Umgangs ist es absolut typisch für Nordkalifornien. Chez Panisse befindet sich immer noch im selben alten Gebäude wie zu Beginn, es wurde renoviert, aber mit der dunklen Holzwärme des Originals, und die Mitgründerin Alice Waters ist nach wie vor aktiv.

☛ WO? *Bestellen Sie oben à la Carte oder, noch besser, unten, wo es jeden Tag eine neue Speisekarte gibt. 1517 Shattuck Ave, Berkeley*

# 62

## Entdecken Sie die Tapasbars (und den Sherry) von Sevilla!

SPANIEN // In jeder spanischen Stadt gibt es eine umwerfende Auswahl von Tapasbars, aber das wunderschöne Sevilla bietet neben seinen Sehenswürdigkeiten noch etwas ganz Besonderes: Es liegt im Herzen der Sherryproduktion von Andalusien. Jahrelange Erfahrung und Verfeinerung stecken in den köstlichen Kleinigkeiten, die die Spanier hier mit einem kleinen Gläschen servieren. Und wenn sich darin ein herber, alter Manzanilla, ein knochentrockener Fino oder ein schwerer Amontillado befindet, hebt das die Kombination von Essen und Wein auf eine neue Ebene.

Zum Erlebnis gehört auch die sehr gesellige Seite der Spanier. Großartige Tapas zu essen und wunderbaren Wein zu trinken ist eine nationale Leidenschaft, und das Gespräch gehört unbedingt dazu. Ob Sie auf einem pittoresken Platz in eine winzige Bar stolpern oder nach einem Lokal mit tollem Ruf suchen, zögern Sie nicht, die Einheimischen nach einer Empfehlung für Sherry oder Tapas zu fragen: '¿Qué me recomiendas?' (Was empfehlen Sie mir?).

Die folgenden Gerichte sollten auf Ihrer Unbedingt-kosten-Liste stehen. Zuerst, la Bomba (also die Bombe), eine panierte Kugel aus Kartoffelbrei, frittiert und mit Aiolimayonnaise und einer scharfen Tomatensoße. Dann andalusischer *Jamón ibérico* – die Schweine wurden mit Eicheln gefüttert. Danach eine einfache *Gilda* – ein Lutscher aus Sardellen, Chili und grünen Oliven, frittierte oder gegrillte *Chipirones* – winzige, ganze Tintenfische mit Zitrone, gegrillte Scheidemuscheln oder Garnelen und schließlich *Albóndigas*, kräftige Fleischbällchen. Finden Sie Ihren Favoriten!

---

 WO? *Ein Klassiker ist El Rinconcillo (rechts) in C/Gerona 40. Oder Sie probieren Las Teresas (links) in C/Santa Teresa 2.*

# Schlemmen Sie echtes Boeuf bourguignon in seiner Heimat Burgund!

**FRANKREICH //** Um echtes *Boeuf bourguignon* zu essen, müssen Sie einfach nur nach Burgund fahren – mit den sanften grünen Hügeln, sich windenden Flüssen und Kanälen, romanischen Kirchen und prächtigen Châteaux. Oh, und köstlichem Wein und Rind. *Boeuf bourguignon* ist einfaches regionales Essen, das schon vor Jahrhunderten von Bauern zubereitet wurde, mit den Zutaten, die sie zur Hand hatten, und sich also ganz um die Aromen der regionalen Produkte entwickelte. Der Wein muss ein Burgunder sein, der regionale Pinot Noir, vollmundig, idealerweise mit dem Aroma frischer roter Beeren, etwas Erdigem und einem Hauch Gewürze. Die Rinder werden Sie überall auf den grünen Hügeln grasen sehen – die weißen, breitschultrigen Charolaisrinder, die für ihr zartes, leicht marmoriertes Fleisch so verehrt werden, dass es in diversen *Fêtes du Charolais* gefeiert wird. Und *Boeuf bourguignon* werden Sie überall in Burgund, natürlich auch in der Hauptstadt der Region, Beaune, auf der Speisekarte finden.

☞ **WO?** *Wir empfehlen 21 Boulevard, 21 blvd Saint-Jacques, Beaune. Der Speisesaal liegt in einem Weinkeller aus dem 15. Jahrhundert.*

# 64

## Huhn Hainan: Das Gericht, das für Singapur steht

SINGAPUR / Die fast einfarbige Erscheinung eines Huhn Hainan verbirgt seinen komplexen Geschmack – und das ist fast eine Metapher für den Charakter Singapurs. Was von außen so einfach wirkt, verbirgt unter der Oberfläche eine Unmenge komplexer Zutaten. Das Gericht stammt von der südchinesischen Insel Hainan, wo kleine knochige Hühner gekocht wurden. Dann wechselte man zu festeren, größeren weißen Hühnern, die leichter zu schneiden und zu essen waren. Das ganze Huhn wird gekocht, mit der Brühe wird der Reis gewürzt, zusammen mit Ingwer, Pandanblättern und Knoblauch. Das geschnittene Fleisch wird mit Sesamöl und Sojasoße beträufelt, und der letzte Schliff ist ein Trio scharfer Soßen: Scharfe Chili-, Ingwer- und dunkle Sojasoße.

☞ WO? *Im Tian Tian Chicken Rice im Maxwell Food Centre, 1 Kadayanallur St, Singapur*

64

65

# 65

## Auf in den Süden Vietnams für knusprige Pfannkuchen!

VIETNAM // Vietnams umwerfend knuspriger gelber Pfannkuchen *Bánh Xèo* ist ein kulinarisches Muss, wenn man den Süden besucht, wo der köstliche Pfannkuchen dünner und knackiger ist als im Norden. Im Süden benutzt man dafür mehr Kokosnussmilch und Kurkuma. Weitere Zutaten sind ganze Garnelen, Bohnensprossen und Mungbohnen, die in der Pfanne dazukommen, bevor der Pfannkuchen vom Feuer genommen und gefaltet wird. Brechen Sie dann ein Stück ab, legen Sie es auf ein Salatblatt, Kräuter darauf und rollen Sie alles zusammen. Das Ganze dippen Sie in die feurige Nuoc Cham Soße, bevor Sie zubeißen. Das Gericht ist in Ho-Chi-Minh-Stadt so beliebt, dass man es fast überall findet.

☞ WO? *Bánh Xèo Muoi Xiem, 204 Nguyen Trãi, Phuong Pham Ngũ Lão; Bánh Xèo 46, 46A Đinh Công Tráng, Tân Đinh, Ho-Chi-Minh-Stadt*

# Amanda Hesser

*Amanda Hesser war früher Foodredakteurin des New York Times Magazine. Sie ist Autorin mehrerer Kochbücher und Mitgründerin der sehr beliebten Kochwebsite Food52.*

**WODKA MIT MEERRETTICH, PORTLAND, OREGON** Im russischen Restaurant Kachka gibt's viele winzige Gerichte und jede Menge Wodka. Verblüffend, pfeffrig, aber klar.

**EGG HOPPERS, SRI LANKA** Diese zarten Kokosnusscrêpes mit einem Spiegelei in der Mitte gibt es überall in Sri Lanka.

**BISCUITS UND ERDBEERMARMELADE, NEW ORLEANS, LOUISIANA**
Im French Quarter kommen in dem kleinen Gasthaus namens Soniat House Dort jeden

Morgen Biscuits frisch aus dem Ofen – mit hausgemachter Erdbeermarmelade mit ganzen Früchten.

**WEISSE PIZZA, OLD FORGE, PENNSYLVANIA**
Ich bin mit dieser Pizza aufgewachsen: Eine Schicht Teig, Käse, noch eine Schicht Teig, Olivenöl und getrockneter Rosmarin.

**HUMMERBRÖTCHEN, AMAGANSETT, NEW YORK** Es gibt viele Versionen, aber diese vom Crab Shack — im Norden der Route 27 auf Long Island, zwischen Amagansett und Montauk — ist mein Liebling.

# Geheimtipp: Besuchen Sie Finnland am Korvapuusti Tag!

**FINNLAND //** Zu behaupten, dass *Korvapuusti* eine nationale Leidenschaft sei, untertreibt die Bedeutung der Zimtschnecke für die Finnen. Zum einen hat dieses Gebäck seinen eigenen Tag (4. Oktober), zum anderen wurden Cafés früher, ehe die Finnen es mit dem Kaffee ernst meinten, allen Ernstes nach der Größe der Schnecken beurteilt. Der Ursprung dieser Leckerei mit Zimt und Kardamom ist unklar, viele behaupten, dass sie in Schweden erfunden wurden (fairerweise muss man sagen, dass jedes skandinavische Land sie für sich beansprucht) – aber wir haben uns für die finnische Version entschieden, weil sie dort so sehr geliebt werden. *Korvapuusti* bedeutet „Ohrfeige", aber lassen Sie sich davon nicht abschrecken.

☛ **WO?** *Besuchen Sie das Café Regatta aus dem 19. Jahrhundert, Merikannontie 8, Helsinkis hübschestes Café.*

66

# Eine Shakshouka zum Frühstück in Tel Aviv

**ISRAEL //** Wahrscheinlich haben Sie schon einmal *Shakshouka* auf einer Speisekarte entdeckt oder es sogar schon selbst zu Hause zubereitet. Es ist eines dieser vielen unwiderstehlichen Rezepte aus dem Nahen Osten, die den Sprung in die internationale Gastroszene geschafft haben. Was also ist an *Shakshouka* in Israel so besonders? Es sind Jahre voller Liebe, Hingabe, Experimentierfreude und Raffinesse, die aus dem Gericht das gemacht haben, was es heute ist. Wenn Sie *Shakshouka* dort kosten, wo es herstammt, dann sind das nicht einfach Spiegeleier mit würziger Tomatensoße, Chili und Zwiebeln, sondern es ist eine komplexe kulinarische Reise.

Die meisten Rezepte sehen Chili und Kumin vor, aber bezüglich der Gewürze ist man ziemlich frei. Manche mögen es einfach mit Salz, Pfeffer und vielleicht ein bisschen Zimt, während andere richtig reinhauen mit geräucherter Paprika, Kümmel und sogar Harissa. Das ist das Schöne an *Shakshouka* – man sollte es in einer gusseisernen Pfanne mit Brot (zum Soße aufnehmen) servieren, alles Andere kann variiert werden.

Im ins Essen verliebten Tel Aviv gibt es überall leckere Versionen von *Shakshouka* – mit Aubergine oder Tofu anstelle von Eiern, sowie die traditionelle Art mit einfallsreichen Zusätzen wie Huhn Shawarma und Hummus, oder Ziegenkäse und Salami. Einer der besten Orte in der Stadt, um *Shakshouka* zu kosten,

ist das turbulente Gourmet-Paradies Carmel Market. Das „Shukshuka Restaurant" hier bietet nicht weniger als neun Variationen dieses beliebten Frühstücks, von Fleischbällchen bis zu marokkanischem Thunfisch, und vergisst auch Vegetarierer und Veganer nicht. In einer Stadt, die Ausdauer verlangt, gibt es keinen besseren Start in den Tag.

👉 WO? *In der Sonne im Shukshuka, Carmel Market, Tel Aviv*

In Tel Aviv passt Shakshouka (rechts) perfekt zur lebendigen Cafékultur der Stadt (unten).

# 68

## Gegrillter Tintenfisch – perfekt an der Amalfiküste

ITALIEN // Die Amalfiküste, berühmt für pittoreske Städte auf grünen Klippen, ist auch ein Tintenfischparadies. Sie werden keinen besseren Ort für diese Meeresfrucht finden. Die Qualität ist erstklassig, die Frische garantiert und die Zubereitung perfekt: Die Kopffüssler werden im Mittelmeer gefischt und auf den Punkt gegrillt, mit nur wenig Gewürzen und Zitrone, um den Geschmack voll zur Geltung zu bringen. Ob Sie ihn auf einem *Terrazzo* oder am Strand essen, der Geschmack ist so wundervoll wie der Blick.

☞ WO? *Bei Da Vincenzo mitten in der pastellfarbenen Perfektion von Positano gibt es hervorragenden Tintenfisch mit Artischocken. Viale Pasitea, 172/178, Positano*

# 69

## Knabbern Sie einen Elote – Mexiko am Spieß!

MEXIKO // Sogar in einem Land, das mit so vielen fantastischen Imbissen gesegnet ist wie Mexiko, sind *Elotes* eine seltene Leckerei. Maiskolben werden an einem Ende aufgespießt, gekocht oder über heißen Kohlen leicht gegrillt und dann mit einer Mischung aus Butter, Limettensaft, Chilipulver, geriebenem Cotijakäse, Mayonnaise und mexikanischer *Crema* bestrichen. Im Grunde ist es Mexiko am Spieß. Elotes werden an Karren überall im Land verkauft, meist nach Sonnenuntergang, dann ist ihre Zitrus-Chili-Schärfe perfekt nach einem Tequila.

☞ WIE? *Wenn Sie lieber mit Besteck essen, probieren Sie Esquites: Der Mais wird aus einer Schüssel gelöffelt.*

# 70

## Oh, happy days: Hot Fudge Sundae

USA // Ein für den US-Alltag des 20. Jahrhunderts typisches Foto zeigt zwei Teenager, die sich in einer Eisdiele treffen. Zwischen ihnen steht ein Glas mit Vanilleeis, heißer Schokoladensoße, ein paar Waffeln, oben drauf eine Kirsche. Im Fenster leuchtet ein Neonschild. In einer Ecke läuft in der Musikbox „Donna" von Ritchie Valens in Endlosschleife. Die Nostalgie für diese uramerikanische Szene ist so stark, dass altmodische Eisdielen immer noch überall in den USA existieren. Sie brauchen also nur noch ein Date.

☞ WO? *Machen Sie es wie Al Capone, die Beatles und die Rolling Stones und probieren Sie die Sundaes im legendären Margie's Candies in Chicago, 1960 N Western Ave.*

# Würzen Sie Ihr Khao Piak Sen früh morgens in Laos selbst

Khao Piak Sen (rechts), zubereitet in den Garküchen auf den Straßen Laos (unten), ist eine beliebte Frühstückssuppe.

**LAOS //** Am besten beginnt man den Tag in der alten Stadt Luang Prabang in Laos mit einer dampfenden Schüssel *Khao Piak Sen* am Straßenrand. Machen Sie es wie die Kinder auf dem Weg zur Schule und die Männer und Frauen auf dem Weg zur Arbeit, die ihre Nudelsuppe zur Geräuschkulisse von Tuk-Tuks und Motorrädern schlürfen. Ihre Schüssel mit dem Eintopf wird blitzschnell vor Ihnen stehen, darin eine dicke Schicht mit frischen Nudeln aus Reismehl und Tapiokastärke, Knoblauch, Ingwer und Frühlingszwiebeln, Koriander, wahrscheinlich auch einem gekochten Ei und ein paar Schweinehackbällchen. Sagen Sie beim Bestellen „no offal" (keine Innereien), wenn Sie keinen Appetit auf Schweineblut, Leber, Nieren oder Herz haben.

Und jetzt beginnt der Spaß, denn genau wie bei den Nudel- und Reissuppen im benachbarten Vietnam kann man den Geschmack seines Frühstücks individualisieren, auf dem Tisch steht eine große Auswahl von Gewürzen und Soßen. Wählen Sie aus frischen Limetten, Chili, Fischsoße, Pfeffer, Sojasoße, Zucker und vielem mehr. Die salzige, würzige, süße und sehr überzeugende Kombination ist so lecker, dass sie süchtig macht und die besten Garküchen bereits vor 9.30 Uhr ausverkauft sind. Verschlafen Sie also nicht!

☛ **WO?** *Bei jeder Garküche mit einem freien Plastikstuhl in Luang Prabang*

© Lonely Planet / Simon Irwin

© Lonely Planet / Justin Foulkes

© Lonely Planet / Catherine Sutherland

Links: Haben wir erwähnt, dass Gaeng Keow Wan scharf ist? Unten: Ein Straßen-markt in Bangkok, wo man das grüne Hühnercurry (rechts) kosten sollte.

## Currywelt

↓

Ein Polos Curry mit Jackfrucht am Strand von Sri Lanka ist wirklich paradiesisch.

☛ Seite 150

↓

Malaysia ist zum Epizentrum von Rinder-Rendang geworden, das aus Südostasien stammt.

☛ Seite 196

↓

Das beliebte Butterhuhn, Murgh Makhani, ist die Erfindung eines Kochs aus dem Punjab in Delhi.

☛ Seite 220

© Lonely Planet / Austin Bush

# Essen Sie im Land des Lächelns Ihr Gemüse auf!

## 72

THAILAND // Aus einer so fantastischen Küche wie der Thailands ein Lieblingsgericht zu wählen ist, als müsse man ein Lieblingskind auswählen. Aber wenn man für den Rest seines Lebens nur noch ein Thaigericht essen dürfte, dann wäre es *Gaeng Keow Wan* oder grünes Hühnercurry. Das schärfste der Currys auf Kokosnussbasis erhält seine grüne Farbe von den kleinen, grünen Chilis, die zusammen mit einer Vielzahl von Gewürzen und Kräutern zu einer Paste zerstoßen werden. Im Gourmethimmel Bangkok findet man *Gaeng Keow Wan* so ziemlich überall, und wenn Sie sich darauf einlassen, werden Sie merken, dass jedes Restaurant es ein bisschen anders macht, mal ändert sich die Soßenkonsistenz, mal die Gemüsesorten. Manche Restaurants servieren Reis dazu, andere Reisnudeln. Im altmodischen, winzigen Sanguan Sri in Lumphini gibt es das authentische Erlebnis von grünem Curry: Es ist heiß, das Lokal ist voller Einheimischer, Kellner wuseln herum und wenn das Curry mit einer Schüssel lockerem Jasminreis serviert wird, passt einfach alles und Sie werden das kulinarische Thaierlebnis ihrer Träume haben.

☞ WO? *Bei Sanguan Sri, 59/1 Witthayu Rd, Lumphini, Pathum Wan, Bangkok*

# 73

## Sauerteig in San Francisco: Der legendäre Laib

**USA //** Die Geschichte des Boudin-Sauerteig-Reichs begann 1849 unter Führung des kalifornischen Goldsuchers Isidore Boudin; heute ist sein tägliches Brot in ganz San Francisco erhältlich. Der beste Platz, um den elastischen, lockeren, knusprigen Laib zu probieren, ist das beeindruckende Lagerhaus HQ im The Wharf. Hier können Sie den Bäckern bei der Arbeit zusehen, durchs Bakery Museum spazieren, auf dem Markt einkaufen und Sauerteigprodukte essen. Auf der Speisekarte stehen Baguettebeefburger, klassische Sandwiches wie Thunfischsalat, Huhn und Cranberry, Sauerteigpizzas und himmlische Suppen, Eintöpfe und Chilis sowie Muschelsuppe oder Garnelen und Andouillewurst – alle in ausgehöhlten Sauerteigbroten serviert.

☛ *WO? **Im Hauptgeschäft, Boudin at the Wharf, 160 Jefferson St, San Francisco, Kalifornien***

© Daniel Di Paolo

© Shutterstock / pansticks

© Shutterstock / Sergio TB

# 74

## Mit geröstetem Fladenbrot in den karibischen Karneval

**TRINIDAD & TOBAGO //** Port of Spain dreht während des Karnevals völlig durch, wenn Restaurants, Bars und Clubs Bombengeschäfte machen, und Steeldrum-Bands auf leeren Parkplätzen proben. Um all diesen Spaß zu überleben, brauchen Sie eine gute Grundlage. Hier kommt der Trinbagonian Double ins Spiel: Ein scharfes Kichererb-sencurry namens *Channa*, zwischen zwei Stücken heißem geröste-tem Fladenbrot. Das Curry ist mit einer scharfen Pfeffersoße, etwas Mango-*Kuchela*-Relish und säuerlicher Tamarinde gewürzt. Es ist so schwierig zu essen, wie es klingt, aber lässt Sie bis zum Morgen durchhalten. Dann werden Sie bereit sein für noch eines – oder zwei. Sie heißen schließlich nicht umsonst Double.

☞ **WO?** *Zu jeder Jahreszeit im Breakfast Shed, Wrechtsson Rd, Port of Spain, Trinidad*

# 75

## Schlangenbohnenpuffer im Senegal

**SENEGAL //** Puffer aus Schlangenbohnen – oder Accara – bekommt man fast überall in Westafrika. Einer der atmosphärischsten Orte, sie zu essen, ist rund um die Embarcadère im Senegal, im Norden der Place de L'Independence, bevor man die Fähre zur Isle de Gorée betritt. Ganz einfach scheint die Mischung aus geschälten Schlan-genbohnen, Zwiebeln und Backpulver, die überall in Dakar und dem restlichen Senegal an der Straße in gusseisernen Töpfen frittiert wird. Aber der knusprige, leichte und lockere Puffer, einem Beignet ähnlich, macht süchtig, besonders, wenn man ihn in Sosu Kaani dippt, eine Soße aus Tomaten, Zwiebeln und Habanero- oder Scotch-Bon-net-Chilis, gewürzt mit Lorbeerblättern, Knoblauch, Salz und Pfeffer.

☞ **WO?** *Wenn nicht nahe der Fähre nach Gorée, dann entlang der Avenue Pompidou. Schmeckt auch lecker als Snack in einem Baguette.*

© StockFood / Chatelain, Sonia

© Getty Images / Kim Rogerson

# Galette des Rois – ein wahrhaft königlicher Kuchen

**FRANKREICH //** Dass dieser Kuchen nur für eine kurze Zeit Anfang Januar in den Patisserien und Boulangerien auftaucht, führt zu einer Exklusivität, der Pariser nicht widerstehen können. Was im 14. Jahrhundert als Teil der Feiern zu Dreikönig am 6. Januar begann, ist gewissermaßen zum Abschluss eines Monats voller Weihnachts- und Silvesterfeiern geworden. Im Mittelpunkt steht dabei dieser Blätterteig mit einer üppigen Marzipanfüllung namens Galette des Rois, also Königskuchen. Besonders interessant macht ihn die alte Tradition, in der süßen Mandelfüllung eine Fève (ursprünglich eine dicke Bohne)

zu verstecken. Es bringt Glück, die Fève zu finden. Heute ist die Fève meist ein kleines Figürchen, der Finder darf eine Papierkrone tragen und ist der König des Tages. Man entdeckt die Galette des Rois leicht unter ihrer dekorativen Goldpapierkrone, aber Sie können sich auch an all den Kunden orientieren, die mit vorfreudigem Lächeln in die Bäckereien strömen.

---

☛ WO? *Folgen Sie den Einheimischen für einen Blick auf den König. Régis Colin, 53 rue Montmartre, Paris*

# Dal: das Gericht, das eine Milliardennation sättigt

**INDIEN //** Wie kam es, dass etwas so Simples wie Linsen zu einem Nationalgericht und einem Muss bei jedem Essen wurde? Dal ist zweifellos der Gleichmacher und das kollektive Wohlfühlessen aller Inder, ein Gericht, das an bescheidenen Garküchen genauso gegessen wird wie in Toprestaurants und überall dazwischen. Ob man sich im Chaos der Straßen Delhis befindet oder im klimatisierten Restaurant, das ist ein Essen vom Volk fürs Volk. Die besten Dals werden stundenlang gekocht, um besonders cremig zu werden, und in den meisten stecken indische Gewürze wie Kumin, Kurkuma, Garam Masala, Chili, Senfsamen, Ingwer und Knoblauch. In *Tarka Dal* werden die Gewürze in Ghee geröstet und dann zur cremigen Mischung gegeben, um ihr ein rauchiges Aroma zu verleihen. *Dal Makhani* aus dem Norden Indiens wird mit schwarzen Linsen und roten Kidneybohnen gekocht und durch Butter und Sahne besonders reichhaltig. Und im Süden wird das *Sambhar Dal* großzügig mit saisonalem Gemüse verfeinert. Sie sehen, worauf wir hinauswollen: Es gibt endlos viele Varianten ...

☛ **WO?** *Absolut überall in Indien*

© Tim Gainey / Alamy Stock Photo

© Lonely Planet / Matt Munro

# Curtis Stone

*Star- und Fernsehkoch Curtis Stone moderiert im Moment My Kitchen Rules. Ihm gehören auch die Restaurants Gwen und Maude in Los Angeles.*

**HAUSGEMACHTE PASTA, ITALIEN**
Als ich mit 21 mit meinem besten Freund Europa erkundete, landeten wir bei seiner Familie in Francavilla, Italien. Ich habe von drei Generationen Frauen gelernt, frische Pasta zu machen — es ist wirklich eine Kunst.

**CURRY, BRICK LANE, LONDON**
Als ich im Cafe Royal Grill Room unter Marco Pierre White arbeitete, bin ich sonntags immer für ein Curry in die Brick Lane.

**FISCH TACOS; SAULITA, MEXICO**
Meer, Strand, ein paar Bier und Tacos von

einer Strandhütte — manchmal finde ich, mehr braucht man gar nicht.

**CHULETON, RESTAURANTE ALAMEDA, RIOJA, SPANIEN** Das Fleisch stammt aus Galicien, und die Ausgewogenheit von Rindfleisch und Fett ist außergewöhnlich. Unsere Inspiration für das erste Menu im Maude war der Rioja.

**DER SCHWEINEBRATEN MEINER MUM**
Knuspriger Schweinebraten ist in Australien ein sehr traditionelles Gericht, und ich bestehe jedes Jahr darauf, dass meine Mum, Lozza, ihn zu Weihnachten zubereitet.

# Kontern Sie den Angriff auf alle Sinne auf Phnom Phens Nachtmarkt mit einem Kürbispudding!

**KAMBODSCHA //** Angesichts der Reizüberflutung auf einem Markt in Phnom Penh brauchen Sie wahrscheinlich bald eine Pause - für den Körper und für die Sinne. Kaufen Sie also eine Scheibe Kürbispudding, lassen Sie sich nieder und schauen Sie dem hektischen Treiben zu. Eine Scheibe Pudding? Ja! Für dieses köstliche Dessert wird ein Pudding mit Kokosnussgeschmack in einem ausgehöhlten Kürbis namens *Kabocha* gedünstet. Der Kürbis wird im Ganzen gedämpft, und wenn er weich und der Pudding darin fest ist, in dünne Scheiben geschnitten und mit Eiswürfeln und Kokosmilch serviert. Na, wie lecker klingt das?

☛ **WO?** *Probieren Sie den Nachtmarkt (Phsar Reatrey), Preah Mohaksat Treiyani Kossamak, Phnom Penh.*

# 79

## Tropische Früchte mit Chilisalz-Dip – Vietnams klassische Street Food

**VIETNAM //** Schon beim ersten Biss versetzt es Sie garantiert in die chaotischen Straßen Vietnams: Frisches Obst, das mit Chilisalz bestreut oder hineingedippt wird, ist typisch für das Land. Überall verkaufen Händler Obst mit kleinen Tüten Chilisalz (*Muoi Ot*). Das Salz verstärkt die Süße der Früchte, und das Chili bietet ein scharfes Geschmackserlebnis. Probieren Sie, eine Limette ins Salz zu pressen, bevor sie eine Scheibe Mango hineindippen – das salzige, süße, saure und scharfe Ergebnis ist die einfachste Interpretation vietnamesischer Küche, die Sie je kosten werden.

☛ **WO?** *An Street-Food-Ständen im ganzen Land*

© ThaiThu / 500px

© Shutterstock / SueC

# 80

## Machen Sie beim alten englischen Krabbensandwich-wettbewerb mit!

**GB //** Zuerst müssen Sie sich Ihr Krabbensandwich verdienen, indem Sie eine oder zwei vergnügliche Stunden versuchen, am Cromer Pier Krabben zu fangen, gemeinsam mit einer Schar von Mitstreitern, die sich über das Cromer and Sheringham Crab and Lobster Festival und seinen Krabbensandwichwettbewerb im Mai unterhalten. Was macht also ein gutes Krabbensandwich aus? Vor allem – frische Cromer Krabbe. Das braune Fleisch wird mit Mayonnaise gemischt auf frisches, gebuttertes Brot gestrichen, darauf kommt das weiße Fleisch, dann wird alles mit Zitrone, Salz und Pfeffer gewürzt. Und das, meine Lieben, ist ein Knaller!

☛ **WO?** *Beim Cromer's Crab Sandwichwettbewerb im Mai oder zu jeder Zeit im Henry's Coffee & Tea Store, Church St, Cromer, Norfolk*

# 81

## Belgische Waffeln? Alle Wege führen nach Lüttich!

BELGIEN // Wer Waffeln liebt (und wer tut das nicht?), wird wissen, dass belgische Waffeln etwas Besonderes sind – wegen ihres Geschmacks, ihrer Konsistenz und der Unmenge von Toppings: Zucker, geschmolzene Schokolade, frische Beeren mit Schlagsahne .... Aber wer die absolut besten belgischen Waffeln möchte, folgt seinen Geschmacksnerven nach Lüttich. Hier hat man die Kunst des Waffelbackens perfektioniert, und es gibt eine Geheimwaffe: Perlzucker. Der entsteht, wenn weißer Zucker zermahlen und dann gesiebt wird, um

die Bruchstückchen aufzufangen. Diese süßen Teilchen karamellisieren im Waffelteig, wenn der in einem extra tiefen Eisen gebacken wird. Das Ergebnis ist eine Waffel, die außen süß und knusprig ist und innen wunderbar saftig. Lütticher Waffeln werden meist pur, mit Vanille oder Zimt angeboten – kosten Sie eine dort, wo die Legende begann.

☞ WO? *Folgen Sie in Lüttich dem Zimtduft entlang der Rue des Mineurs bis zu Une Gaufrette Saperlipopette für hausgemachte Waffeln.*

# 82

## Genießen Sie die riesige Auswahl in den Markhallen Torvehallerne in Kopenhagen

DÄNEMARK // Dieses kulinarische Abenteuer ist nichts für Leute mit kleinem Appetit: Über 80 Lebensmittelstände in zwei riesigen, lichtdurchfluteten Hallen aus Glas und Stahl! Im Sommer breiten sich die Stände auf den benachbarten Platz aus– Kaufentscheidungen fallen dann noch schwerer. Bummeln Sie zusammen mit den Einheimischen an den überquellenden Ständen vorbei, die alles im Angebot haben – von Fleisch, Käse, Meeresfrüchten und frischem Obst bis zu Gewürzen, Brot, Kuchen und Blumen. Wenn Sie dann Hunger bekommen, setzen Sie sich an eine der Restauranttheken für ein *Smørrebrød* und ein Craftbeer (die Mikrobrauerei befindet sich vor Ort), oder vielleicht für ein Brötchen mit Entenconfit und ein Glas Champagner.

☞ WO? *Torvehallerne, Frederiksborggade 21, Kopenhagen*

# 83

## Beginnen Sie den Tag im feuchtheißen Rangun wie alle – mit Mohinga

MYANMAR // Sehen Sie all diese Leute, die auf Plastikstühlen hocken und dampfende Nudeln geräuschvoll schlürfen? Sie genießen gerade das inoffizielle Nationalgericht Myanmars, *Mohinga*, und das wird auch Ihr Lieblingsfrühstück in Rangun werden. *Mohinga* ist eine Reisnudelsuppe mit Curry, Fischbrühe und Gewürzen, dazu kommen Kichererbsenpuffer, gekochtes Ei, Fischsoße und Frühlingszwiebeln. Sie wird eigentlich morgens gegessen, bevor die feuchte Hitze Myanmars ihren Höhepunkt erreicht. Aber weil sie so beliebt ist, servieren viele Restaurants und Garküchen sie zu praktisch jeder Tageszeit – selbst nachts, als Stärkung nach dem Club.

☞ WO? *Wo immer Sie Einheimische essen sehen – also so ziemlich überall in Myanmar*

# Feiern Sie am offenen Holzfeuer ein großartiges argentinisches Fleischfest

## 84

**Grillgrößen**

↓

Kein ernsthaftes Jo'burg Braai (Grillen) findet ohne Boerewors-Wurst statt.
 Seite 235

↓

Beißen Sie vor dem atemberaubenden Hintergrund Kappadokiens in ein türkisches Testi Kebap.
 Seite 194

↓

Das serbische Nationalgericht Pljeskavica wird jährlich bei einem Festival gefeiert.
 Seite 240

**ARGENTINIEN //** Loben Sie auf gar keinen Fall einen Argentinier für sein „Barbecue". Argentinier wollen ihre pure Art, Fleisch über offenem Feuer zu grillen auf gar keinen Fall mit etwas vergleichen, das so nebenbei auf einen Gasgrill geworfen wird. *Asado* wird immer über einem Holzfeuer zubereitet, *immer*: Die einzige erlaubte, weitere Zutat ist ein Kiefernzapfen zum Anfeuern. Die Platzierung der *Parilla* (dem gusseisernen Grill) über dem Feuer ist entscheidend, die heißesten Scheite werden dabei beiseite geschoben, damit das aus dem Fleisch tropfende Fett nicht zu viel Rauch verursacht, was den Geschmack beeinträchtigen könnte.

Wenn die Temperatur stimmt, ist es Zeit, die Fleischberge zu holen. Zunächst die großen Stücke, die länger brauchen: die Rippchen, dann Flank- und Skirtsteak. Das Fleisch soll langsam garen und nicht mehr als einmal bewegt werden. Es ist nicht nur die beliebteste Grilltechnik, auf diese Art verstärken die Argentinier auch das gesellige Element eines *Asado*; je langsamer das Fleisch gart, umso mehr Zeit, Malbec zu trinken und unter Freunden Geschichten zu erzählen.

Nach den Steaks kommen die Innereien, am häufigsten Bries, genannt *Mollejas*, Nieren und Kutteln sind keineswegs ungewöhnlich. Und dann, als grandioser Schlusspunkt,

folgen die Würste (Chorizo und Morcilla) und Provolone. Klingt nach viel Essen? Ist es auch, oft gibt es bei einem *Asado* 500 g Fleisch pro Person, frühstücken Sie also nicht.

Wenn der Grillmeister schließlich fertig ist, wird er (und es ist immer ein Er) am Tisch servieren und stürmischen Applaus ernten. Diesen Abend voller Essen und Trinken werden Sie nicht vergessen.

---

☛ WO? *Im klassischen Parilla Restaurant Don Julio, Guatemala 4699, 1425 CABA, Buenos Aires*

Links: Der Grillmeister hat tranchiert und ist bereit zu servieren. Unten: Argentinisches Asado gehörte zur traditionellen Ernährung der Gauchos.

© Pablo Reinsch / pablo79 / 500px

*Je langsamer das Fleisch gart, umso mehr Zeit, Malbec zu trinken und unter Freunden Geschichten zu erzählen.*

# 85

## Ein Stück des beliebtesten Kuchens Amerikas – genau wie bei Mama

USA // Amerikaner lieben ihren Applepie so sehr, dass diese fruchtige Teigsensation sogar ihren eigenen Tag hat. National Apple Pie Day ist jedes Jahr am 13. Mai und praktisch eine Einladung für jeden, das beliebteste hausgemachte Gericht der USA zu genießen. Wir finden, dass ein wirklich toller Kuchen hausgemacht schmecken sollte, aber er muss auch eine sanft gewürzte Apfelfüllung und eine knusprige Kruste haben. Bei Apple Annie's Orchard werden die Pies mit Bioäpfeln direkt vom Baum täglich frisch gebacken. Sie können auch Ihre eigenen Äpfel pflücken, wenn Sie lieber zu Hause nach Familienrezept backen möchten.

☛ WO? *Bei Apple Annie's Orchard, 1510 N Circle I Rd, Willcox, Arizona*

85

## Ping Coombes

*Die Gewinnerin der BBC-Kochshow MasterChef UK, Ping Coombes, hat mitgeholfen, die malaysische Küche populär zu machen im Chi Kitchen in London und durch ihr erstes Kochbuch, Malaysia.*

### 01

**BRATHÄHNCHEN, HAT YAI, THAILAND**
Ich erinnere mich, dass ich das als Kind gegessen habe, direkt hinter der Grenze. Es ist knallorange, sehr knusprig und duftend.

### 02

**PIZZA BERBER, ATLASGEBIRGE, MAROKKO**
Der Besitzer unseres Hotels im Atlasgebirge backte diese weiche, mit Butter, Kräutern, Nüssen und Lamm gefüllte Focaccia.

### 03

**GEBRATENE TAUBE, SHA TIN, HONGKONG**
Thai Pai Dong ist Restaurant und Garküche. Dort gibt es Taube, mit Kopf und allem, halbiert — barbarisch, aber lecker.

### 04

**NUDELN, IPOH, MALAYSIA** Zum Geburtstag bekam ich immer ein besonderes Essen – Glasnudeln mit riesigen Flussgarnelen, in einem Keramiktopf zubereitet.

### 05

**PAELLA, LA ALBUFERA, SPANIEN**
Wir sind kilometerweit bis zu einem Restaurant namens La Establishment gelaufen. Die Paella dort sah nicht umwerfend aus, aber es war die beste, die ich je gegessen habe. Sie hat eine Stunde lang geköchelt, und genau das hat den Unterschied ausgemacht.

# 86

## Ein Teller gedämpfte Teigtaschen bringt Sie dem wahren Peking näher

CHINA // Betrachtet man Peking aus der Ferne durch ein Weitwinkelobjektiv, sieht man die majestätische Verbotene Stadt, aberwitzige moderne Architektur und überall rote Flaggen. Beim Ranzoomen blickt man in die Lücken zwischen den Monumenten, wo das Leben pulst und das Essen eine große Rolle spielt, z. B. *Jiaozi*, die chinesischen Teigtaschen. *Jiaozi* gibt es gedämpft, gekocht und frittiert, ihr Weizenmehlteig wird mit einfachen Mischungen gefüllt, Qualität zeigt sich in frischen Zutaten und einer Hülle, die Essstäbchen standhält. In Chiliöl oder schwarzen Reisessig gedippt sind sie weich, sättigend und schmecken nach mehr. Genießen Sie sie unter Einheimischen in einem lauten Restaurant, und das wahre China taucht schnell im Fokus auf.

☛ WO? *Baoyuan Jiaozi Wu ist bekannt für seine großzügig gefüllten Jiaozi in bunten Hüllen. 6 Maizidian Jie, Chaoyang District, Peking*

# 87

## Folgen Sie Ihrer Nase zu den Ständen auf den Boulevards, die die perfekten Crêpes verkaufen

FRANKREICH // Oft geht es bei Street Food um kräftige Aromen und frische regionale Zutaten, die schnell zubereitet werden – natürlich rümpfen die Franzosen darüber die Nase und wählen stattdessen dünne Pfannkuchen in Restaurantqualität. In Paris sind Crêpes so beliebt, dass ihr Duft irgendwie immer in der Luft hängt. In ihrer reinsten Form werden Crêpes mit Butter und Zucker bestrichen und zusammengelegt, eine süße, leicht salzige Köstlichkeit. Zitrone und Zucker, Marmelade mit Vanillecreme sind auch beliebt – und Nutella. Mit so einem Crêpe in der Hand auf den Champs-Élysées fühlen Sie sich wie der Präsident der Republik. Herzhafte Crêpes, Galettes, werden mit nussigem Buchweizenmehl gemacht. Gefüllt mit Schinken und Gruyère und vielleicht einem Spiegelei sind sie so elegant wie Fastfood nur sein kann.

☛ WO? *Crêpes sind eine bretonische Erfindung, die Gegend um den Gare Montparnasse war früher Klein-Bretagne. Da müssen Sie hin.*

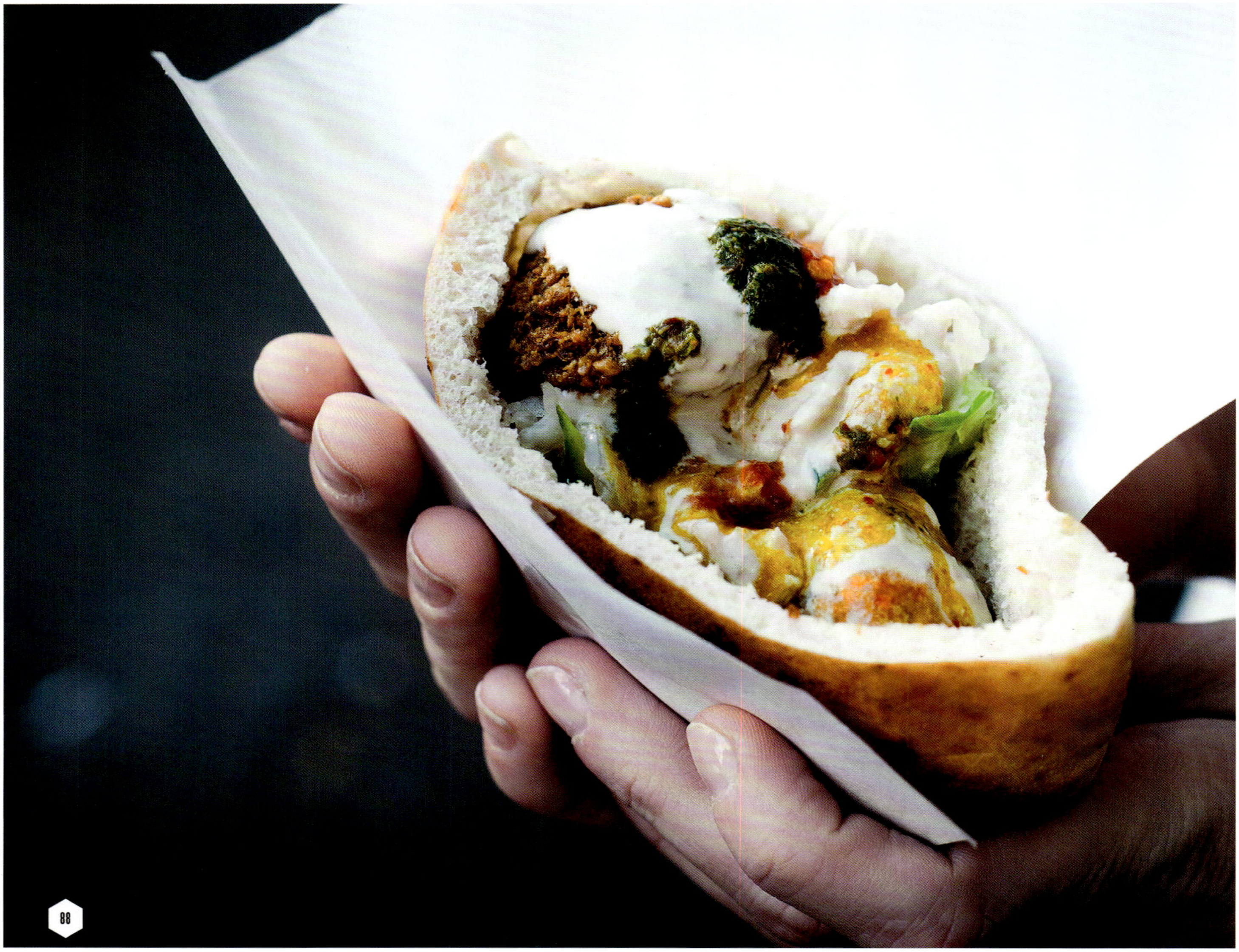


© Getty Images / Asha Pagdiwalla

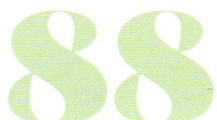

# 88

## Ein Pitabrot aus dem Vorzeigeladen eines globalen Restaurant-Reichs

**ISRAEL** // Wenn Sie das Miznon des israelischen Starkochs Eyal Shani betreten, tauchen Sie ein in ein Durcheinander aus Gesprächen, klappernden Töpfen und Pfannen und lauten Rufen der Köche, die den Gästen verkünden, dass das Essen fertig ist – es ist wie ein Mikrokosmos der Stadt draußen. Die Energie fließt, die Atmosphäre ist warmherzig und das Essen attackiert gnadenlos Ihren Appetit. Shani hat sein Miznon-Reich weltweit ausgedehnt mit Restaurants in Paris, New York, Melbourne und Wien, aber das Originalbistro in Ibn Gabirol in Tel Aviv ist immer noch der beste Platz, um den Pitahunger zu stillen. Die Speisekarte ist in vier Sektionen aufgeteilt – Fleisch, Gemüse, Meeresfrüchte und Dessert – aber das bedeutet nur, dass Sie zurückkommen wollen, um die anderen drei Sektionen auszuprobieren, für die beim ersten Mal kein Platz mehr war.

WO? ***In jedem Miznon, aber am besten im Ibn Gabirol in Tel Aviv, wo das Gericht berühmt wurde***

# 89

## Gehaltvoll: das Po' boy, ein klassisches Meeresfrüchte-sandwich aus New Orleans

**USA //** Amerika ist ein Land der Sandwiches. Aber der Po'boy aus New Orleans ist wohl der König von allen. Es ist ein Muss, dieses belegte Brot hier zu essen und zu versuchen, sich dabei vor den Augen grinsender Einheimischer nicht zu verschmieren. Für einen perfekten Po' boy beginnen Sie mit dem lokalen französischen Brot mit knuspriger Kruste und lockerem weißem Inneren. Belegen Sie es mit gebratenen Meeresfrüchten – Garnelen, Austern, Seewolf, Krebs … sogar mit Alligatorstücken. Dazu Kopfsalat, Tomaten und ein Klecks Mayo, schon haben Sie ein Mittagessen im Creole-Stil. Und woher stammt der Name? Man sagt, dass hier in den 1920ern Restaurants Sandwiches an streikende Straßenbahnfahrer („poor boys") verschenkten.

☛ *WO? Das Half-'n-half (Austern und Garnelen) Po' boy im Domilise's ist eine lokale Legende, aber es gibt auch gebratenen Seewolf, geräucherte Wurst und Roastbeef. 5240 Annunciation St, New Orleans*

**89**

**90**

# 90

## Suchen Sie bei der jährlichen Trüffelmesse im Piemont nach dem weißen Gold!

**ITALIEN //** Da sie so selten sind, stehen die weißen Trüffel bei Gourmets weltweit ganz oben auf der Wunschliste. Diese unauffälligen kugeligen Pilze wachsen in Symbiose mit den Wurzeln von Eiche, Buche und Pappeln, wo sie im Herbst von Trüffelhunden erschnüffelt werden. Ohne eigenen Trüffelhund sollten Liebhaber der *Tartufi Bianchi* Alba im Piemont zur jährlichen Messe für weißen Trüffel besuchen. Über den Markt zu bummeln und dabei Ihr eigenes Erdjuwel zu riechen, anzufassen, zu probieren und zu kaufen ist ein sinnliches Erlebnis. Lassen Sie sich bei einem Glas Barolo nieder und bestellen Sie den Luxus (Achtung: Winzige 10 g können bis zu 45 € kosten).

☛ *WO? Auf der internationalen Trüffelmesse, die jedes Jahr im Herbst in Alba stattfindet.*

© Travelscape Images / Alamy Stock Photo

91 91

# Suchen Sie im Schatten von Australiens Uluru mit Ureinwohnern nach Essbarem

AUSTRALIEN // In der weiten Wüste im Herzen Australiens bietet sich ein weltberühmter Anblick – Uluru, der rote Fels ragt über die Landschaft. Er zieht Reisende an, die über seine inspirierende Präsenz staunen und gehört zu der Region, in der die Anangu, Nachfahren der Aboriginals, zuhause sind. Deren Fähigkeit, in einer der abweisendsten Gegenden der Welt Essbares zu jagen und zu sammeln, ist unübertroffen. Auch in der modernen Generation existiert diese Fähikeit, Nahrung zu finden, wo es scheinbar keine gibt. In der Nähe des Uluru können Gäste des Ayers Rock Resort eine Bush Tucker Experience mitmachen, bei der Anangu die Teilnehmer durch Buschland führen und essbare Pflanzen, Samen, Früchte, Kerne und Gewürze zeigen. Sie werden lernen, wie die Nahrung über Tausende von Jahren gefunden, zubereitet und gegessen wurde. Am Ende der Tour kochen und kosten Sie einige der Dinge, die Sie unterwegs gefunden haben. Es ist ein Einblick in die Findigkeit der Aboriginals und ihre Verbundenheit mit dem Ort im Herzen ihrer Kultur. Und es schmeckt richtig gut.

---

WO? *Wanderung beim Ayers Rock Resort, Northern Territory*

# 92

## Abkühlung in Córdoba – mit einer Schale kalter Salmorejosuppe

**SPANIEN //** Wahrscheinlich ist Ihnen nur der dünnere Cousin des Salmorejo – der Gazpacho – bekannt, aber in Córdoba sollten Sie das kräftigere Familienmitglied kennenlernen. Diese kalte Suppe ist seit Jahrhunderten Teil der Küche Córdobas, sie bietet einen frischen, ausdrucksstarken Geschmack ohne viel Tamtam. Tomaten werden mit trockenem Brot, Olivenöl und vielleicht ein bisschen Knoblauch zu einer cremigen, kühlenden Suppe vermischt, die man in der Hitze Andalusiens gut gebrauchen kann. Probieren Sie sie mal so, wie die Einheimischen sie essen – mit einem gewürfelten hart gekochten Ei und dem salzigen Hauch von Serranoschinken – bevor sie weiter durch die sonnigen Gassen und Höfe flanieren – zu einer wohlverdienten Siesta.

☛ WO? *Bei Bodegas Campos, einem Gewirr von Räumen und Höfen in der Calle de Lineros 32, Córdoba, modernisiert man die Suppe.*

© Maria Galan Clik / Alamy Stock Photo

© Getty Images / Hohenhaus

## Tony Singh

*Tony Singh ist der Besitzer von Oloroso und Tony's Table in Edinburgh, Schottland. Er war ITV's Chef of the Year und Moderator der Fernsehshow The Incredible Spice Men. Sein neuestes Kochbuch heißt Tasty!*

**LANGAR, PUNJAB, INDIEN**
Langar bezeichnet das Gratisessen — meist schwarze Linsen und Fladenbrot — das in jedem Sikh Tempel weltweit serviert wird.

**PARTIN BREE, ISLE OF SKYE, SCHOTTLAND**
In seinem Restaurant Loch Bay bietet Michael Smith den Geschmack Schottlands. Mein Favorit ist die braune Krebssuppe.

**BÁNH MÌ, HO-CHI-MINH-STADT, VIETNAM**
Jedes Mal, wenn ich in Saigon bin, gehe ich an die Ecke Le Lai und Nguyen An Ninh für ein Bánh-mì-Sandwich.

**TREACLE BREAD, SAT BAINS, NOTTINGHAM,**
Sat Bains investiert Monate in seine Aromenmixe. Auch einfache Speisen wie das Sirupbrot (unten) werden intensiv bearbeitet.

**EUKALYPTUS MARTINI, KOPENHAGEN, DÄNEMARK** Im Land der coolen Lokale gehe ich zur Curfew Cocktailbar und zu Umberto Marques, der die besten Martinis der Welt mixt.

© Shutterstock / AS Food Studio

© Paul Johnston/Copper Mango Ltd

# 93

## Authentisches Rentiergulasch: Wo, wenn nicht in Lappland?

**FINNLAND //** Dieses klassische Gericht aus Lappland gehört zu den Dingen, die besser werden, je weiter man in den Norden kommt. Vielleicht liegt das daran, dass dieser Eintopf umso besser schmeckt, je kälter es ist. Es gibt ein paar Gründe, warum ein nordfinnisches Rentiergulasch nirgendwo sonst gekocht werden kann, nicht zuletzt, weil der Geschmack von exportiertem Rentierfleisch sich nicht mit dem frischen Fleisches vergleichen lässt. Der Schlüssel ist Einfachheit: Der Eigengeschmack des Fleisches sollte kräftig genug sein, dass Salz und Butter als Geschmacksverstärker ausreichen. Das Gulasch wird über Kartoffelbrei gegeben, darüber kommt Preiselbeermarmelade. Die säuerliche Wildbeere wird oft von Einheimischen gesammelt.

☛ **WO?** *Rovaniemi in Lappland ist bekannt für seine Gastroszene: Probieren Sie das gehobene Restaurant Nili, Valtakatu 20.takatu 20.*

# 94

## Schauen Sie staunend zu, wenn Ihre Rindernudelsuppe in Taiwan zusammengestellt wird

**TAIWAN //** Nudeln bekommt man in Taipeh an tausenden Orten. Aber die besten taiwanesischen Nudeln finden Sie in den Restaurants, bei denen *Dao Xiao*, also die messergeschnittene Variante, auf der Speisekarte steht. Diese Nudeln werden von einem Teigblock abgeschnitten und in einer fließenden Bewegung in die Rinderbrühe geworfen, die stundenlang mit Markknochen geköchelt hat. Fleischstückchen, meist marmorierte Rinderbrust, mischen sich mit der dicken Brühe und den Nudeln, dazu etwas *Suan Cai*, eingelegtes, taiwanesisches Gemüse. Das Ergebnis ist eine herzhaft würzige Suppe voller Geschmack, Proteinen und Kultur. Zuzusehen, wie geschickt die Köche Ihr Abendessen zubereiten, ist fast so gut, wie es zu essen. Also los! Und versuchen Sie, einen Platz nahe der Küche zu erwischen.

☛ **WO?** *Bei Lin Dong Fang Beef Noodles, 274, Section 2, Bade Rd, Taipeh gibt es fast immer eine Schlange, weil es so beliebt ist.*

© Shutterstock. / iskraphoto

**97**

# 95

## Meze mit
## viel Halloumi
## in Beirut

**LIBANON //** Halloumi ist seit Jahrhunderten wichtiger Bestandteil der nahöstlichen Küche. Er wird aus Ziegen- und Schafsmilch gemacht, zu kleinen Päckchen geformt und gegrillt, bis er außen goldbraun und leicht knusprig und innen fest und quietschig ist. Im Libanon findet man ihn auf Tischen mit Meze zwischen scharfen Würstchen, Hummus, Auberginen-*Fatteh*, *Kibbeh* Fleischbällchen und mehr. Seine zarte Salzigkeit ist ein fantastischer Appetitanreger!

 WO? *Im Sommer gibt es keinen besseren Ort als die Terrase von Abd el Wahab in Beirut, 51 Abdel Wahab El Inglizi St.*

# 96

## Grillen Sie
## Chilies wie in
## New Mexico

**USA //** Das Ritual beginnt im September, wenn an den Straßen rund um Hatch, New Mexico, Grills aufgestellt werden, um die frischen Chilis für grüne Chilisauce schwarz zu rösten. Gehäutet, in Plastik verpackt und eingefroren werden sie dann das ganze Jahr über verwendet. Einheimische kaufen sie säckeweise. Für die Soße werden die Chilis mit Knoblauch, Zwiebeln, Kumin und Schweinsbrühe gekocht. Sie wird dann zu praktisch jedem Essen im Süden New Mexicos serviert.

 WO? *Fahren Sie zu Sparky's für einen ihrer berühmten grünen Chiliburger. 115 Franklin St, Hatch, New Mexico*

# 97

## Der französische
## Kirschauflauf, der
## nach mehr schmeckt

**FRANKREICH //** Die sanften, grünen Hügel und bukolischen Wälder im Limousin liegen abseits der Touristenpfade, sodass man hier gut auftanken kann. Das umso mehr, wenn man mit einem unverschämt süßen *Clafoutis* entspannt. Es ist eine Spezialität des Limousin aus Schattenmorellen mit Stein in einem Eierteig. Was den *Clafoutis* besonders macht ist der Stoff Amygdalin, der beim Garen aus den Kirschkernen gelöst wird und ein zauberhaftes Amaretto-Aroma hinzufügt.

WO? *Sie werden dasselbe Gericht auch mit anderen Früchten sehen. Dann heißt es Flaugnarde und lohnt das Kosten genauso.*

© Lonely Planet / Margaret Stepien

© Ivan Nesterov / Alamy Stock Photo

# 98

## Wie wäre es mit einer Pfanne der weltberühmten Paella in ihrer Heimat Valencia?

SPANIEN // Besuchen Sie Valencia, die drittgrößte Stadt Spaniens, im Frühling, wenn sich der Duft der Orangenblüten mit dem reichen Aroma der Paella mischt. Das kulinarische Geschenk der Stadt an das restliche Spanien gart in flachen Pfannen. Es ist ein Geschenk, das manche Valencianer bereuen, weil ihnen Abweichungen von den klassischen Rezepten – Reis, Huhn, Kaninchen, Bohnen, Tomaten oder dasselbe mit Meeresfrüchten anstelle von Fleisch und Bohnen – als Sakrilege erscheinen. Neben den Zutaten ist das zweite entscheidende Element einer Paella die Kruste aus karamellisiertem Reis am Boden der Pfanne. Über deren kulinarischen Wert sind sich die Spanier einig.

---

 WO? *Bei Casa Isabel essen Sie am Rand des großen Strands von Valencia Playa de Malvarrosa: Paseo Marítimo, 4 (Playa Malvarrosa).*

# 99

## Frischer Fang auf den Komoren: Langouste à la Vanille

KOMOREN // Auch als gegrillte Languste mit Vanillesoße bekannt, ist diese ausgefallene und spannende Kombination von Aromen zu einer Art Nationalgericht der Komoren geworden, einer kleinen afrikanischen Inselgruppe zwischen Mosambik und Madagaskar. Es basiert auf besten regionalen Zutaten und einer Küche, die auf die französische Kolonialzeit ab dem 19. Jahrhundert zurückgeht. Diese Mischung aus frisch gefangenen Langusten und regionaler Vanille (die Inselgruppe gehört zu den größten Produzenten von Vanille weltweit) ist saftig und dekadent – authentisch gibt es sie nur auf den Komoren.

---

 WO? *Probieren Sie die geschäftigeren Restaurants in Moroni auf der größten Insel, Grande Comore, Komoren.*

100–
199

# 100

## Genießen Sie einen Cream Tea in einem englischen Garten

GB // Es gibt wohl nichts Englischeres, als höflich über den perfekten Cream Tea zu debattieren. Kommt erst die Konfitüre, dann die Clotted Cream, oder umgekehrt? Und muss es Erdbeerkonfitüre sein oder geht auch eine andere? Glücklicherweise ist ein englischer Cream Tea derart dekadent, süß und cremig und vor allem so himmlisch, dass der Genuss unter solchen Spitzfindigkeiten nicht leidet. Und da die Beigaben traditionell separat serviert werden, können Sie ihn einfach so genießen, wie Sie möchten. Die passendste Umgebung für den Genuss ofenfrischer Scones und einer Kanne Tee ist natürlich der Garten eines herrschaftlichen Landsitzes. Vertrauen Sie dabei auf den National Trust, der viele wunderschöne Anwesen betreut.

☛ WO? *Laut National-Trust-Scones-Blog sind die Scones des Peckover House „spektakulär". North Brink, Wisbech, Cambridgeshire*

# 101

## Auf nach Kopenhagen für leckeres Wienerbrød

DÄNEMARK // Die Welt kennt diese Teilchen als Kopenhagener Gebäck, aber in Dänemark geht die Bezeichnung auf Wiener Bäcker zurück, die in den 1840ern nach Kopenhagen kamen. Daher sind sie dort unter dem Namen *Wienerbrød* bekannt, und zwar in vielen Varianten. Eine davon sollten Sie sich nicht entgehen lassen – die liebevoll als *Kanelsnegle* bezeichnete Zimtschnecke. Die Dänen genießen sie zum Frühstück oder Nachmittagskaffee, doch sie schmeckt zu jeder Tageszeit. Kopenhagens älteste Bäckerei Sankt Peders Bageri, deren Ursprünge bis ins Jahr 1652 reichen, ist genau der richtige Ort für authentisches Kopenhagener Gebäck (und andere Backwaren).

☛ WO? *Die Bäckerei Skt Peders Bageri backt jeden Mittwoch eine riesige Version ihrer Zimtschnecken. Sankt Peders Stræde 29*

# 102

## Schlemmen Sie im Wiener Hotel, das die Sachertorte perfektioniert hat

ÖSTERREICH // Im Wien des 19. Jahrhunderts wetteiferten Hotels darum, für eine berühmte Torte bekannt zu sein. Nach vielen „Torten-schlachten" gewann das Hotel Sacher den Krieg. Eduard Sacher, der Hotelbesitzer, perfektionierte das Rezept seines Vaters Franz für zwei saftige Schokoladenkuchenschichten, getrennt durch Apriko-senmarmelade und mit Schokoladenglasur – die Sachertorte. Das Hotel Sacher hütet das Rezept wie einen Schatz, der Begriff „Original Sacher-Torte" ist geschützt. Die Torte gibt es überall in der Stadt, aber nichts geht über den Geschmack des Originals zu einem Kaffee unter den Kronleuchtern im Hotel Sacher. Bewundern Sie danach die Architektur, Alleen, Opernhäuser und Kunstgalerien Wiens.

☞ WO? *Es gibt Sacher-Cafés in Wien, Salzburg, Graz und Innsbruck, aber Sie sollten das Hotel Sacher aufsuchen. Philharmoniker Str. 4, Wien.*

# 103

## Alle Mann an Bord zum Fischbrötchen zubereiten!

TÜRKEI // Gibt es Leckereres in der größten Stadt der Türkei? Ja, schon. Aber gibt es atmosphärischere Ausgeh-Optionen? Vermutlich nicht. Der Genuss eines Fischbrötchens, auf Türkisch *Balik Ekmek*, ist DAS kulinarische Istanbul-Erlebnis. Das hat zweifellos mehr damit zu tun, wie und wo dieses Gericht zubereitet wird als mit den Zutaten: *Balik Ekmek* werden auf den farbenfrohen Booten auf dem Bosporus angerichtet, indem Makrelenfilets in den Bootskombüsen in der Pfanne gebraten und dann mit Salat, Salz und einem Spritzer Zitrone in ein Brötchen gesteckt werden. Sobald der Wellengang es zulässt, wird das Fischbrötchen an Land verkauft und kann dann vor der großartigen Ku-lisse der Yeni Cami und der Galatabrücke genussvoll verzehrt werden.

☞ WO? *Am westlichen „europäischen" Ende der Galatabrücke, an dem mehrere farbenfrohe Boote als schwimmende Verkaufsstände fungieren.*

# Einmal anstellen für Schanghais traumhafte Teigtaschen

CHINA // Ja, natürlich sollen Sie die atemberaubende Skyline von Schanghai und die prachtvollen europäischen Gebäude an der Ufer-promenade The Bund bewundern, aber machen Sie sich auch auf die Suche nach dem bedeutendsten Beitrag der Stadt zur chinesischen Küche: den mit Brühe gefüllten Teigtaschen namens *Xiaolongbao*. Sie sind überall in der Stadt erhältlich, aber bei den besten Restaurants der Stadt steht man besonders zur Mittagszeit schon vor der Tür in einer langen Schlange. Der Klassiker unter den diversen *Xiaolong-bao*-Versionen besteht aus dünnem Teig gefüllt mit Hackfleisch und

Gelatine und veredelt mit Ingwer und Shaoxing-Reiswein. Werden die Teigtaschen gedämpft, verflüssigt sich die Gelatine zu einer aroma-tischen Brühe. Ein Biss in ein dampfendes *Xiaolongbao* gleich einer wahren Geschmacksexplosion, sobald einem die warme köstliche Brühe über die Zunge rinnt. Es kann allerdings auch passieren, dass es keine Teigtaschen mehr gibt, wenn Sie endlich an der Reihe sind ...

☞ WO? *Unscheinbare Ladenfront. Lange Schlange. Einzigartige Teig-taschen. Jia Jia Tangbao, 90 Huanghe Rd, Huangpu Qu, Schanghai*

# Frönen Sie Ihrer Macaron-Sucht in einer Pariser Patisserie

FRANKREICH // Macaron-Bäckereien gibt es mittlerweile in jeder Großstadt. Aber der beste Ort, um dieses süchtig machende Baisergebäck zu genießen, ist natürlich Paris, vielleicht nach einem morgendlichen Schaufensterbummel im Goldenen Dreieck oder einem Shoppingtrip auf dem Boulevard Haussmann. Die Zahl der Chocolateries und Pâtisseries in Paris, in denen es Macarons zu kaufen gibt, kann überwältigend wirken, daher hier einige Tipps: Pierre Hermé bietet einzigartige Geschmacksrichtungen, die Sie wohl sonst nirgends finden werden, Ispahan bestehen z. B. aus Himbeere, Lychee und Rosenwasser; Ladurée verkauft pastellfarbene mit traditionelleren Aromen – das für diesen Laden bekannteste Macaron besteht aus Gebäck mit Maronengeschmack, gefüllt mit Creme, braunem Rum und kandierten Maronenstückchen; im Acide herrschen kräftigere Farben und wildere Geschmacksrichtungen vor. Nichts für Sie dabei? Seien Sie beruhigt: in Paris gibt es mehr Macarons als Sterne am Himmel.

🡆 WO? *Pierre Hermé, 72 Rue Bonaparte; Ladurée, 75 Av des Champs-Élysées; und Acide, 85 Rue La Boétie; alle in Paris*

# 106

## Heizen Sie dem Schweizer Winter mit Fondue ein

SCHWEIZ // Vergessen Sie alles, was Sie über seltsame 70er-Jahre-Partys zu wissen glauben – ein Fondue in einem Restaurant am Ufer des Genfer Sees ist eine völlig andere Liga. Das angesagte Buvette des Bains gehört zu einem Strandbad aus den 1930ern. Wenn der Winter naht und weniger Trubel herrscht, wird im Restaurant Feuer gemacht und Käse für die durchgefrorenen Gäste geschmolzen, die der Kälte entfliehen, aber trotzdem nicht auf den Ausblick verzichten möchten. Ein Fondue im Buvette des Bains ist entspannt, schlicht und gesellig, und das auch noch vor einer atemberaubenden Naturkulisse. Da das Fondue hier mit Sekt zubereitet wird, bekommt der schwere Käse eine leichtere Textur und ist besser verdaulich.

☛ WO? *Am Ufer des Genfer Sees im La Buvette des Bains, Quai du Mont-Blanc 30, Genf*

106

107

# 107

## Schmecken Sie die Sonne mit Englands Sommerpudding

GB // Ein Sommerpudding schreit geradezu nach Sonnenschein, ist er doch voller aromatischer Früchte des englischen Sommers und der krönende Abschluss für ein Picknick auf dem Land. Ein gut zubereiteter Sommerpudding hat etwas so Englisches an sich – vielleicht liegt es an der simplen Rezeptur, bestehend aus einfachem Weißbrot, gemischt mit Erdbeeren, Himbeeren und Johannisbeeren (rot oder schwarz) und lediglich etwas Sahne als Ergänzung. Der Pudding ist schnörkellos und saisonal, locker und geschmacksintensiv und einfach hübsch anzusehen. Was zur Abrundung noch fehlt? Etwas Holunderblütensirup und im Hintergrund eine sattgrüne englische Landschaft.

☛ WO? *Gibt's auch im Supermarkt, wenn es schnell gehen muss – genießen Sie ihn aber auf jeden Fall bei einem Picknick im Grünen.*

# Beobachten Sie ägyptische Fetir-Bäcker bei der Arbeit

ÄGYPTEN // Hat man zugesehen, wie *Fetir* hergestellt werden, macht das den Genuss unvergesslich. Dieses Gericht wird oft auch als ägyptische Pizza bezeichnet, weil es in einem Holzofen gebacken wird. Wenn Sie mit ansehen, wie der Teig fachkundig (und rasant) geknetet, geschlagen und gefaltet wird, nur unterbrochen vom Bestücken mit Käse, Oliven und Hackfleisch, dauert es nicht lange, bis Sie vom *Fetir Meshaltet* verzaubert sind. Es gibt in ganz Kairo Restaurants, die *Fetir* servieren. Dort ist es heiß und es geht immer hektisch zu. In den besten ist so viel los, dass hungrige Mäuler in vier Reihen am Tresen stehen, aber lassen Sie sich von den Massen nicht entmutigen – rufen Sie sich einfach immer wieder ins Gedächtnis, warum Sie hier sind.

☛ WO? *Fetir-Restaurants gibt es überall in Kairo; bei Imbissen gibt es die Blätterteigpastete auf die Hand.*

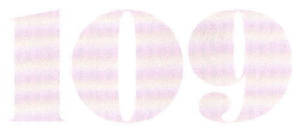

# Bhel Puri: Indiens süß-würzig-knackig-scharfe Magie

INDIEN // Der Chowpatty-Strand in Mumbai quillt abends förmlich über von Familien, Pärchen, Freunden und Touristen, die alle *Chaat* essen – herzhafte Snacks. Und der Snack, von dem niemand genug bekommt, ist *Bhel Puri* – eine perfekte Kombination aus knackigem Puffreis und Bratnudeln aus Kichererbsenteig mit einigen weichgekochten Kartoffelstückchen für die Textur und einer Handvoll scharfer Chilis und Zwiebeln. Die braune Tamarindensauce sorgt für Süße und Würze, und das grüne Koriander-Chutney gibt den letzten Pfiff. Dieser Snack wird in ganz Westindien an Straßenständen verkauft und aus Papiertüten gegessen. An den brütend heißen indischen Tagen – und in den Nächten – ist er die ultimative Stärkung.

☛ WO? *Am Chowpatty-Strand am Bhel-Puri-Stand mit der längsten Schlange – die Einheimischen kennen sich aus.*

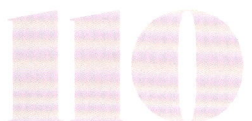

# Legen Sie mit balinesischen Gado-Gado eine Strandpause ein

INDONESIEN // Falls Ihnen schon mal jemand einzureden versucht hat, dass Salat nur als Kaninchenfutter gut ist, hat derjenige wohl noch nie diese klassische indonesische Variante probiert – und garantiert nicht in einem klassischen balinesischen *Warung* (Café). Knackiges Gemüse, gekochte Eier, Erdnusssauce, gebratener Tofu und frischer Koriander – *Gado-Gado* ist der perfekte Abschluss eines mit Surfen und Schwimmen an Balis Stränden verbrachten Tags. Die Mischung aus würziger Sauce, knackigen grünen Bohnen, Chinakohl, Karotten, Gurken und Sojasprossen ist typisch indonesisch, und dieser Salat passt einfach zu jeder Tageszeit. Also locken Sie Ihre Freunde vom Strand, um den Essensgöttern Respekt zu zollen.

☛ WO? *Mit einer sanften Meeresbrise als Beigabe im Chez Gado Gado, Jl Camplung Tanduk No 99, Seminyak*

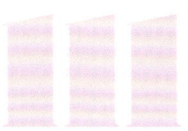

# Kosten Sie Stockholms Street Food am Nystekt-Strömming-Stand

SCHWEDEN // Halten Sie zwischen den Brücken, Wasserstraßen, Docks und – zumindest für die nächsten Jahre – Baustellen von Slussen in Stockholm Ausschau nach einem gelben Fisch auf einem wenig verheißungsvoll aussehenden Wagen, denn hier finden Sie Schwedens Beitrag zum Imbisswagen-Phänomen. Beim Nystekt Strömming, was übersetzt so viel wie frisch gebratener Hering heißt, können Sie die kleinen gebratenen Fische im Fladenbrot essen (sozusagen das schwedische Shawarma), im Brötchen oder in der klassischen Variante auf einem Teller mit Kartoffelbrei und Knäckebrot sowie Beilagen wie Gewürzgurken, roten Zwiebeln, Roter Bete, Dill-Mayonnaise oder Preiselbeermarmelade. Dieser Stockholmer Snack ist einfach gut – und günstig.

☛ WO? *Nystekt Strömming, Södermalmstorg, Stockholm*

# 112

# 113

## Hier kommt die Bratwurst, besser als jeder Hotdog

DEUTSCHLAND // Eine Bratwurst im Brötchen ist der perfekte Berliner Snack – ob bei einem Grillwalker, an einer Imbissbude, während einer Sightseeing Pause in einem kleinen Café oder in einer Kneipe als herzhafte Mahlzeit mit Kartoffeln und Rotkohl. Die Bratwurst gehört seit dem 14. Jahrhundert zu Deutschlands kulinarischen Traditionen und scheint bisher nichts von ihrer Beliebtheit eingebüßt zu haben. Sie besteht hauptsächlich aus Schweinefleisch mit etwas Kalbfleisch und wird meist mit Muskat, Koriander, Ingwer und Zimt gewürzt, allerdings gibt es zahlreiche regionale Unterschiede. Wenn Sie sich eine Wurst auf die Hand holen, bekommen Sie sie im Brötchen mit Senf (oder Ketchup, falls gewünscht).

☛ WO? *Halten Sie einen Grillwalker an oder gehen Sie zu Konnopke's Imbiss in der Schönhauser Allee 44B, Berlin.*

## Spüren Sie mit einer Feijoada São Paulos Herzschlag

BRASILIEN // Wie alles Brasilianische ist auch das Nationalgericht überaus temperamentvoll. *Feijoada* ist ein Eintopf mit Schwarzen Bohnen, gesalzenen und geräucherten Schweine- und Rindfleischstücken, Kohl oder Grünkohl und *Farofa* (Maniokmehl), serviert mit Reis und abgerundet durch Orangenscheiben. Manchmal werden sogar Schweineohren, -füße und -schwanz dazugegeben. Dieser Eintopf passt ideal zu den leidenschaftlichen Nächten in São Paulo. In Sampa (wie die Einheimischen ihre Stadt nennen) gibt es 15 000 Bars. Essen Sie Ihren Feijoada und genehmigen Sie sich einen Cachaça, dann sind Sie bereit, die Nacht durchzutanzen und -zutrinken, ganz nach São-Paulo-Art.

☛ WO? *Das Bolinha Restaurante ist bekannt für seine lokalen Gerichte: Bolinha Restaurante, Av. Cidade Jardim, 53 - Jardim Europa, São Paulo.*

# Mark Hix

*Mark Hix ist Chef-koch des Hix Soho und Hixter Bank-side in London und Gastrokritiker.*

**KLARE SUPPE MIT BAMBUSSPROSSEN, HUNAN, LONDON** Hier gibt es keine Speise-karte, es werden einfach viele kleine Gänge serviert. Sämtliche Zutaten dieser Suppe befinden sich oben in der Kruste.

**TANZENDE GARNELEN, SUSHI KEN, TOKIO** Hier werden Garnelen aus dem Aquarium geholt. Sobald Sie aufgegessen haben, werden die Schalen frittiert und mit Meersalz serviert.

**KRABBEN-CURRY, SEAN'S PANORAMA, SYDNEY** In diesem Restaurant-Klassiker serviert man dieses Curry nach malaysischer Art – in Australien wird eben wild gemixt.

**SPIEGELEI MIT FOIE GRAS, EL QUIM, BARCELONA** Im El Quim gibt es viele typisch spanische Tapas, allerdings auch zahlreiche unerwartete Dinge.

**RINDERSTEAK FIORENTINA, DARIO'S, PEN-ZANO, ITALIEN** Die Fleischerei gehört einem verrückten Typen, der immer Heavy Metal spielt. Sie trinken Wein und essen das regio-nale Steak, das sehr, sehr blutig serviert wird.

# Lassen Sie sich in New Orleans Zeit mit Ihrer wurstbeladenen Muffuletta

**USA //** Wir können nur vermuten, dass die sizilianischen Einwande-rer in New Orleans dieses Gericht erfanden, um möglichst viele ihrer traditionellen Wurstsorten in eine Mahlzeit zu bekommen. Benannt nach dem sesamüberzogenen Brot, aus dem es zubereitet wird, ist das *Muffuletta*-Sandwich der Traum jedes Wurstliebhabers: In das runde Brot kommen Salami, Schinken, Coppa und Mortadella, dazu noch Provolone, Mozzarella und marinierter Olivensalat. Während der Zubereitung sollten Sie noch nicht zu hungrig sein, denn das Sandwich ist dann am besten, wenn es etwas ruhen und der Olivensalat in das Brot einziehen konnte. Gönnen Sie sich während der Wartezeit schon mal einen Sazarek (New Orleans` beliebtester Cocktail) und lauschen Sie den Big-Easy-Klängen des French Quarter.

☛ **WO?** *Central Grocery, 923 Decatur St, New Orleans*

# 115

## Machen Sie sich mit Glühwein und Stollen selbst ein Weihnachtsgeschenk!

**DEUTSCHLAND //** Nichts schreit mehr nach Weihnachten als ein Becher Glühwein und eine dicke Scheibe Stollen. Der Glühwein besteht aus Rotwein, Gewürznelken, Zimt und Sternanis; regionale Varianten beinhalten einen Extraschuss Alkohol, Zucker oder Obst. Wenn Sie genug davon trinken, glühen Sie buchstäblich von innen. Den Winter über bekommen Sie Glühwein überall an Weihnachtsmarktständen, an denen häufig auch Stollen verkauft wird, der typische deutsche Weihnachtskuchen. Dabei handelt es sich um ein Früchtebrot mit Mandeln, Rosinen und Zitronat sowie Gewürzen wie Zimt und Kardamom. Zusammen ergibt das eine Geschmackskombination, die perfekt mit dem Glühwein harmoniert.

☛ **WO?** *Dresdens atmosphärischer Striezelmarkt verzaubert seine Besucher schon seit dem 15. Jahrhundert mit Glühwein und Stollen.*

© Shutterstock / linerpics

# 116

## Rom, die Wiege der klassischen Spaghetti Carbonara

**ITALIEN //** Spaghetti Carbonara, das zeitlose römische Essen für die Seele, hat sich von einem einfachen Mahl zum Liebling der Trattorias gemausert – und diese Speise in einer unscheinbaren römischen Straße bei Da Danilo (direkt neben einem Polizeirevier und daher oft in Gesellschaft einiger *Poliziotti*) zu verzehren ist das ultimative Erlebnis. Die Lage im Keller, die Trattoria-Dekoration und die Fotos von zufriedenen Kunden, das alles wirkt so klassisch, dass es sich fast schon unecht anfühlt. Römische Carbonara bleibt gern simpel, vergessen Sie also Erbsen, Zwiebeln oder Sahne – so etwas gibt es hier nicht. Stattdessen eine Sauce aus *Guanciale* (gepökelter Schweinebacke), Pecorino-Käse, Eiern (in vielen Fällen nur das Eigelb) und schwarzem Pfeffer.

☛ **WO?** *Genießen Sie einen Berg klassische Carbonara in der Trattoria Da Danilo, Via Petrarca 13, Rom.*

© Lonely Planet / Susan Wright

© Shutterstock / Aleksandr Shilov

# Bánh mì und Ho-Chi-Minh-Stadt: eine himmlische Kombination

**VIETNAM //** Aus der Kombination der französischen und vietnamesischen Küche konnte nur etwas ganz Besonderes entstehen – was der Sandwich-Superstar *Bánh mì* beweist. Dieses helle und knusprige Baguette, gefüllt mit Pastete, Räucherfleisch, eingelegtem Daikon, Möhren, Gurken, Mayonnaise, Koriander und feurig-scharfer Chili, ergibt eine glorreiche Mischung aus frischen, salzigen, knusprigen, süßen, würzigen und pikanten Aromen und Texturen – und ist genau das Richtige auf den geschäftigen und hektischen Straßen von Ho-Chi-Minh-Stadt. Trotzen Sie dem Ansturm der Einheimischen, die einen Platz an der Theke des Bánh Mì Huynh Hoa ergattern wollen – das Anstellen gestaltet sich schwierig, seien Sie also darauf vorbereitet, Ihre Bestellung schreien zu müssen. Zur Belohnung erhalten Sie ein klassisches Beispiel des Nationalsandwichs mit schichtweise kaltem Fleisch (meist Schweinefleisch), großzügig aufgetragener Pastete, knackiger Gurke, Möhren und scharfem Chili.

🖝 **WO?** *Bánh Mì Huỳnh Hoa, 26 Lê Thi Riêng, Phuong Pham Ngũ Lão, Quan 1, Ho-Chi-Minh-Stadt*

117

## Dan Hunter

*Dan Hunter ist der Begründer von Brae, einem an Nachhaltigkeit orientierten Restaurant in Victoria, Australien. Er ist außerdem Autor des Buchs Brae: Stories and Recipes from the Restaurant.*

**KAISEKI, KYOTO, JAPAN** Die Speisen im Miyamasou, 1,5 Stunden von Kyoto entfernt, richten sich nach den regionalen Gegebenheiten – im Winter wird Bär serviert.

**GEGRILLTER STEINBUTT, GITARRIA, SPANIEN** Im berühmten baskischen Restaurant El Carno werden sämtliche Speisen im Freien auf dem Holzkohlegrill zubereitet. Charakteristisch ist auf Rebenglut gegrillter Steinbutt.

**BÜFFELMOZZARELLA, AMALFIKÜSTE, ITALIEN** So läuft das: Sie kaufen ihn, noch bevor er abgekühlt ist, setzen sich in ein Café und bestellen den Morgenkaffee, etwas Brot, Salz und Olivenöl – fertig ist Ihr Frühstück.

**MAIZE, LIMA, PERU** Beim Food Festival Mistura in Lima kommen Indianer zusammen, um ihre heimischen Zutaten zu feiern. Hier gibt es Tausende Varianten von Kartoffel-, Quinoa-, Mais- und anderen Getreidegerichten.

**ROTE LANGUSTE, AUSTRALIEN** Im Südlichen Ozean wiegen Langusten bis zu 5 kg. Es gehört zu unserer Weihnachtstradition, sie über australischem Holz zu grillen und Champagner dazu zu trinken.

## Spüren Sie in Beirut dem Duft von Kunafeh nach

**LIBANON** // *Kunafeh* genießt man am besten zum Frühstück in einem Beiruter Café, mit einem starken schwarzen Kaffee als Gegenpol zur Süße. Das süße Käsedessert ist eine erlesene Leckerei. Der milde mozzarellaähnliche Käse wird in Rosen- und Orangenblütensirup getaucht und dann in *Kataifi*-Teig gewickelt. Aufgrund der feinen Härchen des an Reisnudeln erinnernden *Kataifi* wirkt das Ganze wie eine kleine Geschenkschachtel – erst recht, nachdem die Köstlichkeit in noch mehr Sirup getaucht und mit Pistazien und Blüten bestreut wurde.

☛ WO? *Im Amal Bohsali, Hamra, Beirut*

## Erleben Sie Mumbai mit Vada Pav vegetarisch

**INDIEN** // Dieses Street Food fällt einem nicht unbedingt zuerst ein, wenn man an all die Snacks in Mumbai denkt. Aber was könnte besser sein als ein Veggie-Burger auf die Hand am Strand? Weiche helle Brötchen werden mit einem knusprig gebratenen Kartoffelpatty, gerösteten grünen Chilischoten und Chutney kombiniert. Holen Sie sich diesen Burger von einem Kiosk am Strand und schauen Sie den flanierenden Pärchen und Familien zu, bevor Sie abends einen Tempel in der Nähe aufsuchen. Danach sind Sie dann vermutlich bereit für noch ein *Vada Pav*.

☛ WO? *An der Küste in Mumbai*

## Kosten Sie Südkoreas Hotteok, das süße Herz von Seoul

**KOREA** // Die koreanische Küche ist bekannt für schmackhafte Schalen mit Reis und Gemüse, aufgepeppt durch feuriges *Kimchi*, rauchig-gegrilltes Fleisch und sättigende Pfannengerichte. Aber es gibt da noch eine kleine süße Mahlzeit, die ebenso süchtig macht und an Straßenständen verkauft wird. Die Beliebtheit des handtellergroßen Pfannkuchen *Hotteok* beruht auf dem braunen Zucker als Belag, der zu einer köstlich-klebrigen Masse verläuft, sobald das Ganze gebraten wird.

☛ WO? *Am winzigen Sambodang-Hotteok-Stand im Jongno-gu-Distrikt in Seoul*

# 121

## Schlemmen Sie portugiesische Percebes

PORTUGAL // Der Einfallsreichtum hungriger Menschen ist doch immer wieder erstaunlich. Welcher heißhungrige Abenteurer ist beispielsweise auf die prähistorisch aussehenden Entenmuscheln im Atlantik gestoßen und hat gedacht: „Wow, die sehen wirklich lecker aus"? Wer auch immer es war, er hatte recht. *Percebes* gelten in Portugal als Delikatesse, nicht unbedingt wegen der Entenmuscheln an sich, sondern weil es gefährlich ist, sie im Wasser vom Felsen zu lösen. Sobald sie aus ihrem wässrigen Gefängnis befreit wurden, werden sie mit etwas Salz, Lorbeerblättern und Knoblauch gegart und mit Zitrone serviert. Am besten gönnt man sich *Percebes* in den Fischrestaurants an der Küste. Sie schmecken wie eine Mischung aus Tintenfisch und Krabben, und sie zu verzehren erfordert etwas Geschick – Sie müssen das Fleisch aus der Röhre drehen und dabei die harte Muschelschale gut festhalten. Das korallenfarbige Fleisch darin ist dann die Delikatesse – genießen Sie es mit etwas Zitrone.

☞ WO? *In den meerumtosten Küstenstädten der Alentejo-Region im Süden Portugals*

© Marcin Jamkowski/Adventure Pictures / Alamy Stock Photo

© denis doyle / Alamy Stock Photo

# 122

## Bewundern Sie die Boerewors in Johannesburg!

SÜDAFRIKA // Falls Sie jemals einen Südafrikaner einen *Braai* (Grill) anfeuern sehen, werden Sie garantiert Zeuge, wie bald eine große Wurstspirale (*Boerewors)* auf den Rost gelegt wird: Die gewürzten, handgefertigten *Boerewors* müssen zu mindestens 90 % aus Fleisch (hauptsächlich Rind) bestehen. Zollen Sie den *Boerewors* Ihres Gastgebers den nötigen Respekt; es handelt sich hier um eine Angelegenheit von persönlichem und nationalem Stolz.

🖝 WO? *In Jeppestown, Johannesburg. Das Pata Pata in 286 Fox St ist ein guter Anfang.*

# 123

## Sauer macht lustig: mit einer Assam-Laksa in Penang

MALAYSIA // Hier kommt die herbe, saure Schwester der süßen Kokos-*Laksa*: Assam-*Laksa*, dank der Fischeinlage (meist Makrele) ein echter Leckerbissen. Der charakteristische saure Geschmack dieser Nudelsuppe kommt von der Tamarinde (*Assam* auf Malaysisch), aber vor allem die Kombination der verschiedensten Aromen – von Ananasscheiben bis hin zu Ingwer-Blütenstielen – zaubern ein wahrlich unvergleichliches Gericht. Den letzten Pfiff bringt ein Teelöffel Hae Ko, einer dicken, süßen Fischpaste.

🖝 WO? *Auf Lebensmittelmärkten und an Straßenständen auf der Insel Penang*

# 124

## Holen Sie sich mit Llapingacho Appetit auf Ecuador!

ECUADOR // Der Amazonas-Regenwald, die Ausläufer der Anden, eine Hauptstadt, die zum Weltkulturerbe gehört, und die außergewöhnliche Fauna der Galapagosinseln sind nur ein paar Gründe, warum Ecuador eine Reise wert ist. Dasselbe gilt für die lokale Küche. *Llapingachos*, dicke Kartoffelpuffer, werden mit Käse gefüllt, gegrillt und mit würziger Erdnusssauce serviert. Sie sind der perfekte Snack für zwischendurch oder die Beilage zu Chorizo, Avocado und Spiegeleiern.

🖝 WO? *An einem Imbissstand auf dem Mercado de las Tripas im Vicentina-Viertel, Quito*

123

# 125

## Versüßen Sie sich den Tag in Bangkok mit Mango-Klebreis

THAILAND // Es ist unmöglich, Bangkok besucht zu haben und sich nicht immer wieder nach dem dortigen Street Food zu sehnen. Beweisstück A: Klebreis mit Mango. Der klebrige, mit Kokosmilch und Zucker gesüßte Reis ist die perfekte Ergänzung zur saftigen Mango. Verkauft wird diese Delikatesse an Straßenständen, und es gehört zum Spaß dazu, seinen Lieblingsverkäufer zu finden – fragen Sie herum und halten Sie nach Besonderheiten wie schwarzem Reis, salziger Kokossauce oder gerösteten Mungbohnen als Croûton-Variante Ausschau. Diesen Straßensnack gibt es zwar das ganze Jahr über, am besten ist er aber während der Mangosaison in Thailand von Ende März bis Ende Mai.

☛ WO? *Suchen Sie sich einfach einen der unscheinbaren Straßenstände überall in Bangkok aus, z. B. Sukhumvit Soi 38, Soi Sukhumvit 38, Phra Khanong, Khlong Toei, Bangkok.*

# 126

## Kairo: mit Kuschari den Schmelztiegel genießen

ÄGYPTEN // Ob Sie Ihr *Kuschari* mitten am Tag in den bunt-chaotischen Straßen von Kairo verzehren oder in einem edlen Restaurant mit Zimmerbrunnen wie im Abou Tarek: Was Sie da zu sich nehmen, ist eine kulinarische Metapher für Ägypten. Das Gericht ist eine Mélange aus den multikulturellen Einflüssen, die das Land während des Wirtschaftsbooms im 19. Jahrhundert erlebte. Gewürze aus Indien, Pasta aus Italien und fernöstliche Zutaten wie Kichererbsen wurden kombiniert mit Reis, Linsen, Tomatensauce, Röstzwiebeln und einem Chili- oder Knoblauchdressing – so entstand ein deftiges Gericht für die arbeitende Bevölkerung. Am besten holt man es sich an der Theke und genießt es im Getümmel. Ägypter bleiben ihrem Stammrestaurant meist treu, wobei die Zubereitung kaum variiert.

☛ WO? *Bei einem Straßenhändler oder für ein entspannteres Essen im Abou Tarek, 26 El-Shaikh Marouf, Marouf, Qasr an Nile, Kairo*

# 127

## Mit leckerem Larb erleben Sie Laos ganz gelassen

**LAOS //** Vientiane ist keine typische südostasiatische Stadt. Hier muss man nicht ständig Autos oder Motorrädern ausweichen, und der Mix aus französischer Kolonialarchitektur, buddhistischen Tempeln und farbenfrohen Straßenmärkten macht Lust auf eine Entdeckungsreise zu Fuß. Westlich des Zentrums fließt der Mekong, der bei Sonnenuntergang golden schimmert. Zu dem Idyll bieten Restaurants und Imbissstände laotische Klassiker an, vor allem das inoffizielle Nationalgericht *Larb*, die perfekte Kombination aus Speise und Lage, das Schweinefleisch-*Larb* etwa ist so einfach und bezaubernd wie die Umgebung, füllt mit dem beliebten Klebreis den Magen, befeuert die Sinne und sprudelt vor Aromen nur so über …

☛ **WO?** *Larb wird manchmal mit rohem Fleisch zubereitet. Halten Sie sich Ihrer Gesundheit zuliebe an die gekochte Variante.*

© Getty Images / Carlina Teteris

127

128

© Shutterstock / DouglasDeples

# 128

## Ein Cochinita Pibil auf Yucatán ist Gold wert

**MEXIKO //** Mérida ist die wunderschöne Hauptstadt Yucatáns, voller eleganter Kolonialarchitektur und schattiger Plätze. Genau hier finden Sie das ultimative *Cochinita Pibil* – langsam geröstetes Pulled Pork, eins von vielen köstlichen yukatanischen Gerichten. Aus irgendeinem Grund sind die Zitrusnote (Limette, Orange und sogar Grapefruit) hier intensiver und die *Achiote*-Marinade erdiger und rauchiger. Das Fleisch scheint nur so auseinanderzufallen. Hier gilt das stundenlang gegarte *Cochinita Pibil* als Festmahl. Dafür wird ein ganzes Schwein – eingerieben mit einer *Achiote*-Paste aus Knoblauch, Gewürzen und Orangensaft – in einer Grube versenkt (*Cochinita* heißt Ferkel, *Pibil* vergraben). So etwas gibt es in keinem Ihrer mexikanischen Restaurants. Serviert wird es mit eingelegten roten Zwiebeln in einer Tortilla.

☛ **WO?** *Probieren Sie es im Restaurant La Chaya Maya, Calle 55, Nr. 510, im Zentrum von Mérida.*

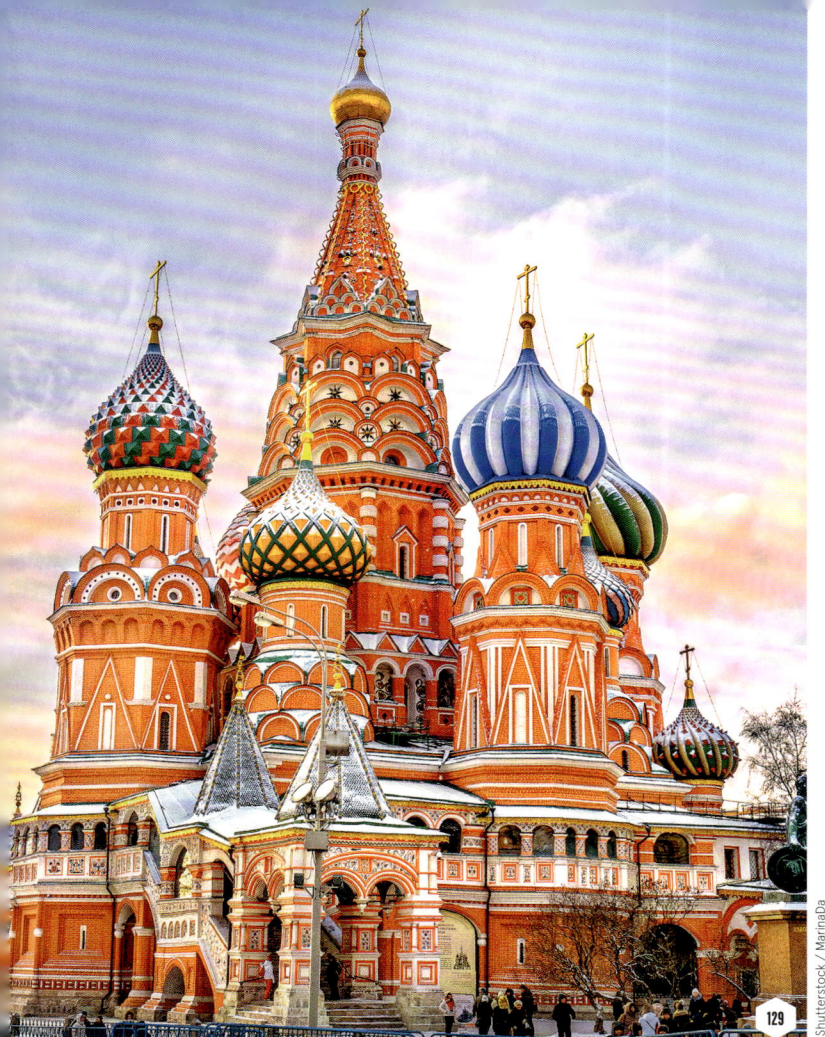

# 129

## Prassen Sie in Moskau wie ein Millionär: Kaviar

RUSSLAND // Kaviar ist eins der exklusivsten, luxuriösesten und teuersten Lebensmittel der Welt – für den Rogen des iranischen Belugastörs sollen schon astronomische 35 000 US-Dollar pro Kilo bezahlt worden sein. Eine perfekte Delikatesse also für Oligarchen mit eigener Jacht, aber fast unerschwinglich für gewöhnliche Sterbliche wie uns. Machbarer ist daher eine Kaviarverkostung mit roten Pfannkuchen im Café Puschkin in Moskau. Die Kombination aus Opulenz der alten Welt und der Auswahl aus Lachskaviar, Maränenkaviar, Störkaviar und Belugakaviar für etwas unter 200 US-Dollar (plus Getränke) ist da ein echtes Schnäppchen. Natürlich trinkt man dazu Champagner, auch wenn die meisten Russen einen Belugawodka bevorzugen, um die Dekadenz herunterzuspülen.

 WO? *Im Café Puschkin, 26A Twerskoi Boulevard, Moskau*

# 130

## Trotzen Sie dem Hunger an einem winzigen Budapester Kiosk

UNGARN // *Langos*, oft als ungarische Pizza bezeichnet, ist ein frittiertes Fladenbrot, das mit Joghurt und Sauerrahm oder Milch anstelle von Wasser zubereitet wird. Üblicherweise serviert man es belegt mit Sauerrahm, Käse und Knoblauchbutter, aber es gibt eine Vielzahl weiterer Zutaten – wie Grillwürste, Chili, Paprika, Tomaten, Zwiebeln – und jede Menge Verkaufsstände. Vor dem winzigen Retró Lángos Büfé in Budapest aus sozialistischer Zeit scharen sich Liebhaber von spät abends bis zum frühen Morgen, um sich ein *Langos* belegt mit allem – von Kohl und Hotdogs bis zum „Nuklearangriff" (Atomtámadás) mit scharfer Paprika, Schinken, Käse, Wurst und roten Zwiebeln – zu sichern. Dank der Öffnungszeiten (bis 2 Uhr bzw. 6 Uhr am Wochenende) perfekt geeignet, um einem Kater vorzubeugen.

WO? *Am Retró Lángos Büfé, Bajcsy Zsilinszky út, Arany János metro, Budapest*

# Erleben Sie im Hafen von Marseille, warum Bouillabaisse gesellig macht

**131**

**FRANKREICH //** Es gibt Fischeintopf und dann gibt es die *Bouillabaisse* – die Urmutter aller Fisch- und Meeresfrüchtegenüsse. Seit ihren bescheidenen Anfängen als Resteeintopf der Fischer am Hafen von Marseille in Südfrankreich hat sie an Ruf und Beliebtheit gewonnen und ist heutzutage auch bei französischen Feinschmeckern heiß begehrt. Genau wie der Rest des Landes hat sich auch die Marseille-Version mit der Zeit gewandelt, und der Fisch, der sich auf dem Markt nicht gut verkaufen ließ – wie etwa das zu grätige Blaumaul – wurde durch die schmackhafteren Arten Großer Roter Drachenkopf, Panzerhahn und Meeral ersetzt. Allerdings stößt man manchmal auch auf Seeteufel, Steinbutt, Brasse, Meerbarbe und/oder Seehecht. Dazu gesellen sich noch Muscheln, Krabben, Tintenfisch und Seeigel. In edleren Restaurants sieht man vielleicht auch mal eine oder zwei Langusten, die allerdings niemals in der ursprünglichen Suppe gelandet wären. Abgesehen von Fischen und Meeresfrüchten enthält das Gericht Gemüse wie Lauch, Sellerie, Zwiebeln, Tomaten und Kartoffeln und natürlich Kräuter der Provence wie Fenchel, Thymian und Safran – alles sanft in Fischbrühe geköchelt.

Was den Genuss einer *Bouillabaisse* so einzigartig macht, ist das kulinarische Tamtam, das zur Präsentation und zum Essen gehört. In Marseille erhält man zuerst eine Schüssel Brühe, in die man etwas mit einer *Rouille* aus Knoblauch, Safran und Cayennepfeffer bestrichenes Röstbrot tunkt. Der eigentliche Hauptgang, die Platte mit den Fischen und Meeresfrüchten, wird danach serviert, wiederum mit einem Schöpflöffel Brühe. Übrigens: In Marseille wird Bouillabaisse selten für weniger als vier Personen zubereitet. Sie sollten also einfach Ihre Freunde mitbringen – oder schnell neue finden.

☛ **WO?** *Mit alten oder neuen Freunden im Chez Fonfon, 140 Rue du Vallon des Auffes, Marseille*

Unten: Die Bouillabaisse war ursprünglich ein Gericht für die Fischer in Marseille. Rechts: Die Landspitze Endoume in Marseille

© Lonely Planet / River Thompson

© Lonely Planet / Matt Munro

# 132

## Spüren Sie in London dem Ursprung Schottischer Eier nach!

GB // Ein gekochtes Ei, umhüllt von Wurstbrät, paniert und dann gebacken oder frittiert – klingt nicht übermäßig appetitlich. Schmeckt aber köstlich, und zwar bei Fortnum & Mason in London – denn dieses Kaufhaus behauptet von sich, 1783 die Schottischen Eier erfunden zu haben. Stimmen Sie sich bei einem Bummel durch das Kaufhaus aus dem 18. Jahrhundert auf den Genussmoment ein: Im Erdgeschoss fällt ihr Blick auf Körbe voller Lebensmittel und Teeblätter, dann geht`s über die Wendeltreppe nach unten zu den Delikatessen. Beim Schnitt in die feste Hülle eines Schottischen Eis fällt der Blick auf ein perfekt weichgekochtes orangefarbenes Eidotter, das von würzigem Fleisch umhüllt ist. Genießen Sie einen Moment Londoner Geschichte!

---

☛ WO? *In ihrer Heimat bei Fortnum & Mason in Londons Piccadilly. Oder notfalls in der Zweigstelle in Dubai.*

# 133

## Schmecken Sie das alte und neue Albanien mit Fëgesë!

ALBANIEN // Sie haben den Morgen damit zugebracht, Tiranas Sehenswürdigkeiten wie den Skanderbeg-Platz, die Auferstehungskathedrale, das Opernhaus und die riesige Sammlung im Historischen Nationalmuseum zu erkunden. Jetzt sind Sie bereit für einen Abstecher in Albaniens aufstrebende Gastronomiewelt. Die Restaurants in Tirana kreuzen scheinbar mühelos traditionelle Rezepte mit moderner Café-Kultur – zukunftsorientiert, ohne die Vergangenheit zu ignorieren. Ein Gericht wie das köstliche *Fëgesë*, gegrillte Paprika, Tomaten und Zwiebeln, sautiert mit Hüttenkäse und Paprika und serviert mit Brot, ist gleichzeitig jahrhundertealt und modern, besonders, wenn es auf der Terrasse im Oda zu einem Glas Weißwein serviert wird.

---

☛ WO? *In einem wirklich traditionellen Restaurant wie dem Oda, Rr Luigj Gurakuqi, Tirana*

# 134

## Schlemmen Sie Clam Cakes auf Rhode Island!

USA // In New England wird man Ihnen versichern, dass ein Trip nach Rhode Island erst dann ein echter Urlaub ist, wenn man eine Tüte voller Clam Cakes in Händen hält. Diese Teigbällchen mit Muschelfleisch bekommt man an Verkaufsständen im halben oder ganzen Dutzend zum sofortigen Verzehr. Liebhaber beharren auf Quahog-Muscheln in New-England-Clam-Cakes, aber da enden auch die Gemeinsamkeiten... Manche mögen ihre Küchlein rund wie ein Golfball, andere finden, die besten Stücke wären die, die von den unregelmäßig geformten Brocken abbrechen; manche tunken sie gern in cremige Muschelsuppe, andere bevorzugen klare Suppe nach Rhode-Island-Art. Es bleibt Ihnen wohl nichts anderes übrig, als alle Versionen zu kosten.

☛ **WO?** *An Straßenständen und in Restaurants überall auf Rhode Island, New England*

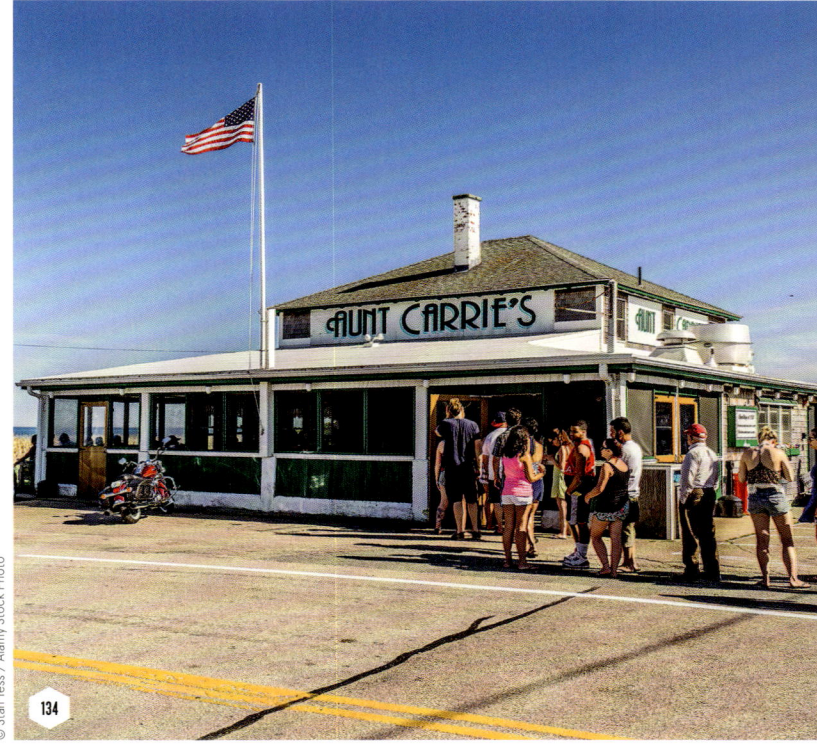

© Stan Tess / Alamy Stock Photo

© Shutterstock / Toronto-images.com

# 135

## Genießen Sie käsige Humitas in Argentinien

ARGENTINIEN // Diese dampfenden Päckchen erinnern an *Tamale*, werden jedoch anstelle des eingeweichten getrockneten Mais, der für *Tamale* benutzt wird, mit frischem Mais zubereitet. Der Mais im Kern der *Humitas* ist gemahlen und vermischt mit Zwiebeln, Knoblauch, Käse, Eiern und Sahne. Holen Sie sich eine an einem Straßenstand und suchen Sie sich dann ein schattiges Plätzchen, um das kleine Päckchen auszupacken. Im Inneren finden Sie eine Ode an den Mais, reich an Salz und Käse, von der Sie kaum je genug bekommen werden.

☛ **WO?** *Von einem Straßenhändler, wann immer Sie einen sehen*

# 136

## Erleben Sie unendliche Nudelvariationen in einem von Tokios mannigfaltigen Ramen-Restaurants

JAPAN // Es ist ein Tribut an die Komplexität und Raffinesse der japanischen Küche, dass eine Schüssel Nudelsuppe mit einer Handvoll Garnierungen zu so vielen köstlichen und trotzdem eigenständigen Geschmackserlebnissen führen kann. Bei echten japanischen Ramen gibt die Region vor, welche Zutaten verwendet werden; einige Ramen-Restaurants bieten verschiedene Varianten, andere konzentrieren sich auf nur eine. Es gibt so viele Varianten, dass es sinnlos ist, nach DEN Ramen zu suchen. Machen Sie es stattdessen so wie die Japaner: Finden Sie das für Sie passende Ramen-Gericht! In Tokio können Sie sich dabei so richtig austoben. Und wo immer Sie Ihre ultimativen Ramen finden – ob in einer engen Gasse, einem großen Shoppingzentrum oder in einem der beiden mit Michelin-Sternen ausgezeichneten Ramen-Restaurants – schlürfen Sie Ihre Nudeln schnell (damit sie nicht durchweichen), mit viel Luft (das verbessert den Geschmack) und geräuschvoll (als Zeichen der Wertschätzung für den Koch).

☛ WO? *Im gut besuchten Tsuta, 1 Chome-14-1 Sugamo, Toshima, Tokio 170-0002, dem ersten mit einem Michelin-Stern ausgezeichneten Ramen-Restaurant der Welt.*

# 137

## Der argentinische Appetitanreger Choripán – ganz groß in Buenos Aires

ARGENTINIEN // Jeder weiß: Wenn einen in den Straßen von Buenos Aires der Hunger packt, greift man nach einer Empanada. Aber was ist, wenn Ihr Appetit nach mehr verlangt als nur einem Häppchen? Dann gönnen Sie sich ein mächtiges *Choripán* oder auch *Chori*. Einfach gesagt ist das *Choripán* eine *Chorizo*-Wurst in Schmetterlingsform, die auf dem *Asado* (Grill) geröstet, großzügig mit Chimichurri, dicken Zwiebelstücken und Tomatensalsa bedeckt und in einem knusprigen Brot serviert wird. Würzig, fettig und perfekt, um einen knurrenden Magen zu besänftigen.

 WO? *In Buenos Aires bei Chori, Thames 1653, Palermo oder Nuestra Parrilla, Bolívar 950, San Telmo*

# 138

## Planen Sie ein Lamm-Curry im modernistischen Chandigarh ein!

INDIEN // Einige südasiatische Länder beanspruchen die Idee für dieses Curry mit Lammfleisch und Erbsen für sich, aber wir entscheiden uns für den *Punjab* in Indien, nicht zuletzt, weil die Stadt Chandigarh ein so toller Ort ist, um es zu genießen. Sie wurde auf Einladung von Indiens erstem Premierminister Jawaharlal Nehru von Le Corbusier in den 1950ern im Stil von Sir Ebenezer Howards englischen Gartenstädten konzipiert und ist ein bezauberndes Beispiel für Städteplanung. Nach einem Bummel durch das elegante und modernistische Regierungsviertel mit Le Corbusiers Sekretariatsgebäude, Justizpalast und Parlament von Punjab und Haryana – und dann durch den lebendigen Nek Chand Rock Garden – haben Sie sich einen Teller *Keema Matar* verdient.

WO? *In einem Klassiker von Le Corbusier, dem runden, drei Stockwerke hohen Studentenzentrum der Panjab-Universität*

© Peter Tsai Photography / Alamy Stock Photo

© Shutterstock / f11photo

# 139

## Spüren Sie die Schärfe eines Southern Fried Chicken mit Chili in Nashville!

USA // Halten Sie Ihren Cowboyhut fest, denn diese Version des Southern Fried Chicken macht Ihnen ordentlich Feuer unter dem Hintern. Der Legende zufolge wurde das Gericht erfunden, als eine Frau auf die Rückkehr ihres untreuen Mannes wartete und sein Morgenhähnchen mit ordentlich Cayennepfeffer würzte. Sehr zum Ärger der Köchin schmeckte dem Schuft das deftige Gericht sogar, und so war die scharfe Hähnchenvariante geboren. Angeblich ereignete sich dieser Vorfall im Prince's Hot Chicken im Norden von Nashville, das noch immer in Familienbesitz ist. Noch immer kann man sich hier dem Gewürzmix stellen, der einen vom Hocker haut, wir raten aber zur mittleren Schärfe. Die scharfe Variante brennt schon ordentlich und die extrascharfe ... Hot Fried Chicken bekommen Sie im Übrigen überall in der Stadt, auch ohne schmerzliche Erfahrung. In vielen Restaurants hilft eine Schärfeskala, den Chilitod zu vermeiden. Und falls es trotzdem schiefgeht: Bier ist immer eine Lösung.

 WO? *In verschiedenen Schärfegraden im Prince's Hot Chicken Shack, 123 Ewing Dr, Nashville, Tennessee*

# 140

## Angeln Sie sich eine Poke Bowl an Hawaiis Stränden!

**USA //** Das Erste, was Ihnen auf Hawaii auffällt, ist das wundervolle Panorama – die halbmondförmigen Strände, das funkelnde Meer und das bergige grüne Landesinnere voller vulkanischer Energie. Dann wäre da die Vielfalt der Aktivitäten, vom Surfen und Schnorcheln bis hin zu Hubschrauberflügen und Urwaldtouren – die Inselgruppe ist heute eines der beliebtesten Reiseziele weltweit. Hinzu kommt das hawaiianische Essen, ein faszinierender Mix aus polynesischen, europäischen, amerikanischen, japanischen, philippinischen, chinesischen, portugiesischen und puerto-ricanischen Einflüssen. Aus diesem Schmelztiegel stammt auch Hawaiis Supergericht, die *Poke Bowl*. In ihrer einfachsten Variante ist sie auf warmem Reis servierter roher gewürfelter Fisch mit Beilagen wie Algen, Avocado und Gurke. Die *Bowl* kombiniert klassische Zutaten mit altbewährten Geschmacksrichtungen. Und trotz der zahllosen Einflüsse, die die Küche dieses Inselstaats auch weiterhin formen, bleibt dieses Gericht ein Dauerbrenner.

☛ **WO?** *Folgen Sie den Einheimischen zu winzigen Läden, und nehmen Sie die Bowl mit an den Strand!*

© Image Source / Alamy Stock Photo

© Lonely Planet / Matt Munro

## Erklimmen Sie den Gipfel des Après-Ski-Erlebnisses mit schmelzendem Raclette

SCHWEIZ // Laktoseintolerante Gourmets müssen jetzt leider stark sein, denn hier steht alles im Zeichen des köstlich-klebrigen Käses. Zuvor aber heißt es, in den Schweizer Alpen zu wandern, Ski zu fahren oder zu snowboarden, um diese Extravaganz vor sich selbst zu rechtfertigen. Setzen Sie sich dann in ein Dorfrestaurant und geben Sie sich dem Genuss hin. Ob am Tisch selbst zubereitet oder serviert, Ihr Raclette sollte als großer Keil oder Halbkreis langsam über offener Flamme geröstet werden. Wenn der Käse zu schmelzen beginnt, wird er vom Keil auf einen warmen Teller gekratzt, auf dem bereits saure Gurken, Kartoffeln und Schinkenscheiben warten. Dann liegt es an Ihnen, den geschmolzenen Käse samt der Zutaten zu genießen.

🕭 WO? *Vor dem atemberaubenden Alpenpanorama im Restaurant Schäferstube, Riedstrasse 2, Zermatt*

## Wärmen Sie sich in Sapporo mit einer Schüssel Miso-Ramen auf!

JAPAN // Wenn der Winter nach Hokkaido in Nordjapan kommt, ist eine Schüssel dampfende Miso-Ramen der ultimative Seelentröster. Bevor er das *Menya Saimi* eröffnete, hat Koch Oku Masuhiko im Nudelladen *Sumire* alles über Nudeln gelernt. Seine Miso-Ramen sind sehr beliebt: Gewagt, aber nicht allzu mächtig, mit festen, geringelten Nudeln und diversen Beilagen, darunter Chashu-Fleisch, Bambus- und Sojasprossen. Die Grundlage ist eine ölige Brühe – Masuhiko stellt sie mit Schweineknochen her –, die mit salzigem Miso gewürzt wird. „Das Gemüse der oberen Garnierung wird zuerst angebraten; das ist sehr wichtig für Ramen im Sapporo-Stil", sagt Masuhiko. Das kräftige Aroma des Fleischfonds, brutzelnder Knoblauch und der nussige Duft von angeschwitztem Miso kennzeichnen seine Gerichte.

🕭 WO? *Menya Saimi, Misono 10-jo, Toyohira-ku, Sapporo*

## Kosten Sie Mr. Wus berühmte Cong-You-Bing-Pancakes

CHINA // Im September 2016 hängte Mr Wu seinen Küchenwender an den Nagel und zog die Jalousien des winzigen Ladenfensters herunter, womit er nach über 30 Jahren ein beliebtes Geschäft aufgab. Als die Bewohner und Pancake-Fans von Schanghai schon das Schlimmste befürchteten, eröffnete er in der Nähe ein neues Restaurant. Abgesehen vom Standort hat sich nichts geändert; man muss sich noch immer frühzeitig den Wecker stellen und sich in die lange Schlange einreihen, aber dann ist alles wieder gut. Die Pancakes sind noch dieselben mit Frühlingszwiebeln gespickten fluffigen Teigfladen, gebraten in einer ordentlichen Portion salzigen Schweineschmalzes. Sie sind das Warten wert, aber gehen Sie nicht mittwochs hin – das ist Mr. Wus freier Tag.

🕭 WO? *In Mr. Wus A Da Cong You Bing werden pro Tag 300 Pancakes produziert. Schanghai, Nr. 4, 120 Ruijin Er Lu*

## Ein Hauch von Indien in Londons schickstem Café

GB // Dieses untypische englische Frühstück wurde von britischen Kolonisten aus Indien eingeführt. Auf englischem Boden verwandelte sich das Reisgericht, in seiner Heimat als *Khichari* bekannt, von der stark gewürzten Urversion zum heutigen *Kedgeree* – mit Schellfisch, Reis, Petersilie, gekochtem Ei, Currypulver und Sahne. Großbritannien hat viele Frühstücksoptionen zu bieten, aber Sie werden es nicht bereuen, einmal mit der Tradition zu brechen und diesem subtilen Gericht eine Chance zu geben. Im Wolseley in London wird das *Kedgeree* sehr edel und schmackhaft serviert. Der Reis ist herrlich gehaltvoll mit Sahne und Butter und mildem Currygewürz, der Schellfisch leicht geräuchert. Abgerundet wird das Ganze durch ein pochiertes Ei.

🕭 WO? *Im luxuriösen Speisesaal im The Wolseley, 160 Piccadilly, St James's, London*

# 115

## Mit einer Schüssel Dal Bhat am Everest

↓

NEPAL // Eigentlich ist es ein simples Gericht – eine Linsensuppe mit Reis. Aber das Besondere am *Dal Bhat* ist, dass man es nach einem langen anstrengenden Aufstieg zum Basislager des Mt. Everest zu sich nimmt. Die müden Knochen auszuruhen und sich an einem *Dhal Bhat* zu stärken, gehört zur Initiation eines jeden Bergsteigers. Außerdem bringt diese Schüssel würziger Linsen Sie Ihrem Traum, den Gipfel der Welt zu erklimmen, einen Schritt näher.

🍴 WO? *In Teehäusern auf dem Weg zum Mt. Everest und überall in Nepal*

# 146

## Holen Sie sich in Hongkong eine süße Pancake-Waffel auf die Hand

CHINA // Sollten Sie noch nie auf das kultige Street Food Hongkongs, die Egg Waffle, gestoßen sein – es wird nicht mehr lange dauern. Die fluffigen Waffeln haben die Form von Luftpolsterfolie, bestehen aus knusprigem Pancake-Teig, landen in Papiertüten und werden überall zufrieden verspeist. Die meisten Straßenhändler verkaufen sie pur, aber da sie so beliebt sind, haben viele Läden bereits neue Geschmacksrichtungen und Beilagen erfunden. Im Eisladen Oddies bekommen Sie Ihre Waffel bedeckt mit cremigem Eis und Schokosauce, bei Hung Kee Top Quality Egg Waffle können Sie aus einem Waffelteig mit Schokolade oder Erdbeer wählen, und Mammy Pancake serviert Geschmacksrichtungen wie Algen und grüner Tee. Probieren Sie alle!

☛ WO? *Oddies, 45 Gough St, Central; Hung Kee Top Quality Egg Waffle, Shop A34c, 57-87 Sau Kei Wan Rd, Sai Wan Ho; Mammy Pancake, 8-12e Carnarvon Rd, Tsim Sha Tsui; alle in Hongkong*

# 147

## Halten Sie sich an die Profis in Sofia für Bulgariens beste Baniza!

BULGARIEN // Der einzige Rat, den Sie für den Verzehr einer *Baniza* befolgen sollten, lautet, sie nicht billig an Straßenständen oder Haltestellen zu kaufen. Machen Sie Pause in einem Café, wo Sie den flockig-weichen Teig mit einem Glas Boza genießen, einem bulgarischen Getränk aus gekochtem Weizen, Gerste, Hirse und Zucker. Tatsächlich ist es schwer, in Sofia an einer Bäckerei vorbeizugehen, ohne von Anblick und Duft des luftigen Gebäcks hineingelockt zu werden. *Baniza* besteht aus (Feta-ähnlichem) Sirene-Käse, Eiern, Joghurt und Öl und wird häufig zum Frühstück serviert, kann aber zu jeder Tageszeit gegessen werden. Oftmals werden auch Spinat, Reis, Kohl oder Lauch hinzugefügt, aber das Original ist und bleibt unser Favorit.

☛ WO? *Zum Frühstück sind Banizas einfach unschlagbar, also starten Sie früh und holen Sie sich das Gebäck heiß in einem Café.*

# 148

## Kosten Sie das Mapo-Tofu in dem Szechuan-Restaurant, in dem es zum ersten Mal serviert wurde!

**CHINA //** Aus der Szechuanküche ist Szechuanpfeffer nicht wegzudenken; ganz im Gegensatz zur milderen kantonesischen Küche. Für eine Feuertaufe in Bezug auf Szechuan-Gerichte dürfen Sie sich ein *Mapo*-Tofu nicht entgehen lassen! Dieses feurige Gericht enthält Hackfleisch (meist Schwein, manchmal auch Rind) gemischt mit Seidentofu und einer feuerwerksartigen Kombination aus fermentierten Bohnen und Chiliöl mit Szechuanpfefferkörnern, dazu ein paar Frühlingszwiebeln als Garnierung. Das Gericht verdankt seinem Namen dem Aussehen der Frau, die es der Legende nach erfunden hat. Als

Kind hatte sie die Pocken und Narben im Gesicht, und so wurde das Gericht „*Mapo*" genannt – pockennarbige alte Frau. Es ist zwar nicht schwierig, gutes *Mapo*-Tofu in den Chinatowns auf der ganzen Welt zu finden, aber der perfekte Ort ist natürlich die Szechuan-Hauptstadt Chengdu. Die Betreiber des Restaurants Chen Mapo Tofu behaupten, direkte Nachfahren der feurigen alten Dame zu sein.

☛ WO? *Im Chen Mapo Tofu, 197 W Yulong St, LuoMaShi, Qingyang Qu, Chengdu, Sichuan, Chengdu*

© Shutterstock / Rolf E. Staerk

© Shutterstock / Marcel Gussoni

# Schwören Sie in einer mittelalterlichen Festung in Südfrankreich dem Cassoulet die Treue!

**FRANKREICH //** Die mittelalterliche Hügelstadt Carcassonne ist der perfekte Ort, um eine der berühmtesten kulinarischen Errungenschaften Südfrankreichs zu kosten: das *Cassoulet*. Die alte Festungsanlage der Stadt hat schon vieles erlebt und ist die passende Kulisse für ein Gericht, das aus Einfallsreichtum entstanden ist und dessen Rezept bis heute umstritten ist. Noch immer wird heiß diskutiert, welche Zutaten ein klassisches *Cassoulet* ausmachen. Man streitet, welche Fleischarten benutzt werden, ob das Gericht eine Kruste haben soll oder welche Bohnen die besten dafür sind. Diese Diskussionen können wir allerdings getrost den Franzosen überlassen, denn den meisten von uns ist völlig egal, ob das *Cassoulet* Wurst aus Toulouse oder flache Bohnen aus den Pyrenäen enthält – uns ist nur wichtig, dass das Fleisch langsam gegart wurde, bis es sämtliche Aromen des Fonds aufgenommen hat und ganz von allein vom Knochen fällt. In Carcassonne wird *Cassoulet* oft in einer *Cassole* serviert, dem traditionellen irdenen Kochtopf.

---

🕿 WO? *Prassen Sie im Restaurant La Barbacane, Place Auguste Pierre Pont, Carcassonne.*

# 150

## Dänemarks neuester Star der „New Nordic Cuisine"

**DÄNEMARK //** 2010 eröffnete Koch René Redzepi Kopenhagens mehrfach prämiertes Restaurant Noma. Die Philosophie hinter der Speisekarte geht zurück bis ins Jahr 2004, als René, Koch Claus Meyer und andere Profiköche der nordischen Küche beschlossen, dass bei Lebensmitteln, Vorbereitung, Kochen und Essen alles rein, frisch und einfach sein sollte. Die Köche sollen mit saisonalen Produkten arbeiten und traditionelle Gerichte, inspiriert durch Klima, Wasser und Boden der Region, kreieren. So war die „New Nordic Cuisine" geboren. Neuestes Aushängeschild dieser Philosophie ist das Restaurant Geranium in Kopenhagen. Geführt vom preisgekrönten Koch Rasmus Kofoed bestehen die Gerichte aus wilden und biologischen Zutaten. Kofoed nutzt moderne Techniken mit einem Spritzer molekularer Gastronomie, um das Essen auf neue Gourmethöhen zu hieven. Lassen Sie sich von der seltsamen Lage im Obergeschoss des Nationalstadions nicht abschrecken!

---

☛ **WO?** *Im Geranium, Per Henrik Lings Allé 4, 8. Stock, Parken National Stadium, Kopenhagen. Außerdem: BROR und Restaurant 108*

# Feiern Sie Weihnachten in Guyana mit einer Schüssel Pepperpot!

GUYANA // Am besten lässt sich dieser dunkle Eintopf aus nicht erkennbaren Zutaten bei einem weihnachtlichen Essen mit der Familie genießen. Dafür muss er über viele Stunden kochen und wird dann ehrfürchtig serviert – begleitet von Eifersüchteleien darüber, wer welches Stück Fleisch (oder den Kuhfuß, Schweinsfuß oder -schwanz, die für die klebrige Konsistenz dazugegeben werden) bekommt. Typischerweise enthält der Pepperpot Rind-, Lamm- und Schweinefleisch und wird mit Zimt, Chilischoten und *Cassareep*-Sauce, die aus Maniokwurzeln zubereitet wird, gewürzt. Er soll von den Ureinwohnern Guyanas stammen, die hier vor mehr als 10 000 Jahren Fuß fassten, und verrät die kulinarische Historie, die Guyanas Küche und Kultur zu einem so einzigartigen Schmelztiegel macht. Essen Sie dazu etwas Weißbrot.

☞ WO? *Nicht eingeladen? Versuchen Sie es alternativ im German's Restaurant, 8 New Market & Mundy sts, Georgetown.*

# Relaxen Sie mit Chicken Muamba in einer angolanischen Strandhütte!

ANGOLA // Die Küche von Subsahara-Afrika wird im kulinarischen Weltregister immer kurz abgefertigt, aber nachdem Sie Angolas würziges Geschenk an die Welt – *Muamba de Galinha* oder auch *Chicken Muamba* – gekostet haben, werden Sie sich fragen, wieso das der Fall ist. Unter den strohgedeckten Dächern der Restaurants am Strand der Ilha do Cabo entspannen Einheimische und Reisende bei einem Bier und diesem üppig-feurigen Eintopf. Das Gericht wurde von portugiesischen Aromen wie Chili, Knoblauch und Tomaten und Jahrhunderten der Kolonisierung beeinflusst, seine rote Farbe stammt hauptsächlich vom Öl der afrikanischen Palme. Das Hähnchen wird im Öl mariniert, mit Okra und Kürbis gekocht und mit *Funge* serviert – einer Art Haferbrei aus Maniok- oder Maismehl.

☞ WO? *Auf der Ilha do Cabo, wo Sie tolle Strände und Restaurants finden, in denen Sie mit diesem Nationalgericht entspannen können.*

## Monica Galetti

*Monica Galetti ist Jurymitglied der BBC-Sendung MasterChef: The Professionals. Sie hat lange als Souschef im weltbekannten La Gavroche gearbeitet und kürzlich das Mere in London eröffnet.*

**CHILI-KRABBEN MIT KLÖSSEN, SINGAPUR**
Ein Street Food. Das erste Mal kostete ich es vor ca. fünf Jahren und seitdem esse ich es bei jedem Besuch.

**02**

**SCHUER, OMAN** Am Vortag wird eine Ziege auf diesem 1000 Jahre alten Markt gekauft, das Fleisch mit Kreuzkümmel und Fenchel eingerieben, in Alufolie gewickelt und unter der Erde in einer großen Feuergrube gegart.

**03**

**CEVICHE, PAZIFISCHE INSELN** Wo ich herkomme, wird das einfach nur roher Fisch genannt. Im Gegensatz zum lateinamerikanischen Ceviche verwenden wir für die Marinade Kokosmilch sowie etwas Limette, Tomate und Gurke.

**HOKEY-POKEY-EIS, NEUSEELAND**
Leckeres Vanilleeis mit Karamellstückchen. Ich serviere es jetzt in meinem Restaurant, weil es mich an zu Hause erinnert.

**LEMON DRIZZLE CAKE UND GEDÄMPFTER ORANGENPUDDING, BEI MEINEM FREUND PRAT** Nicht viele Menschen haben den Mut, für mich zu kochen, aber meine Freunde Prat und Sean bereiten diese tollen Desserts zu.

# 153

## Beißen Sie in den Jumbo-Cheesecake eines Retro-Delis in New York!

**USA //** Sollten Sie in den USA auf der Suche nach einem zierlichen Stück Cheesecake sein, werden Sie Probleme haben. Irgendetwas an diesem Nachtisch mit Kultstatus, einer Mischung aus Frischkäse, Eiern, Zucker und (in einigen Versionen) Sauerrahm auf einem Boden aus gemahlenen Keksen, scheint nach Größe zu verlangen. Und wo könnte man diesen süßen Tribut an den Exzess besser erleben als im Big Apple? In New Yorks altmodischen jüdischen Feinkostläden – Leo Lindemanns Lindy's Deli war der erste, der das Dessert bekannt gemacht hat – bekommen Sie gigantische Cheesecake-Stücke, garniert mit Erdbeeren, Brownie-Brocken oder mit Karamell beträufelt. Teilen Sie Ihr Stück mit jemandem – es bleibt immer noch etwas übrig!

 **WO?** *Bei Eileen's Special Cheesecake in Lower Manhattan gibt es Geschmacksrichtungen von klassischer Erdbeere über Rocky Road bis hin zu Piña Colada. 17 Cleveland Pl, New York*

# 154

## Ehren Sie polnische Piroggen auf Krakaus jährlichem Festival!

**POLEN //** Sie müssen hinterm Mond gelebt haben, wenn Sie Polens Geschenk an die Welt, die bescheidenen Piroggen, nicht kennen. Diese kleinen Teigtaschen, gefüllt mit Hackfleisch, Schwein, Kalb oder Huhn, dazu Sauerkraut, Kartoffeln und Käse, werden in ganz Polen gegessen, aber am besten sind sie im August in Krakau beim Piroggen-Festival. Piroggen-Restaurants errichten Stände und treten in Konkurrenz zueinander, um Gäste und Jurymitglieder zu verführen, die einen Preis für die köstlichsten und innovativsten Piroggen und einen für den Publikumsliebling verleihen. Sie werden viele neue Geschmacksrichtungen kennenlernen – der Sieger von 2016 enthielt Ente und Aprikosen. Ferner gibt es Kochshows, Wettkämpfe und Livemusik.

**WO?** *Beim jährlichen Piroggen-Festival, Kleiner Markt, Krakau, Polen*

# Starten Sie in Algier mit einem Makroud in den Tag!

ALGERIEN // Der französische Einfluss in Algier ist deutlich an den eleganten Apartmentgebäuden, den breiten Boulevards und der geschäftigen Café-Kultur zu erkennen. Machen Sie es wie die Einheimischen und beginnen Sie den Tag entspannt bei einem Minztee und einem *Makroud*. Die rautenförmigen *Makroud* sind ein in Honig getunktes Gebäck, zubereitet aus Hartweizengrieß und gefüllt mit Datteln und Mandelpaste. Der perfekte Frühstückshappen!

☛ WO? *Wir empfehlen das Café Aroma, Bab Ezzouar, Algier*

# Veredeln Sie den Abend mit einem isländischen Hummer!

ISLAND // Die Bewohner Reykjaviks legen die Messlatte für spätabendliche Snacks ziemlich hoch: Hier gibt es für angetrunkene Abendkunden frischen Hummer. Seien Sie gewarnt: Isländischer Hummer ähnelt dem Kaisergranat, erwarten Sie also keine riesigen Krustentiere. Dafür sind sie süßer und genauso saftig. Zur Auswahl stehen drei Varianten: eine leicht mit Chili gewürzte Suppe, ein einfacher Hummersalat oder ein Hummer-Sandwich mit Mayonnaise und zerdrückten Maischips.

☛ WO? *Im Lobster Hut, an der Ecke Hverfisgata und Lækjargata, Reykjavik*

# Die süße und klebrige türkische Köstlichkeit

TÜRKEI // Viele Europäer sind enttäuscht von der Massenware, die hierzulande oft als Türkischer Honig bezeichnet wird. Kosten Sie in der Türkei das Original *Lokum*, das dort seit Jahrhunderten hergestellt wird. Hier stoßen Sie auf bunte Quadrate, aromatisiert mit Rosenwasser, Zitrone oder Bitterorange, nussige Varianten, in Pistazien oder Mandeln gerollt, und nougatartige Milch-*Lokum*. Kaufen Sie die Häppchen bei einem *Lokum*-Händler und genießen Sie sie bei einem türkischen Kaffee.

☛ WO? *Auf dem Gewürzbasar von Istanbul gibt es Hunderte Lokum-Verkaufsstände.*

# Bereiten Sie Ihr eigenes Pa amb tomàquet zu!

SPANIEN // Dieses simple Rezept zeigt die katalanische Vorliebe für Schnörkellosigkeit in der Küche. Ein *Pa amb tomàquet* (Brot mit Tomate) und *Pa amb oli* (Brot mit Öl) bekommen Sie ganztägig als Zwischenmahlzeit oder Tapa. Es ist streng geregelt, in welcher Reihenfolge die Zutaten kombiniert werden: Zuerst wird Knoblauch auf das Brot gerieben, dann folgen die Tomate, Salz und Olivenöl. Das sollten Sie wissen – in einigen Restaurants stellt man sich das Brot selbst zusammen.

☛ WO? *In Tapas-Bars in ganz Katalonien, Spanien*

# Stärken Sie sich mit einem bosnischen Koloss!

BOSNIEN // Lassen Sie sich von der Größe der *Ćevapčići*, die die Einheimischen verspeisen, nicht einschüchtern, es gibt auch noch eine bescheidenere Alternative. Beginnen Sie am besten mit einer halben Portion – fünf gegrillte Hackfleischwürstchen, gewürzt mit Knoblauch und serviert mit gewürfelten Zwiebeln und dem Pita-ähnlichen Brot *Somun*. Das Gericht bekommen Sie überall, also wandern Sie durch das historische Sarajevo und kehren Sie irgendwo ein, sobald Ihr Magen knurrt.

☛ WO? *In jedem Restaurant der Altstadt oder an einem Verkaufsstand in Sarajevo*

# Zeit für Rolex, den Street-Food-Klassiker aus Uganda

UGANDA // Wie sein Namensvetter hat dieses ugandische Street Food das Zeug dazu, ein zeitloser Klassiker zu werden. Das *Rolex*, ein gebratenes und in ein *Chapati* (indisches Fladenbrot) eingerolltes Omelett, ist gut zum Mitnehmen und ein beliebtes Frühstück auf den Straßen von Kampala, wo es noch immer häufig in Zeitungspapier serviert wird. Der Snack hieß ursprünglich „rolled eggs" (gerollte Eier), was allerdings so stark nach *Rolex* klang, dass dieser Name geblieben ist.

☛ WO? *Überall an den Straßenecken von Kampala, an denen Händler Chapati wenden*

# 161

## Entdecken Sie Fidschis unter-irdisch gebackene Palusami!

FIDSCHI // Sie sitzen am Strand und plötzlich steigt Ihnen ein ver-lockender Duft in die Nase. Das ist Ihr erster Kontakt mit *Palusami*, aber woher kommt der Duft? Von unter der Erde! Dieses kleine Stück-chen Inselparadies wird in einem *Lovo* gebacken, einem traditionellen melanesischen Erdofen. Es besteht aus Corned Beef mit Knoblauch, Thymian, Kokosmilch, Zwiebeln und Tomaten, eingewickelt in ein Taro-Blatt. Fidschianer verwenden meist Corned Beef aus der Dose, weil es sich in den tropischen Temperaturen besser hält. Sie können zu Hause aber natürlich auch eine andere Art von Hackfleisch neh-men. Schmoren Sie es in einer Kasserolle, öffnen Sie ein Bier, lehnen Sie sich zurück und träumen Sie von Fidschi!

🢂 WO? *Am besten zu Hause selbstgemacht, aber mit dem Bounty Bar & Restaurant, 79 Queens Rd, Nadi machen Sie auch nichts falsch.*

© Getty Images / Matteo Colombo

© GARY DOAK / Alamy Stock Photo

# 162

## Verfassen Sie in der Burns Night eine Ode an das einzigartige Haggis!

GB // Jedes Jahr am 25. Januar feiert Schottland seinen Nationaldichter Robert Burns. Zu den Feierlichkeiten der Burns Night gehören Lesun-gen, Tanzen, Trinken und – am wichtigsten – eine traditionelle Mahlzeit bestehend aus Haggis, Neeps und Tatties (Steckrüben und Kartoffeln). Haggis ist eine Mischung aus Schafsinnereien (genauer gesagt Schafs-herz, -leber und -lunge), vermischt mit Zwiebeln, Hafermehl, Nierenfett und Gewürzen, serviert in einem Schafsmagen. Klingt widerlich, sieht furchtbar aus und ist gewöhnungsbedürftig. Aber dank der schottischen Gastfreundschaft und einer ordentlichen Portion einer anderen schot-tischen Tradition namens Whisky wird Ihnen die Burns Night dennoch munden.

🢂 WO? *Die Pubs in der Altstadt von Edinburgh sind genau das Richtige – probieren Sie Haggis mit Ihren schottischen Freunden!*

# 163

## Nur in Arbroath: Schellfisch mit einer Extraportion frische Luft

GB // Haggis steht immer im Mittelpunkt, aber für ein weniger bekanntes schottisches Gericht – allerdings eins, das von der EU ebenso geschützt wird wie Champagner und Prosciutto – müssen Sie nach Arbroath an die Ostküste Schottlands. Hier, wo die Wellen des Atlantiks an den Strand schlagen und ein arktischer Nordostwind bläst, werden die Arbroath-Smokies gemacht, das perfekte Gegenmittel gegen das schottische Wetter. Smokies ist Schellfisch (mit intaktem Rückgrat), in einem Brennofen in Holzrauch geräuchert, bis die Haut bronzefarben wird. Das umwerfende Aroma des Fisches genießt man am besten an der frischen Luft. Typischerweise wird dieses schottische Kulturgut von den Einheimischen als Alternative zum Räucherhering zum Frühstück gegessen.

☛ WO? *Bei Spink & Sons gibt's bereits seit fünf Generationen geräucherten Schellfisch. In Arbroath: Old Boatyard und Old Brewhouse*

# 164

## Brutzelndes Sisig in einer feurig-heißen philippinischen Nacht

PHILIPPINEN // Philippinische Gerichte sind im Gegensatz zur restlichen asiatischen Küche eher unbekannt, was schade ist, wie jeder weiß, der schon einmal *Sisig* gekostet hat. Das Magische an diesem salzigen und zarten Schweinefleischgericht sind die verschiedenen Texturen – knusprige Haut, klebrig-knorplige Ohren, seidig-sanfte Leber. Ohren? Leber? Vertrauen Sie uns. Dafür werden Schweinsbäckchen und -ohren gewürfelt, gesiedet und dann mit fettem Schweinebauch und geschmeidiger Leber gebraten. All das wird mit Chili und dem herben Saft der *Calamansi* gewürzt, einer kleinen runden Zitrusfrucht, die außen grün und innen golden ist, und auf einer gusseisernen Platte serviert. Perfekt zu einem kalten Bier in einer heißen Nacht in Luzon.

☛ WO? *Im Aling Lucing Sisig in Angeles City (Cnr G Valdez und Agipito del Rosario Sts), wo Lucia Cunanan, die „Sisig-Königin", das Gericht berühmt gemacht hat.*

# Genießen Sie mit dem Fischgericht Amok das frische Aroma der kambodschanischen Küche

KAMBODSCHA // Zwischen den kulinarischen Supermächten Vietnam und Thailand gelegen hat Kambodscha eine Küche, die oft milder ausfällt als die ihrer Nachbarn. Das nationale Fischgericht Amok ist das perfekte Beispiel für traditionelle Khmer-Geschmacksrichtungen und -Techniken. Das Herz dieses Gerichts ist natürlich der Fisch, meist Seewolf, manchmal auch Schlangenkopffisch. Er wird mit einer dicken Kokossauce bedeckt, die mit Fischsauce, Palmzucker, Eiern und einer Currypaste namens *Kroeung*, bestehend aus frischem Chili, Galgant, Kurkuma, Kaffir-Limette, Knoblauch und Zitronengras, ge-

würzt ist. Üblicherweise wird der Fisch samt Sauce in einem Bananenblatt gegart, um der Sauce eine leichte Textur zu verleihen, in vielen Restaurants im Land wird Ihnen jedoch ein Wokgericht serviert. Der weiche Fisch und die cremige Currysauce sind eine sanfte Einführung in die Gewürze Südostasiens.

---

☛ WO? *Ein ungewöhnlicher Name für ein kambodschanisches Restaurant, aber The Corn hat es drauf. The Corn, 26 Preah Suramarit Blvd, Phnom Penh 12000*

# Entdecken Sie selbst, warum Mansaf die Jordanier eint!

JORDANIEN // In der jordanischen Kultur werden Familien- oder Stammesstreitigkeiten traditionellerweise behoben, indem sich die Ältesten im Haus eines der Beteiligten treffen. Der Gastgeber opfert ein Schaf und bereitet *Mansaf* zu, das dann untereinander geteilt wird. Das gemeinsame Essen steht für die Auflösung des Konflikts. Probieren Sie dieses aromatische Gericht und finden Sie heraus, warum jeder bereit ist, dafür seine Differenzen zu vergessen. Auf einen großen Teller wird jordanisches Fladenbrot gelegt, darauf kommen Reis und gewürztes Lamm, gegart in einer cremigen Sauce, garniert mit gerös-

teten Mandeln und Pinienkernen. Essen Sie nur mit der rechten Hand und lassen Sie die linke hinter dem Rücken. Brechen Sie ein Stück Brot ab, schaufeln Sie darauf etwas Reis und Lamm und stecken Sie alles in den Mund. Die Finger werden erst ganz am Ende abgeleckt, um zu signalisieren, dass Sie fertig sind. Sie werden spüren, wie das gemeinsame Essen von einem Teller den gegenseitigen Respekt fördert.

☛ WO? *Da Sie wohl keine Stammesstreitigkeiten schlichten müssen, probieren Sie das Sufra Restaurant, Al Rainbow St 26, Amman.*

# 167

## Lecker genug fürs Museum: Berlins allgegenwärtige Currywurst

DEUTSCHLAND // Es gibt in Berlin ein Museum, das sich diesem Kult-Snack widmet. Sie können also davon ausgehen, dass die Berliner bei der Currywurst keinen Spaß verstehen. Falls Sie bisher noch kein Anhänger der gebrühten und gebratenen Wurst sind, werden Sie es schon bald sein. Es ist vor allem die Kombination aus Tomatensauce und Currypulver, die diesen Snack so lecker macht. Verfehlen können Sie sie auch nicht, da sie in der ganzen Stadt an kleinen Ständen verkauft wird; Sie haben also genug Gelegenheiten, sie zu kosten. Die meisten Stände schneiden die Wurst für Sie in Scheiben und legen noch ein paar Pommes frites dazu.

👉 WO? *Schlange stehen lässt sich hier nicht vermeiden, aber das ist immer ein gutes Zeichen! Curry 36, Mehringdamm 36, 10961 Berlin*

© Lonely Planet / Mark Read

© Getty Images / golubovy

# 168

## Stellen Sie sich den Georgiern beim Khinkali-Wettessen

GEORGIEN // Falls Sie noch nie *Khinkali*, georgische Knödel, gegessen haben – es gibt da ein System: Ergreifen Sie ihn oben, wo er zugedreht ist, und knabbern Sie daran, damit der Dampf entweicht, beißen Sie danach ordentlich ab, sodass nur die Spitze übrig bleibt, die Sie auf Ihrem Teller aufreihen wie Trophäen. Anhand der Füllung erkennt man, wo der *Khinkali* herkommt. In den Städten der Tiefebene verwendet man eher Rind und Schwein, in den gebirgigen Gegenden Lamm. Aber köstlich sind sie allemal. Gehacktes Rind, Schwein oder Lamm wird mit Kräutern und Gewürzen veredelt und wie das chinesische *Xiao Long Bao* mit etwas Brühe im Teigmantel gekocht. Wenn Sie den Dreh raushaben, sind bewundernde Blicke von Einheimischen garantiert.

👉 WO? *In so gut wie jedem georgischen Restaurant in den größeren Städten des Landes steht Khinkali auf der Speisekarte.*

© Lonely Planet / Tom Mackie

## Ein Croque Monsieur in einem französischen Bistro – mais oui!

FRANKREICH // Nur Frankreich schafft es, ein einfaches Käse-Schinken-Sandwich in etwas zu verwandeln, für das man seine Seele verkaufen würde. In seiner einfachsten Form ist das *Croque Monsieur* ein Baguette mit Schinken, Käse (meist Gruyère oder Emmentaler), Dijon-Senf und Béchamelsauce. Aber in den Händen der Bistroköche von Paris wird es zu einem Gericht, bei dem Sie dahinschmelzen. Das Croque Monsieur im Café Trama ist legendär – und passend serviert in einer Straße voller eleganter Apartmentgebäude, für die die Stadt so bekannt ist. Der nussige, üppige Comté ersetzt den Gruyère, alles wird mit Trüffelsalz veredelt und kommt frisch aus dem Ofen, durch die gebackene Béchamelsauce von einer leichten Kruste überzogen.

☞ WO? *In jedem Pariser Café, aber wir empfehlen das Café Trama in der 83 Rue du Cherche-Midi im eleganten Saint-Germain-des-Prés.*

## Erhaschen Sie einen Blick in die Zukunft mit dem Polos-Curry

SRI LANKA // Viele Reisende meiden die Jackfrucht, weil sie sie mit der stinkenden, aber ähnlichen Stinkfrucht verwechseln. Das ist schade, denn dieses Monster – die Früchte können bis zu 30 kg wiegen – ist ein sehr vielfältiges Nahrungsmittel, das in Zukunft Millionen Menschen vor dem Verhungern bewahren könnte, da es nicht nur äußerst nahrhaft ist, sondern auch Holz, Kleber und Färbemittel sowie Blätter als Viehfutter liefert. Und wie man in Sri Lanka längst weiß, schmeckt die unreife Frucht fast wie Fleisch, weshalb sie eine beliebte Zutat in *Polos* ist, einem der vielen Currys, für das diese paradiesische Insel im Golf von Bengalen bekannt ist. Gut, vielleicht leisten Kokosmilch, scharfe Gewürze und feurige Chilis auch ihren Beitrag dazu ...

☞ WO? *Wenn Sie die Zehen in das Wasser am Unawatuna Beach tauchen ... statten Sie der alten Küstenstadt Galle einen Besuch ab.*

# 171

## Zügeln Sie Ihren Hunger zur Aperitivo-Zeit in Italien

ITALIEN // Es bedarf schon einer Nation geselliger Gourmets, um das Konzept des *Aperitivo* zu erfinden, das nicht nur aus einem appetitanregenden Drink vor dem Essen, sondern auch aus Snacks besteht, sodass man sein Essen später nicht einfach herunterschlingt. Um das Beste aus dieser schönen Tradition herauszuholen, sollten Sie sich gegen 19 Uhr eine Bar suchen, deren Theke mit Antipasti-Tellern bestückt ist. Bestellen Sie Ihren *Aperitivo* – einen Campari, Negroni oder Aperol. Dann beobachten Sie die Leute und warten darauf, dass Ihnen der Kellner Ihren Drink und den eigens zusammengestellten Teller bringt. Für um die 9 € könnten Sie genug verspeisen, um auf das Abendessen zu verzichten. Aber *Mamma mia*, wer käme auf solch eine Idee!

☞ **WO?** *Der in ganz Italien verbreitete Aperitivo lässt sich am besten in den Städten im Norden wie Mailand, Bologna und Turin genießen.*

171

# 172

## Stärken Sie sich mit Thukpa für Ihren Trip zum Himalaja

NEPAL // Diese stärkende Nudelsuppe wird im Himalajagebirge sowohl in Nepal als auch in Tibet serviert, aber in Nepal wird noch Chili, Pfeffer, Kurkuma und Garam Marsala dazugegeben, wodurch diese Version einfach etwas mehr Pep hat. Irgendwann kommt man an den Punkt, an dem ein weiterer Teller *Dal Bhat* zu viel wird, und dann kommt *Thukpa* ins Spiel – ebenso sättigend und dank der Reisnudeln, dem Eiweiß durch die Hähnchenstücke, dem herzhaften Gemüse und der üppigen Brühe wird diese Mahlzeit bald Ihr Herz erobern und Sie perfekt auf den nächsten Klettertag vorbereiten.

☞ **WO?** *In Restaurants rund um Boudhanath Stupa, Kathmandu*

# 173

## Spot an für Bangkoks Superstar-Suppe

THAILAND // Das beste *Tom Yum Goong* in Bangkok? Da gehen die Meinungen auseinander. Erst einmal müssen Sie aber wissen, ob Sie *Nam Sai*, die klare Brühe, oder *Nam Khon* mit cremiger Kondensmilch bevorzugen. Beide Varianten schmecken würzig und sauer, sind kräftig gewürzt mit Zitronengras, Kaffir-Limette und Chili. In Bangkok herrscht der reinste Kult um diese Suppe, und die Favoriten ändern sich schnell. Recherchieren Sie in den sozialen Medien.

☞ WO? *Probieren Sie die cremige Suppe im Mit Ko Yuan, 186 Thanon Dinso, Phra Nakhon, Bangkok.*

# 174

## Legen Sie mit Om Ali eine Pause im hektischen Kairo ein

ÄGYPTEN // Kairos kakofonische Straßen können selbst hartgesottene Städter veranlassen, sich in eine Zuflucht mit Klimaanlage zurückzuziehen. Doch legen Sie vorher einen Stopp in einem Straßencafé ein und bestellen Sie ein *Om Ali*. Serviert bekommen Sie ein süßes, dem Baklava ähnliches Dessert, das typisch nordafrikanisch schmeckt. Wie? Denken Sie an Blätterteig, eingeweicht in Büffelmilch mit Honig, gewürzt mit Zimt und Kardamom und gebacken mit gerösteten Pistazien.

☞ WO? *Kairos El Malky ist die perfekte Wahl für Einheimische und Besucher. 28 El Mashhad El Husseiny St, Kairo*

# 175

## Tandoori: Delhis feuriges Hähnchengericht

INDIEN // An den Verkaufsständen des Pandara Road Market gibt es die köstlichste nordindische Küche in ganz Delhi. Das Essen ist lächerlich günstig – ein ganzes Tandoori Chicken kostet im Pindi um die 4 £. Das nach dem Tandoor-Ofen, in dem es zubereitet wird, benannte Gericht ist mit Quark oder Joghurt und Masala-Gewürzen mariniert und nicht gerade knauserig mit Cayennpfeffer und rotem Chilipulver gewürzt, das dem Fleisch die strahlend-rote Farbe gibt.

☞ WO? *Das Pindi ist bekannt für seine Hähnchengerichte. Pindi, 16, Pandara Road Market, Neu-Delhi*

© Lonely Planet / Matt Munro

# 176

## Begegnen Sie der Kälte Krakaus mit Zurek und Glühbier

POLEN // Falls Sie im Winter durch die schneebedeckten Straßen Krakaus gewandert sind, brauchen Sie etwas, das Sie aufwärmt. Ziehen Sie sich in ein Café im jüdischen Viertel zurück und bestellen Sie *Zurek* und ein *Grzane Piwo*, saure Suppe und Glühbier. Der saure Geschmack der in einem ausgehöhlten Brot servierten Suppe wird ausgeglichen durch salzigen Schinken, würzige Wurst und Kartoffeln. Das Bier bringt Zimt, Kardamom und Ingwer mit ins Spiel.

☞ WO? *Im Szynk, ul Podbrzezie 2, Krakau gibt es traditionelle Gerichte.*

## Stärken Sie sich in Hongkong mit Drachenbart-Bonbons

CHINA // Drachenbart-Bonbons waren einst dem Adel vorbehalten, heutzutage gibt es sie in Hongkong für jeden. Die weißen Wölkchen bestehen aus dünnen Fasern aus Maissirup, Mehl und Zucker und beinhalten eine süße Mischung aus gemahlenen Erdnüssen und Kokosraspeln. Sie schmelzen, sobald sie Hitze oder Feuchtigkeit ausgesetzt werden, sind also der perfekte Snack zum Aufpäppeln, wenn Sie sich vom Shopping in Hongkong wie erschlagen fühlen.

☛ WO? *In allen Einkaufszentren von Hongkong – und wenn Sie solche Malls nicht mögen, auch am Flughafen*

## Verlieben Sie sich in Mexikos Huevos divorciados

MEXIKO // Eier gehören zu Mexiko wie die Ruinen von Chichén Itzá, und eins der besten Eigerichte des Landes trägt den bitteren Namen *Huevos divorciados* – geschiedene Eier. Zwei Spiegeleier werden auf dem Teller durch zwei Saucen voneinander getrennt – grüne Apfelsalsa und würzig-rote Tomate. Die Geschmäcker sind jedoch kompatibel – was Hoffnung auf eine Versöhnung macht. Es sei denn, zu Ihrem Gericht gesellt sich noch eine Trennlinie aus Bohnenpaste ...

☛ WO? *Das Café de Tacuba versöhnt Sie mit diesem problembehafteten Frühstück. Calle de Tacuba 28, Centro Histórico, Mexico City*

## Frühstück mit käsigen Syrniki Blini in Moskau

RUSSLAND // Am besten lässt sich diese Pfannkuchen-Köstlichkeit zu Gast bei Einheimischen genießen – die meisten Russen haben ihr eigenes Rezept. *Syrniki Blini* werden mit dem herben Weichkäse Tworog zubereitet (ähnelt Ricotta, aber mit einer trockeneren Textur), mit Zucker und Vanille gesüßt, mit Puderzucker bestäubt und warm mit Marmelade und Smetana, einer Art Crème fraîche, serviert. *Syrniki* sind leicht sauer, köstlich und ideal für ein geselliges Frühstück.

☛ WO? *Am besten selbst zubereitet, aber auch in Cafés erhältlich. Werfen Sie im Praga-Ast in Moskau einen Blick auf die Perfektion.*

# 180

## Picarones, Limas nächtliche Stärkung

PERU // In fast allen Kulturen gibt es ein frittiertes Dessert … In den USA Donuts, in Spanien Churros, in Frankreich Beignets, in Schottland – äh, Marsriegel … Die Peruaner haben sich dieser Aufgabe mit Leidenschaft gestellt und Süßkartoffeln mit einem regionalen Kürbis mit dem Namen *Macre* püriert, das Ganze mit Mehl, Hefe und Zucker vermischt, zu schmalen Donut-artigen Ringen geformt und in Öl frittiert. Schließen Sie sich den nächtlichen Partygängern im Barranco in Lima an, die ihren Alkoholpegel mit einem goldbraunen *Picarone* bekämpfen, der in süßen *Chancaca*-Sirup getunkt wird.

👉 WO? *In den Bars von Barranco oder Miraflores; vom Imbisswagen Picarones Mary im Parque de la Amistad, Santiago De Surco, Lima*

# 181

## Eggs Sardou als (Kater-) Frühstück in New Orleans

USA // Wenn Sie im Garden District sind, besuchen Sie doch den Commander`s Palace, um die Eier-Benedict-Variante von New Orleans zu probieren: *Eggs Sardou*, benannt nach dem französischen Bühnenautor Victorien Sardou, der im 19. Jahrhundert in Amerika herumreiste und von Antoine Alciatore, dem Besitzer von Antoine`s Restaurant, mit dieser Kreation geehrt wurde. Dafür werden die pochierten Eier auf Artischockenböden angerichtet und mit Trüffeln und/oder Schinken serviert. Heutzutage gibt es oft sowohl Artischocken als auch Spinat, typisch für eine Stadt, in der alles auf Maximum ausgerichtet ist.

👉 WO? *Commander's Palace, 1403 Washington Ave. Bewundern Sie auch gleich das schön renovierte Restaurant.*

184

© wendy connett / Alamy Stock Photo

# 182

## Geduldsprobe beim Garen senegalesischer Hähnchen

SENEGAL // Wenn ein Gericht kontinentweit bekannt ist, muss es gut sein. Beim *Poulet Yassa* kommt es auf das lange Marinieren des Hähnchens an – manche halten acht Stunden für das Optimum. Die Marinade aus Zitronensaft, Chili, Senf und Zwiebeln zieht in das Fleisch ein und sorgt für einen nuancenreichen, aber milden Geschmack mit einem Hauch Schärfe. Beim finalen Anbraten in Erdnussöl werden die Zwiebeln karamellisiert und das Fleisch wird zart.

☛ WO? *Im Marché Kermel in Dakar gibt es mehrere Verkäufer. Die Wiege des Poulet Yassa ist die Casamance südlich von Gambia.*

# 183

## Natürliches Fast Food mit taiwanesischem Twist

TAIWAN // Fast Food kann voll von Öl, Zucker und gesättigten Fettsäuren sein. in Taiwan gibt es jedoch eine altmodische Köstlichkeit, die sich gegen die künstlichen Versuchungen behauptet hat: das Tee-Ei. Tee-Eier fristen ihr Dasein in Töpfen neben der Kasse und sind der perfekte Snack. Die charakteristische Maserung kommt von der leicht angeschlagenen Schale, wodurch die Marinade aus Tee, Sojasauce und 5-Gewürze-Pulver in das Ei eindringen und es aromatisieren kann.

☛ WO? *In ganz Taiwan in Supermärkten, wo immer Sie einen warmen Topf in der Nähe der Kasse sehen*

# 184

## Hüpfen Sie für Heuschrecken nach Oaxaca!

Mexiko // Mexikos *Chapulines*, geröstete Heuschrecken, gibt es an vielen Orten, aber der Mercado Benito Juárez in der Stadt Oaxaca ist der beste. Dieses hübsche Bergdorf ist eins von Mexikos wenigen Ökotourismuszielen, der Markt ist der älteste von Oaxaca und voller Lebensmittel und Handwerkskunst. Gönnen Sie sich eine Schale würzige *Chapulines*, gekocht in Knoblauch, Limettensaft und Salz – die frischen Aromen bringen das Aroma der Grashüpfer gut zur Geltung – bevor Sie den Markt erkunden.

☛ WO? *Mercado de Benito Juárez, Oaxaca, Centro, 68000 Oaxaca*

# 185

## Mit Tasmaniens Muschelpastete reist es sich gleich besser

AUSTRALIEN // Es verwundert nicht, dass sich Tasmanien mit seinen großen Landstrichen fruchtbaren Farmlands und rundherum dem Meer voller köstlicher Meeresfrüchte zu einem Ziel für Gourmets entwickelt hat. Ein Roadtrip über die Insel, Käse, Wein aus kühlem Klima, Whisky und Gourmetspeisen, ein Abstecher in den Regenwald und ein Tag in der MONA-Kunstgalerie in Hobart – und schon ist der mondäne Urlaub perfekt. Aber die Tasmanier mögen es einfach, was auch ihre kulinarische Erfindung beweist, die Muschelpastete – Blätterteig gefüllt mit ganzen Jakobsmuscheln, gegart in Currysauce. Die Jakobsmuscheln sind dort dick, süß und stets frisch. Die cremige, mit Senf verfeinerte Sauce variiert, aber die Muscheln sind immer der Star.

☛ *WO? Vergessen Sie Ihre Reiseroute und planen Sie den Roadtrip um die Pasteten herum! Erster Stopp: Exeter Bakery, wo sie seit vielen Jahrzehnten perfektioniert werden. 104 Main Rd, Exeter, Tasmania*

185

186

# 186

## Ohne Pies geht in britischen Pubs gar nichts

GB // Großbritanniens klassischer Snack entstand wie so viele Fleischgerichte aus dem Bedürfnis, Nahrungsmittel zu strecken. Umgibt man Schweinefleisch mit einer Teigkruste und gibt als Füllung noch Aspik dazu, hat man gleich mehr auf dem Teller. Abgesehen davon, dass es einen Kontrast zwischen dem weichen Fleisch und der knusprigen Kruste liefert, bewahrt das Aspik die Frische. Pork Pies sollten kalt gegessen werden, zusammen mit eingelegtem Gemüse oder Senf und idealerweise mit einem Pint Bier in einem Pub. Oder halten Sie sich an den traditionellen Pie-Shop, in dem Pork Pies und mit anderem Fleisch, Gemüse und Käse gefüllte Pasteten verkauft werden. In Melton Mowbray in Leicestershire gibt es die besten Pasteten Großbritanniens – sie wurden 2009 sogar in das EU-Qualitätsregister aufgenommen.

☛ *WO? Im Nice Pie, Gorse Farm, Old Dalby, Melton Mowbray*

187

# Speisen Sie in Dijon in einer Krypta und lassen Sie sich zu Escargot à la Bourguignonne bekehren!

FRANKREICH // Ach ja, Schnecken, der große kulinarische Streitpunkt – entweder liebt man diese kleinen schleimigen Leckerbissen oder nicht. Aber gäbe es ein Schneckengericht, das Sie bekehren könnte, dann wohl dieses: *Escargot à la Bourguignonne*. Und gäbe es nur einen passenden Ort dazu, dann wäre das das grandiose Gewölbe von La Dame d'Aquitaine in Dijon, wo Sie nur für das Privileg, in der renovierten Gruft aus dem 14. Jahrhundert sitzen zu dürfen, 30 € pro Person zahlen. Ist es das wert? Wir finden schon. Für diese klassische französische Vorspeise aus der Bourgogne werden wilde

Schnecken geerntet. Nach dem Anschwitzen in schwindelerregenden Mengen Butter, Petersilie und Knoblauch wird das Fleisch fest, nicht zäh und ist getränkt vom Aroma der Sauce. Serviert wird das Gericht mit frischem französischem Baguette, mit dem perfekt der Rest der Knoblauchbutter aufgetunkt werden kann. Wer könnte da schon widerstehen?

☞ WO? *Im prächtigen Gewölbe von La Dame d'Aquitaine, 23 Place Bossuet, Dijon*

## Kühlen Sie sich mit flippigem Halo-halo im heißen Manila ab

PHILIPPINEN // In der schwülen Hitze des philippinischen Sommers gibt es nichts Erfrischenderes als das wahnwitzig bunte Wassereis *Halo-halo*. Diese farbenfrohe Mischung ist eine Kombination aus süßen roten und weißen Bohnen, Jackfrucht, Kokosnuss, Sago, Tapioka, Kochbananen und Gulaman (eine Art Gelatinewürfel), überzogen von Wassereis und ergänzt mit Kondensmilch. Abgerundet mit einer Kugel violettem Yam-Eis, ist es die ideale Abkühlung von der tropischen Hitze.

☛ WO? *In der beliebten Restaurantkette Chowking überall in Manila*

## Erspüren Sie mit Harissa Herz und Seele Armeniens

ARMENIEN // Die Armenier servieren dieses langsam gegarte Weizen-Hähnchen-Gericht traditionell zu Anlässen wie Ostern, aber *Harissa* ist auch eine Art Nationalgericht, das Sie auf den Speisekarten in Erewan ganzjährig vorfinden. Die Zubereitung ist zeitaufwendig, das ganze Hähnchen wird zusammen mit dem Weizen lange gekocht und gerührt, um die breiartige Konsistenz zu erreichen. Das nahrhafte Ergebnis zeugt von der armenischen Widerstandsfähigkeit und Geduld.

☛ WO? *Überall in traditionellen armenischen Restaurants in Erewan – suchen Sie sich eins aus.*

## Mit Congee im hektischen Hongkong Ruhe finden

CHINA // Das Treiben auf dem Fa Yuen Street Market in Hongkong lässt den warmen Genuss nicht erahnen, den Ihnen Mui Kee, der Meister des seelentröstenden Reisbreis kantonesischer Art namens *Congee*, serviert wird. Lesen Sie einfach die Bewertungen, mit denen die Wände beklebt sind. Mui Kees *Congee* ist weich, eine Spur der ursprünglichen Reiskörner lässt das Ganze etwas gehaltvoller schmecken. Die Fleischbällchenversion mit Ingwerscheiben ist ebenfalls Spitze.

☛ WO? *Begeben Sie sich in den 3. Stock (auf der 4.(!) Ebene) des Fa Yuen Markts, Mongkok, zu Mui Kee an Stand 12*

188

# 191

## Brigadeiro, das Schokowunder von São Paulo

BRASILIEN // Der Legende zufolge wurde dieser Schokokaramellball zu Ehren des attraktiven Brigadiers Eduardo Gomez kreiert. Eduardo wurde in den 1940ern von einer Legion weiblicher Fans bewundert, blieb aber dauerhaft Single. Seufz. Was blieb Frau da übrig? Ganz offensichtlich nur Schokolade. Der Tribut an den hübschen Gomez ist eine Kugel aus Kondensmilch, Butter und Schokolade, die es im hektischen und modernen São Paulo überall gibt.

☛ WO? *Das Brigadeiro Doceria & Café hat Zweigstellen in der Av Brg Faria Lima, Rua dos Pinheiros und Rua Padre Carvalho.*

# 192

## Jamón ibérico in Madrid: Fleisch vom Feinsten

SPANIEN // Der zarte, nussige Jamón ibérico ist der edelste Schinken der Welt. Er stammt von iberischen Schweinen, die auf eichel-übersäten Wiesen grasen und deren schwarze Hufe in ganz Spanien in Bars und Restaurants hängen. Nach zwei Jahren Lufttrocknung wird das Fleisch in hauchdünne dunkelrote, von zarten Fettfasern marmorierte Scheiben geschnitten, die buchstäblich im Mund zergehen und pur, auf Toast (mit Tomaten und Olivenöl) oder mit Melone serviert werden.

☛ WO? *Probieren Sie den Jamón ibérico frisch geschnitten auf dem Mercado de San Miguel, Plaza de San Miguel, s/n, Madrid*

# 193

## Schnappen Sie sich eine Paratha in Delhis „Fressgasse"

INDIEN // Die enge Gasse mit dem Namen Paranthe Wali Gali ist wie ein Mikrokosmos von Delhi, chaotisch, turbulent und voller Lebensmittel. Sie haben die Wahl zwischen fast 30 verschiedenen Restaurants und Ständen, die das frittierte und gefüllte Fladenbrot namens *Paratha* servieren und alle gut sind. Die Köche arbeiten rasant, und man bekommt fast gar nicht mit, wie das Füllen und Frittieren vonstattengeht, obwohl alles direkt vor einem zubereitet wird.

☛ WO? *Varianten mit würzigen Kartoffeln oder Blumenkohl in der Paranthe Wali Gali, Chandni Chowk, Delhi*

192

# Gehen Sie mit der Schwarzwälder Kirschtorte auf Wanderschaft

DEUTSCHLAND // Der Schwarzwald wirkt, als wäre er einem Märchen entsprungen: dunkle Wälder, versteckte Wasserfälle, stille Seen und eine Attraktion, die die Besucher in eine kleine Stadt mitten im Wald zur Schwarzwälder Kirschtorte lockt. Wenn Sie den Tag mit Wanderungen und dem Bewundern des Triberg-Wasserfalls verbracht haben, dürfen Sie sich diesen Schokokuchen mit Schichten aus Sahne und Kirschen gönnen. Aus dem Café Schäfer in Triberg stammt auch das Originalrezept, und der aktuelle Konditormeister Claus Schäfer besitzt das Rezeptbuch, das einst Josef Keller, dem genialen Erfinder dieser köstlichen Torte, gehörte. Claus backt nach den Originalangaben aus dem Jahr 1915.

---

☞ WO? *Kommen Sie frühzeitig und den Touristenbussen zuvor, und kosten Sie das Original im Café Schäfer, Hauptstraße 33, Triberg.*

# Nuyama Choma: Kenias grandioses Grillfleisch

KENIA // Es gibt viele Länder, die sich um den Titel für das beste Grillgericht streiten, aber ein Kandidat bekommt nicht genug Aufmerksamkeit, obwohl es ihm an Leidenschaft nicht mangelt. In Kenia spürt man die Liebe für *Nyuama Choma* ("gebratenes Fleisch" auf Suaheli) vor allem bei Familienfeiern, an Straßenständen, bei Festivals und anderen Feierlichkeiten ... einfach bei jeder Versammlung, die aus mehr als zwei Personen besteht. Jedes Treffen ist auch eine Gelegenheit, den Grill anzuschmeißen. Das meistverwendete Fleisch dafür ist Ziege oder Rind, ganz einfach mit Salz und Öl vorbereitet und dann bis zur Perfektion gegrillt. Serviert wird es mit *Kachumbari*-Salat (gewürfelte Tomaten und Zwiebeln) und *Ugali*, einer Art Maisbrei.

---

☞ WO? *Vergessen Sie Alternativen – die Grillstände auf dem Kenyatta Market (Mtongwe Rd) in Nairobi werden Sie von den Socken hauen.*

# 196

## Mit Schwedens Pepparkakor wird es weihnachtlich

SCHWEDEN // Ohne *Pepparkakor*, die dünnen, knusprigen Ingwerkekse, gibt es in Schweden kein Weihnachten. Ihr Aroma verdanken sie Ingwer, Zimt, Gewürznelken und Kardamom, ihre Süße Zucker und Sirap, flüssigem Süßstoff. Typische Formen sind Herzen, Sterne, Menschen, Ziegen und Schweine (ein heidnisches Fruchtbarkeitssymbol), und am besten schmecken sie mit einer Tasse *Glögg* (Glühwein) oder mit Kaffee bei der täglichen *Fika* (Kaffeepause).

☛ *WO? Weihnachtliche Pepparkakor finden Sie auf den Weihnachtsmärkten in Schweden. Und ja, auch bei IKEA.*

199

© Shutterstock / Yvonne M. Cornell

# 197

## Taramosalata: ein kulinarisches Erbe der alten Griechen

GRIECHENLAND // Die Griechen dippen ihre Pitas bereits seit einer Ewigkeit in *Taramosalata*. Die jahrhundertealte Mischung aus frischem Rogen (Fischeiern), Gewürzen, Zitronensaft und Olivenöl verlieh den Hellenen vermutlich schon zu Zeiten der Spartaner Kraft. Wenn Sie nur das grellrosa Zeug aus dem Supermarkt gewöhnt sind, ist die echte Variante, die meist beige ist, ein cremiger und würziger Augenöffner. Selbstgemachte Versionen mit Pfiff gibt es in jeder *Taverna*.

☛ *WO? In der Taverna Moschos (Ioannou Metaxa) auf Angistri gibt es ein wirklich außergewöhnliches Taramosalata.*

# 198

## Kosten Sie die Aromen der Kulturen Maltas!

MALTA // Maltas Küche wurde von Italien, Nordafrika und der einstigen Kolonialmacht Großbritannien geprägt. Ihr Kernstück, der *Lampuki*-Auflauf, schmeckt am besten bei Maltesern zu Hause. *Lampuka* ist der Name der Goldmakrele, die den Großteil der Füllung ausmacht. Das Aussehen mag von den Pies-liebenden Briten beeinflusst sein, das Innere zeugt jedoch vom Einfluss der Levantinen (Rosinen, Minze) und Italiener (Oliven, Kapern, Tomaten).

☛ *WO? Im Café Jubilee, einem gemütlichen Restaurant im Stil der 1920er, das drei Niederlassungen auf Malta hat*

# 199

## Krönen Sie einen Trip zu den Maya mit Sopa de Lima!

MEXIKO // Nach einem Entdeckungstag in den Maya-Ruinen von Chichén Itzá sollten Sie sich eine Mahlzeit gönnen, die ihren Ursprung in der Küche der Maya hat, am besten in der hübschen pastellfarbenen Stadt Valladolid. *Sopa de Lima*, Limettensuppe, ist ein klassisches Gericht der Yucatán-Halbinsel mit heimischen Hauptzutaten – *Yucatán-Limette* und *Xcatic-Chili*. Die süßsaure Schärfe der Suppe zeugt ebenso wie die Ruinen von Chichén Itzá von der Genialität der Maya.

☛ *WO? Im ganzen Bundesstaat Yucatán, aber besonders in Valladolid*

200–
299

# 200

## Ein Geschenk der Götter: Griechischer Salat in Athen

GRIECHENLAND // Falls Sie noch überzeugt werden müssen, wie großartig ein griechischer Salat ist, dann bestellen Sie einen in der Hauptstadt der Zivilisation. Als Erstes überzeugt die Üppigkeit – viel salziger Feta, eine Prise Oregano, pralle Kalamata-Oliven ... und alles unglaublich frisch. Einige Restaurants geben noch Kapern und Paprika hinzu. In den besten wird der Salat mit knusprigem Brot serviert. Direkt an der Quelle kann man sich erinnern, warum etwas so unfassbar gut ist.

☞ WO? *Bei Ta Karamanlidika tou Fani, Sokrates 1, Evripidou 52, Athen*

# 201

## Warum die Galette bretonne ein Crêpe ist, der Sie begeistert

FRANKREICH // In den malerischen Städten der Bretagne haben Sie die Qual der Wahl, wo Sie die *Galette bretonne* probieren möchten – im charmanten Küstenstädtchen Auray, in Carnac mit seinen Steinreihen oder in der hübschen Stadt Saint-Malo mit ihren römischen Befestigungswällen. Deren Einwohner sind sehr stolz auf ihre Variante des französischen Crêpe, der mit Buchweizenmehl gemacht und in der Regel mit Schinken, Käse und einem Spiegelei serviert wird.

☞ WO? *Wir lassen uns unseren Crêpe in Auray, Carnac oder Saint-Malo schmecken.*

# 202

## Ein Romazava außerhalb von Madagaskar ist kein echtes

MADAGASKAR // *Romazava,* ein saftiger Eintopf mit Blattgemüse und Fleisch, ähnlich einem Ragout, gelingt nur in Madagaskar perfekt. Das liegt erstens am Fleisch: Das Originalrezept verwendet Zebu, was in der madagassischen Kultur heilig ist und zu Ehren der *Fihavanana* (Sippe) gegessen wird. Da es zäher als Rindfleisch ist, wird es besonders lang gekocht. Und es liegt am Gemüse: In madagassisches *Romazava* gehört Anamamy, das pfeffrigste Blattgemüse weltweit.

☞ WO? *Die madagassische Essenseinladung bedeutet wörtlich: „Lasst uns Reis essen". Auch Romazava wird auf Reis serviert.*

200

# 203

## Trauen Sie sich was in der Heimat des Bubble Teas!

**TAIWAN //** Bubble Tea gibt es inzwischen weltweit, am besten kosten Sie ihn aber in Taiwan. Das Chun Shui Tang Teahouse ist stolz auf seine hochwertigen Zutaten, frische Tapioka-Perlen und sein fachkundiges Personal, das Bubble Tea in mehr als 70 Geschmacksrichtungen zubereitet – mit fünf neuen Varianten pro Jahr. Die beliebten Sorten Litschi, Mango und Maracuja werden immer verkauft, aber auch Lavendel, Zuckerwatte oder Avocado sind einen Versuch wert.

☞ **WO?** *Chun Shui Tang (Shinkong Mitsukoshi Dept Store, B1, Nr 9, Songshou Rd, Xinyi District, Taipeh*

# 204

## Ihr neuer Fast-Food-Snack: Mopane-Raupen

**SIMBABWE //** Im südlichen Simbabwe weiß man es schon lange: Insekten zu essen kann der Schlüssel zum Wohlergehen des Planeten sein. Sie haben einen hohen Nährwert und belasten die Umwelt weniger als herkömmliche Proteinquellen. Nach der Regensaison werden die Mopane-Raupen zu Tausenden von den Bäumen gepflückt und in der Sonne getrocknet. Der Geschmack hängt von der Zubereitungsart ab, ist aber gemüseähnlich; die Konsistenz ist bissfest.

☞ **WO?** *Auf regionalen Märkten werden sie in Pappbechern als Snack verkauft. Gut sind sie auch in der Victoria Falls' Safari Lodge.*

# 205

## Finden Sie leckeres Fatteh-Fladenbrot in Beirut!

**LIBANON //** Dieses Nahrungsmittel stammt ursprünglich aus der Levante. Der Trick liegt in der einzigartigen Kombination und der Konsistenz: dem geschmacksneutralen, knusprigen Fladenbrot wird durch die mit Tahin, Zitrone, Knoblauch und Kreuzkümmel aufgepeppte Joghurtsauce und warme Kichererbsen neues Leben eingehaucht. Manche Cafés in Beirut fügen noch Lamm oder Hühnchenfleisch hinzu und bestreuen es mit Petersilie und Pinienkernen.

☞ **WO?** *Bei Al Soussi gibt es eine knusprige Variante dieses leckeren Gerichts. Chehade St, Zeideiniyye, Aicha Bakkar, Beirut*

203

© Shutterstock / jaideephoto

206

# Siziliens Cremestück: Naschen Sie Cannoli in der Sonne!

**ITALIEN //** In den Hügeln hinter Palermo feiert die winzige Stadt Piana degli Albanesi jedes Jahr mit einem Festival ihre *Cannoli*, die „kleinen Rohre". Siziliens süße, knusprige Leckerei reicht zurück bis zu den arabischen Konditoren, die Zuckerrohr und Schafsmilchricotta kombinierten. „Es muss Schafsmilchricotta sein", sagt Davide Di Noto von der Pasticceria Di Noto. „Der Piana-Ricotta schmeckt wegen der hochgelegenen Weiden mit den vielen Wildgräsern und Kräutern für die Schafe sogar noch aromatischer."

☛ WO? *Pasticceria Di Noto, Via Martiri Portella della Ginestra, 79, Piana degli Albanese, Sizilien*

207

# Die Postre Chaja in einer Bäckerei in Montevideo kosten

**URUGUAY //** Diese fabelhafte Torte finden Sie in Uruquay in vielen Variationen, doch das geheime Originalrezept wird in Montevideo gehütet. Warum also woanders hingehen? Die Familie von Orlando Castellano, der die Torte vor mehr als 100 Jahren erfand, führt hier ein Café. Ähnlich wie die Pavlova besteht die *Postre Chaja* aus mehreren Schichten Baiser, Schlagsahne und Tortenboden und wird mit Pfirsichen serviert. Das Dessert verdankt seinen Namen einem Vogel, der Luftsäcke unter der Haut hat.

☛ WO? *Postre Chaja Confiteria las Familias, 26 de Marzo 3516, Montevideo*

208

# Genießen Sie Baghali Ghatogh zur Winterzeit in Teheran!

**IRAN //** *Baghali Ghatogh* ist das Gericht, aus dem Ihre Reiseträume gemacht sind. Es befindet sich beim Familienfestmahl vor Ihnen in der unscheinbaren Schüssel, und Sie werden sich auch zuhause noch lange daran erinnern. Zum Glück gibt es jede Menge Rezepte, und wenn Sie es erst einmal im Winter in einem kleinen, gemütlichen Restaurant in Teheran gegessen haben, werden Sie das Gericht aus gebackenen Eiern und mit Kurkuma, Safran, Knoblauch und Dill gewürzten Favabohnen oft nachkochen wollen.

☛ WO? *Khanjoon erfüllt alle Kriterien für diesen Schatz: Aftab St, Teheran.*

# 209

## Lernen Sie in einem afghanischen Zuhause das köstliche Qabili Palau kennen!

AFGHANISTAN // In Nordafghanistan ist es eine Frage der Familienehre, ein gutes *Qabili Palau* zu kochen. Die jahrhundertelangen Versuche von Schwiegertöchtern, die Rezepte ihrer Schwiegermütter zu übertrumpfen, haben zu einem nahezu perfekten Nationalgericht geführt. Das Geheimnis liegt im langsamen Garen des Reises. Er muss genügend Zeit bekommen, den Geschmack der karamellisierten Zwiebeln und der Brühe anzunehmen. Vorzugsweise wird das Gericht mit Lamm zubereitet, aber auch mit Huhn ist es sehr beliebt. Gekocht wird es mit Rosinen, Karotten und häufig auch Orangenschalen und Pistazien. Dann wird das reich gewürzte *Palau* in der Mitte der Tafel platziert, wo es hoffentlich keinen Generationenstreit auslöst.

👉 WO? *Als Gast bei einer Familienfeier, um die Traditionen sowie das ausgezeichnete Essen zu erleben*

209

210

# 210

## Genießen Sie die Früchte des Meeres an Portugals Südküste!

PORTUGAL // Die Algarve im Süden Portugals ist die sonnendurchflutete Spielwiese des Landes. Entlang der wunderschönen Strände an der spektakulären Küste herrscht im Sommer eine rege Geschäftigkeit. Die Stadt Lagos im Westen übt mit ihrer malerischen Altstadt aus dem 16. Jahrhundert und ihrem viel genutzten Fischerhafen eine große Anziehungskraft aus und lässt sich gut zu Fuß erkunden. Das macht Appetit auf die regionale Spezialität *Cataplana de marisco*. Sie wird in der *Cataplana*, einem für diese Region typischen Wok mit Kupferdeckel, serviert und steckt voller Muscheln, Garnelen, Tintenfische, Hummer und was sonst noch frisch an diesem Tag gefangen wurde. Dazu kommen noch Weißwein, Tomaten und Kräuter und dann wird alles sanft geschmort. Mediterrane Fischküche vom Feinsten!

👉 WO? *In einem der Strandcafés, oder besser noch im zweistöckigen Restaurant am trubeligen Fischmarkt der Marina in Lagos*

# 211

## Erleben Sie die Ahornsaft-Ernte im waldreichen Québec!

KANADA // Mehr als 75 % des echten Ahornsirups kommen aus Québec; während der Sirupsaison haben Sie die Möglichkeit, eine „Zuckerhütte" zu besuchen und zu sehen, wie der Saft aus den Ahornbäumen gewonnen wird. Machen Sie den Besuch, wenn der Saft zu Sirup eingeköchelt wird. In der Sucrerie de la Montagne, 45 Minuten von Montréal entfernt, geschieht dies von Februar bis April. In dieser Zeit haben die Besucher besondere Privilegien und werden z. B. in einer Pferdekutsche durch die Ahornwälder gefahren. Sie werden eine der leckersten Süßigkeiten der Natur aus den Bäumen sickern

sehen, bevor sie im holzbefeuerten Evaporator zu Sirup gemacht wird. Im Farmhaus wartet anschließend ein traditionelles kanadisches Festmahl mit Pancakes und Ahornsirup, gefolgt von Livemusik, Tanz und einer Nacht in der Blockhütte. Am nächsten Morgen besuchen Sie den Laden. Kaufen Sie auf jeden Fall eine Flasche echten Sirup, denn Ahornsirup direkt von der Quelle ist mit Gold nicht aufzuwiegen.

🖝 WO? *In der beeindruckenden Sucrerie de la Montagne, 300 Chemin St-Georges, Rigaud, Québec*

# 212

## Genau wie im Film: Grüne Tomaten im Whistle Stop Cafe

USA // Zwar stammen die gebratenen grünen Tomaten ursprünglich aus den nordöstlichen Bundesstaaten, doch gelten sie inzwischen als klassisches Südstaatengericht, auch wegen des beliebten Films, der es im Whistle Stop Cafe in Juliette, Georgia ansiedelte. Man kann dafür unreife rote oder grüne Tomaten verwenden, wichtig ist vor allem, dass die Tomaten schnittfest sind. Die Scheiben werden in Eierteig und Maismehl gewendet und in Butter zu einem knusprigen, herzhaften Snack ausgebacken. Sie können die Tomatenscheiben auch als Füllung in einem Sandwich, mit einem Salat oder als Beilage bestellen. Als Saucen dazu gibt's eine einfachen Mischung aus Ketchup und Mayonnaise oder auch Remoulade mit Cajun-Gewürzen.

☛ WO? *Im Whistle Stop Cafe, 443 McCrackin St, in Juliette, Georgia, wo der gleichnamige Film entstand*

# 213

## Probieren Sie Brathähnchen in einem Tokioter Supermarkt!

JAPAN // In Tokio gibt es so viele kulinarische Köstlichkeiten, dass Brathähnchen aus einem Mini-Markt eine merkwürdige Wahl zu sein scheint. Ab und zu tut aber eine Pause von umwerfendem Sushi und den weltbesten Ramen-Nudeln ganz gut! Es ist eine tolle Möglichkeit, die wunderbare Welt der *Konbini* zu entdecken, der allgegenwärtigen kleinen Supermärkte, die einen Mikrokosmos der japanischen Verbraucherkultur darstellen. Was man in einem *Konbini* nicht findet, braucht man eigentlich auch nicht. Unter den verschiedenen *Konbini* in Tokio sticht die Kette Lawson's heraus – aus einem einzigen Grund: ihr köstliches Brathähnchen. Sie haben die Wahl zwischen *Honetsuki* (Brathähnchen mit Knochen), *Honenashi* (Brathähnchen ohne Knochen) und *Karaage* (Hähnchen-Nuggets). Alle sind gleichermaßen gut – innen saftig, außen knusprig. Wenn Sie jetzt noch einen Kaffee in der Dose dazu kaufen, ist der Imbiss perfekt.

☛ WO? *In einem der 14 000 Lawson's Konbinis in Japan*

# 214

## Eine Lehrstunde in kulinarischer Einfachheit: Mallorcas Paletilla de cordero

**SPANIEN //** Auf Mallorca gibt es einen Mini-Pilgerpfad, einen schmalen Weg, an dessen Ende im Restaurant Es Verger eine langsam gegarte Milchlammschulter auf Sie wartet. Dort befindet sich hinter der einfachen Stalltür eine Meisterklasse der einfachen Küche: Jeden Morgen wird das Holzfeuer im Lehmofen entzündet, in dem das Lamm dann 3,5 Stunden gegart wird und seine berühmte Zartheit erlangt. Das Fleisch ruht dabei auf einem Bett aus gewürfelten Kartoffeln, Möhren und Zwiebeln und wird mit Bier übergossen, damit es saftig bleibt. Die zarte Konsistenz der *Paletilla de cordero*, der robuste Geschmack und die knusprige, salzige Haut machen die Besonderheit dieses Gerichts aus.

👉 *WO? Holen Sie sich Appetit bei der 90-minütigen Wanderung von Alaró nach Es Verger, Camino del Castillo de Alaró, Mallorca.*

---

## Ford Fry

*Der für den James-Beard-Award nominierte Küchenchef Ford Fry aus Atlanta ist Besitzer von 12 Restaurants im Süden der USA, darunter JCT Kitchen und The Optimist.*

**CROISSANTS, DU PAIN ET DES IDÉES, PARIS**
Ich bin ein großer Fan gut gemachter Croissants, daher hab ich 50 Dollar für ein Taxi investiert, um dorthin zu fahren. Sie waren fantastisch, butterzart und knusprig.

**POMMES FRITES, MINETTA TAVERN, NEW YORK** Irgendetwas an der Art, wie die Pommes hier frittiert werden, macht sie so unwiderstehlich.

**BROT MIT MEERSALZBUTTER, REPUBLIC, LOS ANGELES** In diesem Restaurant in Charlie Chaplins altem Haus wird Butter gemacht, in ein Käsetuch gehängt und mit einem Häufchen Meersalz aus Maldon serviert. Sobald ich damit angefangen hatte, konnte ich nicht mehr aufhören.

**SHRIMP TACOS DORADO, MARISCOS J ALISCO, LOS ANGELES** Der Besitzer dieses Taco-Trucks frittiert eine Maistortilla mit Shrimpstückchen, bis sie knusprig ist, und fügt dann knackigen Kohl und Avocado hinzu. Ich habe versucht, das nachzukochen.

**GARNELEN, WALRUS AND THE CARPENTER, SEATTLE** Sobald die Garnelen Saison haben, können Sie hier welche bekommen. Ich mag sie superkalt und roh, mit ein wenig nativem Olivenöl extra und Salz.

# 215

## Der Zitronenhimmel in einer Tarte au citron an der Riviera

FRANKREICH // Der letzte Halt an der französischen Riviera vor Italien ist Menton, eine unberührte Küstenidylle mit pastellfarbenen Häuser und wunderschönen Gärten. Das tolle Wetter eignet sich perfekt für den Anbau aromatischer Zitronen. Diese werden für die Mentoner *Tarte au citron* gebraucht, deren hellgelbe Zitronencreme gerade fest genug ist. Verfeinert mit Zitronensaft und von einer dünnen, süßen Kruste umhüllt, ist es wohl die beste Zitronentarte der Welt.

☞ WO? *Im Frühjahr auf Mentons Fête du Citron mit Parade, Feuerwerk und mehr Tarte au citron, als Sie essen können*

# 216

## Metemgee: der Geschmack der Karibik – in Guyana

GUYANA // Kein Wunder, dass Sie glauben, Sie befänden sich in der Karibik, wenn Sie das südamerikanische Land Guyana besuchen: Calypso, Architektur im Kolonialstil, Kricket und ... das Essen. Gibt es etwas Karibischeres als Eintopf mit Maniok, Süßkartoffeln, Kochbanane, Okra und Kokossauce? Wenn man noch Bratfisch und Klöße hinzufügt, erhält man ein guyanisches Nationalgericht. Doch Sie brauchen eigentlich nur eines zu wissen – es schmeckt köstlich!

☞ WO? *Eigentlich überall in Guyana*

# 217

## Mit Kourou ein Stück athenisches Leben genießen

GRIECHENLAND // Ein beständiger Strom von Einheimischen frequentiert diese jahrhundertealte Bäckerei, eine gute Adresse. Im Inneren erwartet Sie eine gigantische Anzahl verschiedener Gebäckstücke in Glasvitrinen. Doch Sie sind wegen einer *Kourou* hier. Dabei handelt es sich um ein halbmondförmiges Mürbeteiggebäck mit Joghurt und Butter, bis zum Rand gefüllt mit salzigem Fetakäse. Nehmen Sie eine mit zum Syntagma-Platz und lassen Sie es sich schmecken.

☞ WO? *Bäckerei Ariston, Voulis 10, Syntagma, Athen*

© StockFood / Ekblom, Ulrika

© Shutterstock / Garsya

# 218

## Sie suchen ein Originalgericht aus New England? Dann essen Sie Clam Chowder in Boston!

USA // *Clam Chowder* gehört genauso zu New England wie schneereiche Winter und das stumme R (die Einheimischen sagen „chowda"). Es handelt sich um einen gehaltvollen, sämigen Eintopf mit den Nahrungsmitteln der ersten Siedler aus Old England, nämlich Kartoffeln, Sellerie, Zwiebeln, Butter und massenweise ausgelösten Muscheln. Das Ergebnis ist eine cremige Suppe, die häufig sogar noch durch eine Handvoll zerbröselter Salzkräcker angedickt wird. Dieses Gericht ist ein fester Bestandteil der Küche und Kultur von New England. Daher nehmen die Einheimischen auch Anstoß daran, wenn Varianten der Suppe als „New England Chowder" bezeichnet werden.

☛ WO? *In Boston kann man vielerorts eine wunderbare Chowder bekommen, doch das Union Oyster House, 41 Union St, serviert einen bewährten kulinarischen Klassiker.*

# 219

## Beginnen Sie den Tag mit einem großen englischen Frühstück

GB // Den Tag mit einem Teller gebratenem Essen zu beginnen, das Ihnen jemand serviert, der Sie „love" nennt, obwohl Sie ihn gerade kennengelernt haben, ist gut für die Seele – und auch gegen einen Kater. Dieses britische Café lässt mit seinen Resopaltischen und laminierten Speisekarten in ein früheres England blicken: prä-globalisiert, prä-digital, prä-farbcodierte Etiketten für gesundheitsbewusste Ernährung. Ein vorschriftsmäßiges englisches Frühstück besteht aus Schinkenspeck, Eiern, Tomate und Pilzen – alles gebraten! – Buttertoast (ggf. gebraten), gebackenen Bohnen und Wurst, serviert mit einem Spritzer brauner Sauce und einer Tasse Tee. Andere Restaurants servieren edlere Varianten, hier zählt auch das Erlebnis.

☛ WO? *Londons Electric Cafe in der 258 Norwood Rd ist ein klassisches Café. Oder bei Terry's (siehe Foto), ebenfalls in Südlondon*

# 220

## Mehr ist mehr: Gönnen Sie sich einen Chivito in einer quirligen Bar in Uruguay!

URUGUAY // Der *Chivito* ist Uruguays Beitrag zum menschlichen Grundbedürfnis, etwas Leckeres zwischen zwei Scheiben Brot zu stecken. Besonders in den örtlichen Bars wie dem El Tinkal mit Livemusik und einer großartigen Atmosphäre schmeckt das Gericht, das aufgrund eines Missverständnisses entstand: Ein Argentinier verlangte Ziege (*chivito*), der Uruguayer verstand das nicht und kreierte eine ganz besondere Leckerei – das *Chivito*-Sandwich. Es enthält eine dünne Scheibe gebratenes Beefsteak, Schinkenspeck und Schinken, Ei, Oliven, Tomate, Zwiebeln, Mozzarella, Salat und Mayonnaise – manchmal auch gegrillte Paprika, rote Beete und Gewürzgurken.

🢒 WO? *El Tinkal, Dr Emilio Frugoni 853, Montevideo*

# 221

## Ein Pint und ein Teller Kaiserhummer mit Blick auf Loch Broom

GB // Das kleine, hübsche Fischerdorf Ullapool am Ufer des Loch Broom bringt den Reisenden die Schönheit der Summer Isles und der Äußeren Hebriden näher. Obwohl es so klein ist, kommen viele Besucher wegen der atemberaubenden Landschaft hierher. Stärken Sie sich am Ufer mit einem Pint und einem Teller frischer Kaiserhummer, serviert mit Knoblauchbutter und einem Spritzer Zitrone. Im Sommer sind die Tische draußen mit Blick auf den Meeresarm immer besetzt. Das Bier fließt reichlich und die Kaiserhummer stammen direkt vom Fischerboot. Sie können sogar zusehen, wie die Fischer ans Ufer zurückkehren – und werden vielleicht länger sitzen als geplant!

🢒 WO? *Im Arch Inn Restaurant, 10-11 W Shore St, Ullapool*

222

## 224

# Wie Cobb Salad zur Hollywoodlegende wurde

USA // In den 1930ern wurde die Traumfabrik mit klassischen Diners überschwemmt, wo Köche versuchten, sich einen Namen zu machen. Bob Cobb z. B. hat seine Kreation einer nächtlichen Kühlschrankplünderung zu verdanken. Und die Kombination von salzigem Blauschimmelkäse und Schinkenspeck, einer knackigen Mischung verschiedener Salate, gegrilltem Hühnchen, der Süße der Tomate, gekochten Eiern, Avocado und gehackten Schnittlauch funktioniert!

☞ WO? *Eine großartige Version finden Sie bei Swingers, 8020 Beverly Blvd, Los Angeles, CA8020 Beverly Blvd, Los Angeles, CA.*

## 222

# Testen Sie mit Khachapuri die georgische Küche!

GEORGIEN // Nach dem Besuch des Freiheitsplatzes und einem Spaziergang durch die gewundenen Gassen der Altstadt gehen Sie ins Samikitno-Machakhela und probieren eine der zahlreichen Variationen von *Khachapuri*. Das traditionelle georgische Brot ist mit geschmolzenem Käse und einem frisch gekochten Ei gefüllt und wird mit Spinat und Käse, Lammhackfleisch oder in der *mingrelischen* Variante mit Käse auf Käse verkauft.

☞ WO? *Auf der Terrasse mit Blick auf die Altstadt. Samikitno-Machakhela, Freiheitsplatz 5/7 Pushkin St, Tiflis*

## 223

# Das süße Leben: Sandesh in traditionellen Läden Kalkuttas

INDIEN // Die Bengalen schwärmen für *Sandesh*, was die zahlreichen Süßigkeitenläden in der Stadt der Freude beweisen. Am besten genießen Sie diese einfache bengalische Köstlichkeit bei Balaram Mullick & Radharaman Mullick, gegründet 1885. Sie besteht aus *Chenna*, einer Sauermilch-Molke, der Zucker und alle möglichen Aromastoffe zugesetzt werden, ehe sie zu kleinen runden oder quadratischen Stücken geformt wird.

☞ WO? *Balaram Mullick & Radharaman Mullick, 2 Paddapukur Rd, Jadubabur Bazar, Bhowanipore, Kalkutta*

## 225

# Ordern Sie Bier und Bryndzové halušky im alten Bratislava!

SLOWAKEI // In einer engen Gasse im Schatten der Burg liegt Modra Hviezda, ein winziges, geheimnisvolles Restaurant. Hier bestellen Sie Wildschweinlende und das Nationalgericht der Slowakei, Bryndzové halušky: ein sättigender Teller voller Kartoffelklöße mit scharf schmeckendem Schafskäse und gebratenen Schinkenspeckstücken. Am besten passt dazu ein dunkles Zámocké-Bier aus der Schlossbrauerei.

☞ WO? *Essen Sie wie ein hungriger Jäger nach Rückkehr von der Pirsch im Modra Hviezda, Beblavého 292/14, 811 01 Bratislava.*

# 226

## Sie haben Hunger wie ein kolumbianischer Farmer? Dann essen Sie Bandeja Paisa!

KOLUMBIEN // Die Paisa in Medellín und Kolumbiens erweiterter Antioquia-Region betrachten ihr berühmtes Nationalgericht *Bandeja Paisa* gern als die beste Mahlzeit aller Zeiten. Für sie spiegelt es die Erhabenheit ihrer bergigen Heimat wider und belohnt die harte Arbeit der kleinen Farmer, die sie zu bewirtschaften versuchen. Schon aufgrund der großen Portionen ist dieses Gericht eine Herausforderung. Sie wollen sich ihr stellen? Dann erwartenSie: ein gehäufter Teller Hackfleisch, *Chicharrón* (gebratenes Schweinefleisch), Chorizo, *Morcilla* (Blutwurst), Spiegelei, gebratene Kochbanane, rote Bohnen mit Schweinefleisch, *Arepa* (ein Maisbrot), Avocado und weißer Reis. Also ... viel Spaß bei der Völlerei!

☛ WO? *In jedem Restaurant in Medellín, das traditionelle kolumbianische Küche anbietet*

# 227

## Machen Sie es wie die japanischen Studenten – mit einer Schale Katsudon-Brain Food!

JAPAN // Drücken Sie auf dem Verkaufsautomaten die Taste mit dem Bild eines panierten Schweinekoteletts auf einer Schüssel Reis. Dann nehmen Sie Ihren Bon, gehen die Treppe hinab und stellen sich mit den meist jungen japanischen Studenten an. Alle warten darauf, dieses beliebte, Glück verheißende Seelenfutter genießen zu dürfen. Denn das Wort *katsu* bedeutet außer „paniert und frittiert" auch „siegreich sein" – perfekt für nervöse Studenten mit Prüfungsangst! Auch seine Einfachheit ist anziehend: zu den Hauptbestandteilen, paniertes Schweinekotelett und weißer Reis, werden häufig noch ein Ei und entweder Miso-Suppe oder eine Brühe mit Sojasauce, Sake und Frühlingszwiebeln serviert, die über das Kotelett gegossen wird.

☛ WO? *Bei Tocho im 32. Stock mit einem super Katsudon (auch andere lokale Gerichte), 2-8-1 Nishishinjuku, Shinjuku-ku, Tokio*

## Gail Simmons

*Gail Simmons ist zum 15. Mal Jurorin bei Top Chef USA. Sie hat außerdem gerade ihr erstes Kochbuch veröffentlicht: Bringing It Home.*

**GEGRILLTER KAVIAR, ASADOR ETXEBARRI, ATXONDO, SPANIEN** Der Küchenchef hier war einer der Ersten mit dieser Grilltechnik, er grillt einfach alles. Kaviar ist ein bisschen bizarr, aber eigentlich räuchert er ihn mehr.

**02**

**HOKKIEN-NUDELN, SINGAPUR** Hierzu gehören zwei Nudelarten (dicke Udon, dünne Fadennudeln), eine Fischbrühe, Schweinebauch, Shrimps und Tintenfisch sowie die asiatischen Zitrusfrucht *Kalamansi*.

**BAUMKUCHEN, JAPAN** Baumkuchen wird an einem Spieß über einem Feuer gebacken.

Dabei gibt man bei jeder Umdrehung Teig dazu, beim Anschneiden sieht man dann die Schichten. Ursprünglich stammt der Baumkuchen aber aus Deutschland.

**JERK-HUMMER, JAMAIKA** Jerk-Marinade gibt's meist zu Hühnchen. Hier aber holt der Besitzer stachelige Hummer aus dem Ozean und kocht sie.

**PALM DESERT DATTEL-SHAKE, PALM SPRINGS, KALIFORNIEN** Seit Generationen machen Dattelfarmer bereits diesen Shake, der lediglich aus Vanilleeis, Milch und pürierten Datteln besteht.

# 228

## Kochen Sie Ihr eigenes Cha Ca im besten Restaurant von Hanoi!

VIETNAM // Zwischen den Fans der Restaurants in Hanoi, die dieses berühmte Bratfischgericht mit Dill und Kurkuma servieren, besteht eine erbitterte Rivalität, doch das beste und ursprünglichste *Cha Ca* erhalten Sie im Cha Ca La Vong im Alten Viertel. Die enge Treppe führt zu einem bescheiden möblierten Speiseraum hinauf, in dem Plastikkarten das einzige Gericht erläutern. Freuen Sie sich auf großzügige Portionen Fadennudeln mit Kurkuma-mariniertem Fisch, Dill, Minze, Koriander und Frühlingszwiebeln, abgerundet mit gehackten Erdnüssen und frischem Chili, dazu einen *Nuoc-cham*-Dip aus Fischsauce, Limettensaft und Zucker. Das Koch-es-selbst-am-Tisch-Erlebnis wird sich garantiert in ihr kulinarisches Gedächtnis einbrennen.

☛ WO! *Auch wenns hier lebhaft zugeht, warten müssen Sie nicht lange. Cha Ca La Vong, 14 Cha Cá, Hàng Đào, Hoàn Kiem, Hanoi*

© Getty Images / Aaron Joel Santos

# 229

## Erkunden Sie Londons Maltby Street Market!

GB // Es gibt nur wenige Orte in London, wo so viele kulinarische Erfahrungen auf so geringem Raum auf Sie warten. Der Maltby St Market erstreckt sich unter Bahngleisen in Südlondon, wo an den Wochenenden die Backsteinbögen zur Heimat von Imbissbuden und Restaurants entlang einer schmalen Freiluftgasse werden. Worauf auch immer Sie Appetit haben, Sie werden es hier finden: Speisen Sie im St. John Restaurant oder der Austernbar The Walrus and the Carpenter, genießen Sie Waffeln, luxuriöse Brownies und gegrillte Käsesandwiches oder Grant Hawthornes African-Volcano-marinierte Rinderburger mit Peri-peri-Sauce. Trinken Sie zu Beginn Ihres Samstagnachmittagausflugs einen G&T in der Little Bird Gin-Distillerie, bevor es entlang der Bermondsey Biermeile zu einer Reihe von Kleinbrauereien geht, die sich unter den Bögen befinden.

☛ WO? *Der Maltby St Market ist nur einen kurzen Spaziergang von der London Bridge und der U-Bahnstation Bermondsey entfernt.*

© Lonely Planet / Issy Croker

# 230

## Auf der Suche nach einem weniger scharfen Eintopf? Kehren Sie auf den Philippinen auf einen Adobo ein!

PHILIPPINEN // Ein dicker, dunkler Eintopf, mit nur wenigen Gewürzen abgeschmeckt, ist vielleicht nicht das, was sie von der philippinischen Küche erwarten. Südasiatisches Essen ist für seine Currypasten mit zahlreichen Zutaten und für stark gewürzte Gerichte bekannt. Doch *Adobo* stammt vom spanischen Wort *adobar*, das heißt „marinieren" ab, daher wird hier vielleicht spanischer Einfluss sichtbar. Oder sollten die Spanier haben es wegen seiner Zubereitungsart so genannt haben? So oder so: *Adobo* ist ein nationales Kultgericht. Traditionell werden dazu Schweinebauch und Schweineschulter in Essig, Sojasauce, Knoblauch, Ingwer, Lorbeerblatt und schwarzen Pfefferkörnern mariniert und dann schonend gegart. Dazu reicht man lockeren weißen Reis. Authentisches *Adobo* vom Schwein findet man bei den Einheimischen zu Hause – jeder Hobbykoch ist stolz auf sein *Adobo*-Rezept. Am besten lassen Sie sich also von einem philippinischen Freund zu sich in sein Heim einladen. Alternativ erhalten Sie auch in jedem guten Restaurant in Manila dessen Version.

☛ WO? *Aristocrat Restaurant, 432 San Andreas St, Malate, Manila*

# 231

## Warum die feurige äthiopische Kombination aus Doro Wat und Injera Menschen zusammenbringt

**ÄTHIOPIEN //** Essen ist in Äthiopien eine Gemeinschaftsangelegenheit, vergessen Sie ihre Privatsphäre! Sehen Sie sich um: Sie werden überall Leute entdecken, die ihre Nachbarn füttern. Diese Tradition heißt *Gursha* und ist ein Zeichen von Liebe und Freundschaft.

Der berühmteste kulinarische Export des Landes ist das säuerliche, schwammartige Brot *Injera*. Es ähnelt einem porösen Pfannkuchen und kommt als Beilage zu fast allen Gerichten. Besonders lecker ist es, wenn man es als „Besteck" für den scharfen Hühnereintopf *Doro Wat* benutzt. Dabei handelt es sich um einen stark gewürzten Eintopf mit Berbere-Gewürzmischung (Chili, Knoblauch, Ingwer, Basilikum, Korarima, Raute, Ajowan, Schwarzkümmel und Bockshornklee), Hühnchen, gekochtem Ei und Zwiebeln, der im ganzen Land beliebt ist. Reißen Sie mit der rechten Hand ein Stück *Injera* ab und schöpfen Sie damit ein wenig *Wat* auf. Und dann ab damit in Ihren Mund! (Oder den Ihres Nachbarn, falls Sie sich bereits angefreundet haben.)

**WO?** *Kategna ist der beste Ort für Doro Wat; in Addis Abeba finden Sie drei dieser Restaurants, eins davon in der Cameroon St.*

© dbimages / Alamy Stock Photo

© Lonely Planet / Philip Lee Harvey

# 232

## Der Aufschwung der feinen Küche auf Flughöhe

GLOBAL // Zwar gehört es irgendwie dazu, sich über das Essen im Flugzeug zu beschweren. Inzwischen jedoch beeindrucken einige Fluggesellschaften ihre Langstrecken-Vielflieger mit von renommierten Chefköchen entworfenen Mahlzeiten aus frischen Zutaten, inspiriert von der regionalen Küche. Für die australische Qantas entwickelt Neil Perry Gerichte wie Krebsomelette mit Austernsauce auf chinesische Art und Hummer mit scharfer XO-Sauce, Nudeln und Pak Choi.

☛ WO? *Höhe und Druck beeinflussen die Geschmacksknospen – wissenschaftlich entwickelte Gerichte gleichen das aus.*

# 233

## Leipäjuusto: ein Dessert am nördlichen Polarkreis

FINNLAND // Als wäre Lapplands abgelegene subarktische Wildnis mit ihrer monatelangen Dunkelheit nicht schon merkwürdig genug! Nein, jetzt stellt man Ihnen etwas hin, was wie dreieckiger Toast mit klumpiger Sauce aussieht, und wünscht Ihnen *„Nauttia jälkiruokasta"*, „Genießen Sie Ihr Dessert"! In diesem Fall ist damit *Leipäjuusto* oder „Brotkäse" gemeint – ein gebackener Käse mit mildem, toastigem Geschmack. Traditionell reicht man dazu Moltebeerenmarmelade.

☛ WO? *Brotkäse ist eine der Lieblingsspeisen in Santa's Salmon Place's. Santa Claus Village, Tähtikuja 96930, Rovaniemi*

# 234

## „Sargbrot" am Imbissstand auf einem lauten Nachtmarkt

TAIWAN // Auf dem Nachtmarkt von Shilin nördlich von Taipeh finden Sie alles, was Ihr Herz begehrt. Gewöhnen Sie sich erst einmal an die Farben, Düfte, Menschenmassen und das Gebrüll der Imbissbesitzer, bevor Sie sich entscheiden – Sie können ja nicht alles essen! Probieren Sie aber in jeden Fall eine gebratene Scheibe Weißbrot, in der Mitte ausgehöhlt und mit cremigem Hühnchen, Meeresfrüchten, Innereien oder Pilzen gefüllt, darauf eine zweite Scheibe Brot.

☛ WO? *Suchen Sie im Food-Court im Untergeschoss nach dem coffin bread stall. Shilin Nachtmarkt, 101 Jihe Rd, Taipeh City*

233

# 235

## Sommerlandschaft und Soupe au pistou, „c'est parfait"

FRANKREICH // Sie werden sich vorkommen wie in einem Werbefilm, wenn Sie unter dem sonnigen südfranzösischen Himmel mit Blick auf die Lavendelfelder draußen sitzen, die erfrischende Mistralbrise spüren, an einem Glas frischem Rosé nippen und diese köstliche Gemüsesuppe genießen. Am leckersten schmeckt sie im Hochsommer, wenn das Gemüse reif ist. Für die Pistou werden Knoblauch und Basilikum zu einer pestoartigen Paste zerstoßen, was dem Gemüse noch einen Extrakick Geschmack verleiht – perfekt!

☞ WO? *Nahe der Stadt Valréas in der Provence im südöstlichen Frankreich*

# 236

## Cachupa: Kap Verdes deftiger Eintopf

KAP VERDE // Die Einwohner von Kap Verde, einer Inselgruppe vor Westafrika, die bis in die 1970er zu Portugal gehörte, sind sehr unterschiedlich. Und eine genau so ansprechende bunte Mischung ist ihr Nationalgericht *Cachupa: Hominy* (in Limettensaft getränkte, gepuffte Maiskörner), Chorizo, Schweinefleisch, Bohnen und viele weitere geheime Zutaten werden bei geringer Hitze weich gekocht, bis sich der volle Geschmack entfaltet. Angeblich gibt es auf jeder Insel eine eigene Version, aber jede ist lecker!

☞ WO? *In Cachupa muss Liebe stecken, daher sollte es unbedingt selbst gekocht sein.*

# 237

## Weshalb Harira für jeden hungrigen Magen ein Segen ist

MAROKKO // Man kann sich vorstellen, wie gut *Harira*, ein traditionelles Ramadan-Gericht, nach einem Tag Fasten schmeckt. Linsen, Kichererbsen, Fadennudeln, Tomaten, Zwiebeln, Koriander, Gewürze und häufig auch gewürfeltes Lammfleisch gehören in diese reichhaltige, wohlriechende Suppe. Während des Ramadan wird sie häufig mit *Chebakia* (Honiggebäck mit Sesam) serviert. *Harira* ist in der gesamten Maghreb-Region verbreitet, doch in Marokko ist sie die Nationalsuppe – auch außerhalb des Ramadan.

☞ WO? *Heißes Harira erhalten Sie in den Cafés aller marokkanischen Städte.*

238

238

238

# 238

## Entscheiden Sie sich an der französischen Riviera für einen Salade niçoise!

FRANKREICH // Wie bei vielen Gerichten, die die kulinarische Welt im Sturm erobert haben, veränderten sich auch bei dem herzhaften Salat aus dem französischen Nizza die ursprünglichen Zutaten: Kartoffeln, grüne Bohnen und sogar Hühnchen und Reis wurden hinzugefügt. Inzwischen wissen nicht einmal mehr die französischen Kochexperten, wie das Originalrezept lautete, vielleicht weil ursprünglich der saisonale Salat hungrige Fischer nach ihrer morgendlichen Fahrt satt machen sollte. Man ist sich jedoch einig, dass in dieses gehaltvolle Gericht Eier, Thunfisch, Anchovies, Tomaten, Salatblätter, Oliven und Zwiebeln gehören. Aber wer würde die fehlenden Kartoffeln beim Freiluftdinner in der Baie des Anges überhaupt vermissen?

---

☛ *WO? Im Jahrmarkt-inspirierten Restaurant Brasserie La Rotonde, im Hotel Negresco, 37 Promenade des Anglais, Nizza*

# 239

## Tartiflette, die Spitze des guten Geschmacks in den französischen Alpen

FRANKREICH // Aus der gebirgigen Region Savoyen stammt der perfekte Abschluss für einen Wandertag in den Alpen – das reichhaltige, köstliche Tartiflette. Was aussieht wie ein einfaches Kartoffelgratin wird durch den lokalen, halb festen Reblochon-Käse mit gewaschener Rinde – aus Kuhrohmilch gewonnen und in Berghöhlen (heute auch in Kellern) gereift – zu etwas ganz Besonderem. Sein nussiger Geschmack passt gut zu den Kartoffeln, Zwiebeln und dicken Speckstreifen in diesem Gericht – unbedingt probieren! Man erhält es in fast jedem Bergrestaurant und Skiort in den Savoyer Alpen, meist mit einem grünen Salat, Charcuterie und Essiggurke. Dazu schmeckt am besten ein Glas frischer, trockener Weißwein aus der Region.

---

☛ WO? *Restaurant Lo Sonails, Rue d'en Bas, Albiez-Montrond*

# 240

## Dulce de leche – der Aufstrich, mit dem Uruguay die WM hätte gewinnen können

URUGUAY // Vor Beginn der WM 2014 wurde dem Fußballteam von Uruguay vom brasilianischen Zoll sein Vorrat an *Dulce de leche* abgenommen. Laut den brasilianischen Behörden geschah das aufgrund des Milchgehalts des Karamells, doch in den Augen der Uruguayer hatte man ihnen ihre Geheimwaffe geraubt. Daraufhin flog die Mannschaft gegen Kolumbien in der K.-o.-Runde aus dem Wettbewerb. Entscheiden Sie selbst, ob die klebrige Karamellcreme über eine besondere Macht verfügt! In Uruguay erhält man sie überall, in Supermärkten, Cafés, Straßenimbissen und Restaurants. Am besten schmeckt sie auf Toast oder als üppiger Belag auf Pfannkuchen.

---

☛ WO? *Überall, jederzeit, wie auch immer Sie wollen*

# 241

## Die besten Anzac-Kekse finden Sie auf Volksfesten in Australien

AUSTRALIEN // Samstagmorgen in einer ländlichen Kleinstadt in Australien – goldener Sonnenschein wärmt die Erde und der Gesang der Elstern erfüllt die Luft. Auf Volksfesten und Märkten wandern Familien zwischen den Ständen umher, häufig werden lokale Produkte besonders gefeiert. Eine Bude findet man jedoch überall: die der örtlichen Country Women's Association, wo Kuchen, Marmelade und Anzac Biscuits verkauft werden. Diese Dauerbackwaren erinnern an den Anzac-Tag im April, als die australische und neuseeländische Armee in den Ersten Weltkrieg eingriff. Die Kekse wurden damals von Frauen gebacken und in Dosen an die Soldaten geschickt. Die Zutaten sind einfach: Haferflocken, Mehl, Zucker, Kokosraspeln, Butter und Sirup – also knabbern Sie mindestens einen davon auf dem Volksfest!

☛ WO? *Die Country Women's Association of Mansfield, Victoria, verkauft jeden Monat Kuchen und Handarbeiten an Ständen.*

241

242

# 242

## Erleben Sie in einer Taverne die Liebe der Ungarn zu Töltött káposzta!

UNGARN // Die Ungarn sind sehr stolz auf ihre *Töltött káposzta* (Kohlrouladen), was das alte Sprichwort „Fleisch und Kohl sind das Wappen Ungarns" beweist. Das Gericht aus bescheidenen Zutaten ist seit Generationen äußerst beliebt und beinahe jede Familie hat ihr eigenes Rezept dafür. Zudem steht *Töltött káposzta* im ganzen Land auf der Speisekarte. Die Hauptbestandteile sind überall gleich: Hackfleisch (meist Schwein oder Rind), Sauerkraut, Kohl und Paprika. Manchmal werden noch Reis, Zwiebel, Ei, eingelegtes Gemüse oder Speckstreifen hinzugefügt. Gekocht wird es häufig in einer Tomatensauce mit saurer Sahne obenauf. Bestimmt werden die Kohlrouladen Ihnen genauso schmecken wie den Ungarn seit Jahrhunderten.

☛ WO? *Wir lassen uns unsere Töltött káposzta in der traditionellen Taverne Csarnok Vendéglő, Hold utca 11, Budapest, schmecken.*

# 243

## Sich wärmen mit Russlands rotem Star, dem Borschtsch

RUSSLAND // Obwohl er als russisches Gericht gilt, reichen die Wurzeln des *Borschtsch* an verschiedene Orte in Osteuropa zurück, und es gibt so viele Varianten wie slawische Sprachen. Allen gemeinsam ist jedoch die rubinrote Farbe von seiner Hauptzutat, der roten Beete. Die herzhafte Suppe, die Sie wärmend vor der Kälte schützt, schmeckt im Winter am besten. Es heißt, sie sei erst dann sämig genug, wenn der Löffel in der Suppe steht.

☛ WO? *Foodies auf Tour schwören auf den Borschtsch in Moskaus historischem Hotel Metropol, Teatral'nyy Proyezd, 2.*

# 244

## Essen Sie Fleisch- klößchen, so wie alle in Indonesien

INDONESIEN // *Bakso* ist eines der beliebtesten Straßenküchengerichte in Indonesien, eine lokale Interpretation der Fleischklößchensuppe Südostasiens. Es wird in Restaurants, Imbissbuden und aus Handwagen verkauft und macht garantiert süchtig. Die Standardvariante: eine gehaltvolle Brühe mit festen, aber fluffigen Fleischbällchen, dicken Nudeln und Garnitur. Regionale Varianten enthalten zudem gebratene, fisch- oder eihaltige Fleischwürfel in Tennisballgröße.

☛ WO? *Bakso Titoti ist ein Mekka für Jakartas Bakso-Liebhaber; das Special ist göttlich. Jln Honggowongso 42, Solo 57141.*

# 245

## Mit Manti ins zentralasiatische Abenteuer

KIRGISISTAN // Niemand weiß genau, woher die *Manti* stammen. Bekannt ist jedoch, dass die zentralasiatischen Reiter und Reiterinnen lange Strecken mit ihren Vorräten von teigumhüllten Hackfleischtaschen zurücklegten. So machten sie diese Speise weithin beliebt. In China, Russland und sogar der Türkei findet man ähnliche Köstlichkeiten, doch in den „stan"-Ländern sind sie sehr dominant. Die *Manti* werden im Ganzen gegessen, damit der Fleischsaft innen bleibt.

☛ WO? *Beginnen Sie Ihre Suche nach den besten (größten) Manti bei Bishkek's Chaikhana Navat in 114/1 Kievskaya, Kirgisistan.*

243

© Lonely Planet / Matt Munro

243

© Lonely Planet / Philip Lee Harvey

# 246

## Essen Sie wie ein Familienmitglied Moussaka in Athen!

GRIECHENLAND // Griechisches Moussaka ist bewährtes Futter für die Seele. Das beste findet man in einem griechischen Zuhause, wo es nach einem über Generationen weitergegebenen Rezept zubereitet wurde – vielleicht habe Sie ja das Glück, eingeladen zu werden! Natürlich gibt es auch großartige Lokale in Athen: Zwei der besten in Sachen Authentizität und Atmosphäre sind God's Restaurant in der Nähe des Akropolismuseums, wo das Moussaka mit Kartoffel- und Zucchinischeiben zubereitet wird, und Aleka's Taverna, nördlich der Akropolis, wo man draußen essen und Leute beobachten kann. Es erwarten Sie eine leichte, cremige Bèchamelsauce, gegrillte Auberginenscheiben und eine reichhaltige Tomatensauce mit Lammhackfleisch.

☛ WO? *Bei God's Restaurant, Makryianni 23, und Aleka's Taverna, Thrasivoulou 2; beide in Griechenlands Metropole Athen*

# 247

## Tauben-Pastilla an einem Marktstand in Marrakesch

MAROKKO // Die überraschende Kombination aus herzhaft und süß macht Marokkos Tauben-*Pastilla* so unwiderstehlich und liefert einen leckeren Einstieg in eine Mahlzeit oder einen idealen Nachmittagsimbiss für Besucher auf Marrakeschs Marktplatz Djemaa El Fna. Tauben-Pastilla ist traditionell ein Festtagsgericht für besondere Anlässe wie Hochzeiten oder Geburtstage. Inzwischen kann man es jedoch landesweit in Bäckereien sowie beinahe in jedem Restaurant mit landestypischer Speisekarte finden. Die Füllung dieser Pastete besteht aus Taubenstückchen, Ei, gerösteten Mandeln, Zimt und Zucker, die dann von einem hauchdünnen *Warqa*-Teig umhüllt und mit Puderzucker bestreut wird.

☛ WO? *Im Garten des Restaurants Pepe Nero, 17 derb Cherkaoui, Douar Graoua, Marrakesch*

248

249

250

## Löffelweise spanische Geschichte

SPANIEN // Wie lautet das spanische Sprichwort? *„de gazpacho no hay empacho"* – man kann nicht genug *Gazpacho* haben. Und tatsächlich ist eine Schüssel dieser sommerlichen Gemüsesuppe in einer andalusischen *Chiringuito*, einer Strandbar, oder einem traditionellen Lokal in der Stadt etwas sehr Gutes. Die kalte Suppe wird in Spanien in manchen Variationen bereits seit mehr als 1000 Jahren gegessen und vereinigt römische, maurische und osmanische Einflüsse.

☛ WO? *Beim Gazpacho Festival im August im andalusischen Dorf Alfarnatejo*

## Lechón wie Sie es mögen in Yucatán

MEXIKO // Mexikos Halbinsel Yucatán hat sich souverän des spanischen Imports *Lechón al horno* angenommen. Dieses ofengeröstete Spanferkel ist die Basis vieler Köstlichkeiten der Region. Ob Sie es inmitten der Kolonialarchitektur von Valladolid oder im pastellfarbenen Mérida kosten, Sie können das rauchige Fleisch pur essen, mit Reis und Bohnen, in einer Torta oder mit Baguette. Und dann gibts da natürlich noch Tacos. Wer die Wahl hat ...

☛ WO? *Torta de lechón auf dem Mercado Municipal Lucas de Gálvez, Mérida*

## Simbabwes Superfood - Sardinen

SIMBABWE // Zwar kann man diese kleine Süßwassersardine auch frisch gekocht essen, doch steigert der Trocknungsprozess den Protein- und Kaloriengehalt der *Kapenta* – und macht sie ohne Kühlung lagerbar. Traditionell wird der getrocknete Fisch mit Gewürzen und Zwiebeln am Stück gebraten und mit einer Kugel *Sadza* (Art Maisbrei) in die Hand genommen. Dieser ultimative, äußerst geschmacksintensive, gesunde Imbiss gehört unbedingt zur simbabwischen Küche.

☛ WO? *Im luxuriösen Meikles Hotel an der Ecke 3rd St/Jason Moyo Ave, Harare*

# 251

## Dolce vita in Apulien mit Orecchiette

**ITALIEN //** Der sonnenverwöhnte italienische Stiefelabsatz Apulien ist eine Region mit wunderschönen weißgetünchten Häusern, jahrhundertealtem Ackerland und einer spektakulären Mittelmeerküste. Das Essen hier ist hier ganz besonders, vor allem Apuliens berühmteste Pasta, *Orecchiette* (Öhrchen). Obwohl sie aus nur drei preiswerten Zutaten besteht (Weizenmehl, Wasser und Salz; keine Eier, da diese früher ein Luxus waren, den sich nicht viele Leute leisten konnten), verfügt sie über eine unvergleichlich dichte Konsistenz. In Kombination mit frischem *Cima di rapa* (Stängelkohl), einem brokkoliartigen

Gemüse, sowie einem großzügigen Schuss Olivenöl und bestreut mit geriebenem Pecorino Romano bildet sie eins der besten saisonalen, lokalen Gerichte. Dazu kommen die wunderbare Lage der Taverna auf dem Hügel im mittelalterlichen Ostuni im Schatten der Olivenbäume und ein Glas Primitivo in der Hand – diese Kombination beschert Ihnen eine einzigartige Erinnerung an echtes italienisches Essen.

---

☛ WO? *In der klassischen Taverna della Gelosia, 26 Vicolo Tommaso Andriola, Ostuni, Apulien*

# 252

## Zu den Partynächten in Beirut gehört Shish tawook

LIBANON // Einige Restaurants servieren *Shish tawook* (oder *Shish taouk*) ohne Brot und stattdessen mit Reis und eingelegtem Gemüse, doch das ist recht nobel. Am besten probiert man das Lieblings-Straßenessen des Landes an einem Sommerabend in den Straßen von Beirut. Ob auf dem Weg von einer Bar in die andere oder auf dem Rückweg von einer Strandparty, es eignet sich perfekt, um einem Kater vorzubeugen und Sie für die nächste Partyrunde zu stärken. Auch wenn die libanesische Kochszene als innovativ und niveauvoll gilt, kann der knoblauchlastige, über Holz gegrillte *Shish tawook* jeden begeistern, Foodsnobs und Fast-Food-Fans. Die Rezepte variieren ein wenig in Sachen Gewürze und Kräuter, aber meist besteht ein *Shish tawook* aus gewürfeltem Hühnchenfleisch, das in Zitronensaft, Knoblauch, Joghurt, Tomatenpaste, Pfeffer und Salz mariniert und in einem Pitabrot mit Knoblauchsauce, frischer Tomate, Gurken und Pommes frites serviert wird. Achtung: Knoblauchalarm!

☛ WO? *Bei Tabliyit Massaad, das sieben Zweigstellen in der Stadt hat, inklusive der in Gouraud St, Gemmayze, Beirut*

# 253

## Genießen Sie ein zartes Raan biriyani in Mumbai

INDIEN // Vor einigen Jahrhunderten war der Zweck eines guten *raan*, aus den am wenigsten begehrten Fleischstücken etwas Leckeres und Zartes zu zaubern. Dafür marinierten die nomadischen Köche zuerst das Fleisch und brieten es, bevor sie Reis und Masala (Gewürzmischung) hinzufügten. Anschließend wurde das Gericht langsam bis zu köstlicher Perfektion geschmort. Heute verwenden die Köche allerding ausgesuchte Hammelbeine dafür. Obwohl die *Biryani*-Technik gleich geblieben ist, stecken hinter dem grandiosen Geschmack häufig geheime Familienrezepte. Man wird wohl nie erfahren, welche Gewürze in die Marinade gehören oder mit wie viel Ghee das Fleisch begossen wird. Genießen Sie einfach seine Zartheit.

☛ WO? *Shalimar in der Mohammad Ali Rd gilt seit 1970 als Synonym für saftiges Raan biriyani in Mumbai.*

254

253

# 254

## Eine zeitlose Schokoladenleckerei im Café Schober

SCHWEIZ // Beim Betreten des Café Schober in Zürichs Altstadt glaubt man, in einer viktorianischen Villa zu sein. Sogar im Juli verströmt es mit seinen funkelnden Lichtern, dicken roten Samtkissen und den vergoldeten Deckenleisten ein weihnachtliches Ambiente. Bestellen Sie ein Stück Apfelstrudel oder Guglhupf, beides Spezialitäten des Hauses, und natürlich eine Tasse heiße Schokolade. Hier in der Schweiz, wo die Einwohner durchschnittlich 25 Pfund Schokolade pro Jahr essen, bekommen Sie eine der besten in ganz Europa, mit cremiger geschmolzener Schokolade und einer Haube aus dicker Schlagsahne. Ans Café Schober, das es seit dem 19. Jahrhundert gibt, werden Sie sich genauso erinnern wie Generationen von Zürichern.

☛ WO? *Im Winter erleben Sie Livemusik und Weihnachtsdekoration, aber machen Sie sich auf Wartezeiten gefasst! Napfgasse 4, Zürich*

# 255

## In Katalonien den Suquet de peix genießen

SPANIEN // Inspiriert von der Mittelmeerküste, serviert die katalanische Küche Fisch in jeder Form. Mit dem *Suquet de peix* (Fischeintopf) werden alte kulinarische Traditionen auf ein einziges Gericht reduziert. *Suquet* wird mit Gemüse und jeglicher Art Fisch oder Meeresfrüchte gemacht. Richtig Leben erhält es durch die typisch katalanische *Picada*-Sauce. Sie besteht aus gemahlenen Nüssen und Brot, die in Öl angebraten und am Schluss in die Brühe gegeben werden.

☛ WO? *Mit ihrer super Deko ist Barcelonas La Taverneta, Francesc Pujols 3, der richtige Ort, um diesen Klassiker zu genießen.*

# 256

## Ein Bier und eine gedünstete Krabbe an der Ostküste

USA // In Maryland wandern die leckeren Blaukrabben zwischen April und November in die Chesapeake Bay. Sie werden gedünstet und mit Paprika gewürzt. Obwohl es schwere Arbeit ist, das buttrige Fleisch aus der Schale zu pulen, macht es auch eine Menge Spaß, wenn man dabei mit Freunden plaudert und eiskaltes „Natty Boh" (ein in Baltimore gebrautes Bier) trinkt. Vergessen Sie nicht den „Senf" – die gelblichen Krabbeninnereien, die laut Kennern am besten schmecken.

☛ WO? *Außerhalb von Annapolis: Cantler's Riverside Inn, 458 Forest Beach Rd; eines der besten Krabbenrestaurants in Maryland*

# 257

## Spazieren Sie durch Havanna mit dem Bauch voll Ropa vieja!

KUBA // Der liebste Seelentröster der Kubaner ist der Eintopf *Ropa vieja*, der meist mit Rind-, manchmal mit Lammfleisch zubereitet wird. Elementar sind das dünn geschnittene Flankensteak, Tomaten, Paprikastreifen und karamellisierte Zwiebeln, oft werden auch schwarze Bohnen, gelber Reis, Kochbananen und gebratener Maniok hinzugefügt. Für einen Verdauungsspaziergang – und für einen Mojito-Stopp – bieten sich dann die Straßen von Havannas Altstadt an.

☛ WO? *In Havannas Dona Eutemia, Callejón del Chorro No 60c, wo Sie erfahren, warum der Eintopf „alte Kleidung" heißt*

256

# 258

## Nyam (essen Sie) traditionelles Ziegencurry auf Jamaika!

JAMAIKA // Falls Sie während Ihres Aufenthalts keine Einladung zu einem Familienfest erhalten, holen Sie sich eine Schale Ziegencurry von einer der Imbissbuden an der Straße in der Nähe der Buchten am Treasure Beach an Jamaikas Südküste. Mit dem Mund voll feurigem, herzhaftem Curry und einem kalten Bier lassen sich hier perfekt Leute beobachten. Es ist das Gericht für besondere Anlässe und wird zu Geburtstagen, Hochzeiten und allen möglichen Partys sonst serviert. Mit der scharfen Paprikasorte Scotch Bonnet wird das Fleisch langsam geschmort, bis es zart und aromatisch ist. Ziege ist magerer als Lamm und hat einen wildartigen Geschmack, der perfekt zu den Röstaromen des Currys und der gerösteten Brotfrucht, der Beilage, passt.

☛ WO? *In Strikie-T's shack in Billy's Bay zaubert Küchenchef Chris Bennett saisonale und regionale Gerichte wie Ziegencurry nach geheimen Rezepten, gehört zu Treasure Beachs sagenhafter Foodszene.*

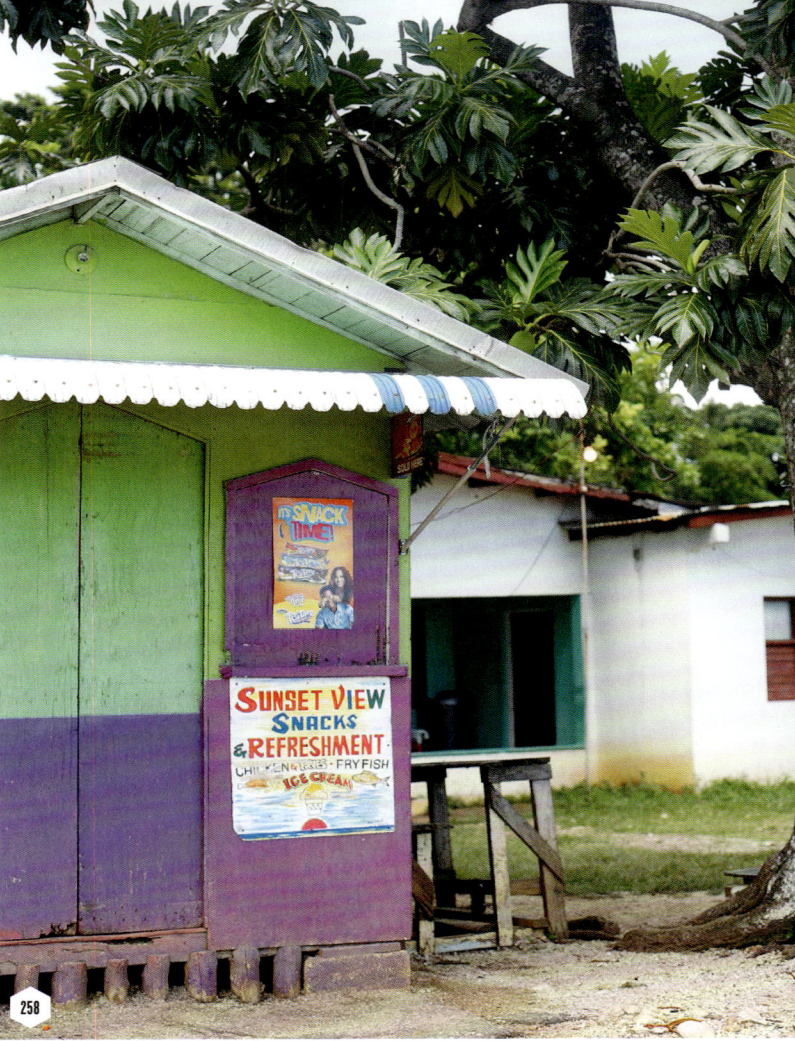

© Daniel Di Paolo

# 259

## Pastrmajlija: eine so gute Pizza, dass man sie jedes Jahr feiert

MAZEDONIEN // Jedes Jahr findet in der Stadt Štip ein Festival zu Ehren der heißgeliebten Pizza *Pastrmajlija* statt. Und ein so gefeiertes Gericht muss einfach gut sein! Das ist auch bei diesem gebackenen Teigfladen so. Der Name kommt von *Pastrma,* was so viel bedeuet wie gesalzenes, getrocknetes Lammfleisch (es geht auch mit Schweinefleisch). Die Pizza wird mit gewürfeltem, salzigen Fleisch belegt, über das einige Eier geschlagen werden. Obenauf kommen scharfe eingelegte Paprika. Viele Restaurants, besonders in der Hauptstadt Skopje, versuchen sich an neuen Belägen, aber die originale *Pastrmajlija* ist die beste: preiswert, lecker und am besten in Gesellschaft verzehrt.

☛ WO? *Jeden September in Štip oder im Pastrmajlija & Grill House, Jane Sandanski, 1000, Skopje*

© Shutterstock / outkast85

© Getty Images / bonchan

# 260

## Machen Sie es wie die Menschen in Beirut: Beginnen Sie den Tag mit Manoushe!

**LIBANON //** Nichts wird Sie besser an ihre morgendlichen Spaziergänge durch Beirut erinnern als ein angenehm warmes *Manoushe* in der Hand. Das vollmundige Aroma von Oregano, Thymian, Majoran und Sumach wird durch das knusprige, gebackene Fladenbrot zum Leben erweckt und repräsentiert den Tagesanbruch in der Stadt. Die Einheimischen versammeln sich bei ihren Lieblingsbackstuben, den *Fern*, um den neuesten Klatsch auszutauschen und vor Arbeitsbeginn zu frühstücken. *Ferns* gibt es überall in der Stadt, viele von ihnen werden seit Generationen von derselben Familie geführt. Alle haben ihr eigenes, gut geschütztes Rezept für *Manoushe*. Allerdings schalten die meisten Backstuben nach der Mittagszeit den Ofen aus.

☛ **WO?** *Wenn Sie durch die Straßen von Beirut spazieren, folgen Sie Ihrer Nase zum nächsten Fern.*

© Getty Images / Eliane29

260

261

# 261

## Nasi lemak kosten: Pandan-Portionen von Singapur auf dem Teller

**SINGAPUR //** Die Löwenstadt ist stolz auf ihre Effizienz: Mit dem MRT-System erreichen Sie hier blitzschnell jeden Ort. Gleichzeitig ist sie sehr vielseitig. Die Metro bringt Sie zum Pool auf dem Dach des Marina Bay Sands, zum grünen Botanischen Garten, zu einer Galerie im Colonial District oder nach Little India, Chinatown oder Arab Street. Und wenn Sie hungrig sind, bringt Sie die Bahn zum nächsten Teller *Nasi lemak*, der malaysianischen Reiskugel mit Kokosmilch, die in ganz Singapur populär ist. Wieder auf dem Weg zum Zug, können Sie das Gericht einfach mitnehmen, eingewickelt in die Pandan-Blätter, in denen der Reis gekocht wurde – effizient und vielseitig!

☛ **WO?** *Ein großartiges Nasi lemak finden Sie bei den Hawker-Buden im Changi Village, und viele weitere daneben, Changi Village Rd.*

# 262

## Meerblick und Straßenküche: Torta di Ceci in Livorno

ITALIEN // Die toskanische Hafenstadt trägt noch die Zeichen ihrer schillernden Vergangenheit: den Architektur-Mix und das Kanalnetz, das Lagerhäuser und Hafen verbindet. An der am Wasser gelegenen Terrazza Mascagni machen Sie einen Stopp für die beliebteste Street Food hier, die *Torta di Ceci*. Der dünne Pfannkuchen aus Kichererbsenmehl wird bei starker Hitze in großen runden Pfannen gebraten, in knusprige Stücke geschnitten und traditionell in Brot serviert.

WO? *Bei den Straßenverkäufern entlang der Terrazza Mascagni, Livorno*

# 263

## Eine Augenweide: die kappadokische Kebab-Sensation

TÜRKEI // Es gibt nichts Appetitanregenderes als ein Spektakel, und das ist im zentraltürkischen Kappadokien garantiert. *Testi Kebap* bedeutet übersetzt „Keramikkebab" und ist ein herzhaftes Fleischgericht, das in einem versiegelten Tontopf gekocht wird. Bei einigen Varianten sprengt der Teig den Deckel, aber alle Töpfe müssen aufgebrochen werden, um an das köstliche Innenleben zu gelangen. Überraschung und Euphorie – als ob man einen der Feenkamine entdeckte.

WO? *Testi Kebap im Sofra Restaurant mit selbstgemachter Sauce ist der originalste und beste. Atatürk Cd, Avanos/Nevşehir*

# 264

## Pfannengericht mit Basilikum, von dem ganz Thailand lebt

THAILAND // Warum gehört *Pad ka pao* zu den beliebtesten Gerichten auf den Straßen Thailands? Stellen Sie sich vor: Ein Verkäufer wirft inmitten einer Wolke aromatischen Rauchs kleingeschnittenes Hühner- oder Schweinefleisch mit Chilischoten und grünen Bohnen in einen Wok. Dann fügt er eine große Handvoll Indisches Basilikum hinzu. Das Basilikum fällt in sich zusammen und verleiht dem Fleisch ein tolles Aroma. Serviert auf Reis und mit Spiegelei ist es unschlagbar.

WO? *Pad ka pao gibt es in Thailand praktisch überall, wo es Straßenküche gibt. Also tatsächlich überall!*

263

266

## 265

### Dampf ablassen bei einem Crawfish Boil am Bayou

USA // Im Cajun-Land Louisiana ist ein Craw-fish Boil ein Erlebnis: Freunde, Nachbarn, Omas ... versammeln sich im Garten, um Bier zu trinken und in riesigen Töpfen säckeweise Krebse zu kochen. Diese Süßwasser-Krustentiere, die wie winzige Hummer aussehen, gedeihen in Lousianas schlammigen Bayous vorzüglich. Sie werden gekocht, gewürzt und dann auf einem mit Zeitungspapier ausgelegten Tisch platziert. Traditionelle Beilagen sind Mais, Kartoffeln und (mehr) Bier.

☛ WO? *Die Crawfish-Saison dauert vom Winter bis zum Spätfrühling, also ab ins Bayou-Land!*

## 266

### Versuchen Sie einmal Falafel aus Bohnen: Ta'amiya!

ÄGYPTEN // Jeder weiß, dass Falafel aus Kichererbsen bestehen, richtig? Nicht in Ägypten, wo die *Ta'amiya* (Falafel) aus Favabohnen gemacht werden, der dicken grünen Bohne, die zu den ältesten Nutzpflanzen der Welt zählt. Deshalb ist *Ta'amiya* auch leichter und flockiger. Seine knusprige Hülle ist mit Sesam bestreut, innen ist sie wegen der Kräuter grün. Die Ägypter rühmen sich als Erfinder der Falafel, doch das ist egal, Hauptsache es schmeckt köstlich!

☛ WO? *Mohammed Ahmed in 17 Sharia Shakor Pasha, Alexandria, ist der Hotspot für Ta'amiya mit allem Drum und Dran.*

## 267

### Chicharrones: der doppelt frittierte kubanische Snack

KUBA // In den Straßen von Havanna isst man *Chicharrones* wie Kartoffelchips. Sonst kennt man sie z. B. als „Schweineschwarten" und es handelt sich dabei um Haut, Fett und manchmal ein wenig Fleisch vom Schweinebauch, frittiert in Schmalz. Ja, Fett frittiert in Fett – ist das ein Problem? Frittiert man es richtig, wird das Fett knusprig und das Fleisch extra aromatisch und weich. Mit einer Handvoll Salz darüber wird das Ganze zu einem der leckersten Snacks der Welt.

☛ WO? *Chicharrones gibt es an Straßenständen und Imbissbuden im ganzen Land.*

268

# 268

## Ob am Straßenrand oder im Restaurant, malaysisches Beef Rendang bringt Ihre Geschmacksknospen zum Jubeln

MALAYSIA // *Beef Rendang*, unbestritten ein König unter den Currys, bedarf stundenlanger Vorbereitungen, um die richtige Zartheit und den reichhaltigen Kokosgeschmack zu erhalten. Das Gericht hat indonesische Wurzeln, wird inzwischen aber in ganz Malaysia und Singapur gern gegessen. Das Besondere in Malaysia ist, dass hier am Straßenrand Buden mit kleinen Holzkohlegrills stehen, auf denen Bambusröhren geröstet werden. In diesen Röhren befindet sich in Kokosmilch gekochter Klebreis, bekannt als *Lemang*. Hier bekommen Sie eine Röhre mit Duftreis auf einen Teller oder ein Bananenblatt, daneben einen großen Löffel *Rendang*. Die Kombination aus Konsistenz und Geschmack ist phänomenal! Falls Ihnen nach einer kultivierteren *Rendang*-Erfahrung ist: Es wird in ganz Malaysia in Restaurants, Food-Courts und Imbissbuden verkauft. Nahezu alle lieben die intensive, scharfe Currysauce und das geradezu im Mund schmelzende Rindfleisch (mit offensichtlicher Ausnahme der Hindu-Bevölkerung).

---

☞ WO? *An improvisierten Grills am Straßenrand, normalerweise an Haltepunkten auf längeren Straßen in ganz Malaysia.*

# 269

## Wiener Schnitzel direkt von der Quelle – ein original österreichisches Erlebnis

ÖSTERREICH // Das Wiener Schnitzel ist ein Gericht, das die Welt erobert hat und wird in jedem Restaurant mit österreichischer oder deutscher Karte zubereitet. Warum sollten Sie sich jedoch mit einer Interpretation zweiter Klasse zufrieden geben, wenn Sie das Originalerlebnis haben können? Im vielseitigen Wiener Restaurant Am Nordpol 3 hält man es mit der Tradition – mehr als die Hälfte des Tellers wird von einem panierten Kalbsschnitzel eingenommen, gebraten in Pflanzenöl, mit einer Zitronenspalte und einem gemischten grünen Salat. Kein Schnickschnack, nur gutes, altmodisches Schnitzel.

Wenn Sie gerne etwas edler essen möchten, finden Sie bei Skopik & Lohn mit seinen weißen Tischdecken eine leckere Version: serviert mit einem Beilagensalat aus Gurke in Dilljoghurt oder klassischem Kartoffelsalat. In jedem Restaurant in Wien, das behauptet, das beste Wiener Schnitzel zu machen, wird Ihnen anschließend Schnaps angeboten, der bei der Verdauung helfen soll – und lecker schmeckt.

☛ WO? *Am Nordpol 3, Nordwestbahnstrasse 17, 1020 Wien und Skopik & Lohn, Leopoldsgasse 17, 1020 Wien*

© Shutterstock / Jorg Hackemann

© StockFood / Schardt, Wolfgang

# 270

## Gehen Sie dorthin, wo die Japaner Tempura perfektioniert haben!

**JAPAN //** Japans Liebe zu Tempura begann im 16. Jahrhundert, als die portugiesischen Händler in Tokio während der Fastenzeit frittierte grüne Bohnen als Fleischersatz aßen. Seither haben die Japaner sich der Perfektionierung dieses einfachen Gerichts verschrieben und absolut alles mit dünnen Teigschichten umhüllt, von Meeresfrüchten bis zu Shiitake. Das Geheimnis eines wirklich guten Tempura ist ein luftig-leichter Teig, der bei jedem Bissen knuspert. Einem Tempura-Koch bei der Arbeit zuzusehen ist wie das Betrachten kulinarischer Performance-Kunst.

☞ WO? *Bei Kawatatsu in Kyoto bekommt jeder Tisch seinen eigenen Koch und Ihr Essen wird frisch für Sie zubereitet. 65 Kuzekawaharacho, Minami-Ku, Kyoto*

# 271

## Für einen spitzenmäßigen Quinoa-Eintopf nach La Paz

**BOLIVIEN //** Von der höchsten Hauptstadt der Welt erwartet man Spitzenessen und im Gustu unter Claus Meyer, Mitbegründer des Restaurants Noma, werden Sie nicht enttäuscht. Aber was hier essen? Ein altes bolivianisches Gericht: Quinoa-Eintopf mit Gemüse, Favabohnen und – Quinoa. Gewürzt wird mit Lorbeerblättern, Petersilie, Salz und Pfeffer. Meyer hat eine innovative Fünf-Sterne-Interpretation des leckeren Eintopfs mit Kombucha, Bohnen und Miso entwickelt.

☞ WO? *Quinoa, wie Sie es noch nie zuvor gegessen haben: im Gustu, Ave Costanera 10, La Paz*

# 272

## Huldigen Sie der Tarta de Santiago!

**SPANIEN //** Santiago de Compostela ist berühmt als Endstation für Pilger auf dem Jakobsweg, doch in der galizischen Stadt ist noch etwas zu bewundern: Zwar gibt es den Mandelkuchen *Tarta de Santiago* schon seit Jahrhunderten, doch erst vor ungefähr 100 Jahren hat eine Konditorei das berühmte Merkmal hinzugefügt: das Jakobskreuz – die sterblichen Überreste des Apostels Jakobus liegen wohl in der Kathedrale –, das beim Bestreuen mit Puderzucker ausgespart wird.

☞ WO? *Die Pastelería Mercedes Mora ist die spirituelle Heimat des Kuchens. Rúa do Vilar 46, Santiago de Compostela*

# 273

## Tacos al pastor: mexikanisch mit libanesischem Einfluss

**MEXIKO //** *Tacos al pastor* (nach „Schäferart") zeigt, wie Einwanderung die nationale Küche bereichert. Um 1800 brachten libanesische Immigranten *Schawarma* aus Lamm und Rind nach Mexiko. Inzwischen wird das Gericht aus Schweinefleisch zubereitet und an einem Drehspieß gegrillt, manchmal mit einer Ananas obenauf. Das Fleisch wird dann in eine Maistortilla gepackt und mit Koriander, Zwiebel und gerösteter Ananas bestreut. Dazu ein Spritzer Limettensaft.

☞ WO? *In Mexico City grillt El Huequito in der Ayuntamiento 21 schon seit 1959 Tacos al pastor.*

272

272

272

# 274

## Beobachten Sie Lanzhous Nudelmacher in Aktion!

CHINA // Lanzhou in Nordwestchina ist der Geburtsort der hand-gezogenen Nudeln, die man als *Lamian* kennt. Hier können Sie den Nudelmachern dabei zusehen, wie sie den Teig gegen eine harte Oberfläche schlagen und ihn ziehen, drehen und falten. Die Ernsthaf-tigkeit, mit der diese Köche ihrer Aufgabe nachgehen, ist schwer zu beschreiben. Wie oft der Teig gefaltet wird, bestimmt die Länge und Breite der Nudel. Die kunstfertige Vorstellung mit einem Hauch von Show steigert Ihre Vorfreude auf die Mahlzeit. Am besten genießt man diese Nudeln in der Rindfleischsuppe *Lanzhou lamian*. Dabei handelt es sich um klassische Sichuan-Küche: feurig, strukturell ausgewogen und randvoll mit Geschmack.

☛ **WO?** *Die angesagten Rindernudelsuppen-Restaurants sind wirklich sehr beliebt. Stellen Sie sich also auf Wartezeiten ein. Das gilt auch für das Mazilu Beef Noodle, Da Zhong alley 86, Lanzhou.*

© Lonely Planet / Matt Munro

## Tessa Kiros

*Tessa Kiros ist die in London leb-ende Autorin von zehn erfolgreichen Reisekochbüchern, darunter „Von der Provence nach Pondicherry" und „Familienrezepte: Bunt wie das Leben".*

### COZIDO, SÃO MIGUEL, AZOREN
Dieses typisch portugiesische Gericht ist etwas schwer; es wird mit Schweineohren, Blutwurst, Schweinebauch und Chorizo gemacht. Aber meines war über Vulkanhitze gekocht und hatte daher völlig unabhängig vom Geschmack etwas Magisches.

### WASSERMELONE UND FETA, GRIECHENLAND
Eine wunderbare Sommererinnerung für mich. Ob Sie es auf Ihrem Balkon in Athen oder am Strand essen, die Kombination aus süß und salzig ist wundervoll.

### WILDLACHS, LAPPLAND
Die Einfachheit und die Minustemperaturen machen es aus: Der Lachs hat hier seinen eigenen Geschmack.

### VANILLE-ENTE, LA REUNION
Vanille wächst toll auf dieser französischen Insel nahe Madagaskar – ich kann mich noch bestens an diesen Geschmack erinnern.

### SARDINEN, ALGARVE, PORTUGAL
Wir haben das Sardinenfestival hier nur durch Zufall entdeckt. Das Allerwichtigste ist das Steinsalz, und dann werden die Sardinen einfach gegrillt und mit einem Stück leckerem Brot zu wunderbarem Wein gegessen.

© Manos Chatzikonstantis

# 275

## Keine Imitationen: Hoi An ist die Heimat der Bánh bao vac

VIETNAM // Die zarten Reispapiertäschchen *Bánh bao vac* sind eine Spezialität der zentralvietnamesischen Stadt Hoi An. Dafür gibt es zwei Gründe: Erstens werden die Täschchen angeblich mit Wasser aus einem Brunnen in der Stadt zubereitet, und zweitens wird das Rezept streng von einer einheimischen Familie gehütet. Die Täschchen werden mit kleinen Portionen Schweinefleisch oder Shrimps gefüllt. Die Ränder des Reispapiers sind vergleichsweise groß und erinnern an weiße Rosenblätter (daher der Name „Weiße-Rose-Täschchen"). Serviert werden sie mit knusprig gebratenem Knoblauch und einem Dip aus Chili und Fischsauce.

☞ **WO?** *Im einzig wahren White Rose Restaurant, gerade außerhalb des touristischen Teils der Stadt. 533 Hai Ba Trung, Cam Pho, Hoi An*

# 276

## Arancini: Siziliens sonnige Stars der Straßenküche

ITALIEN // Palermos Antica Focacceria San Francesco ist seit 1834 ein Garant für rustikales sizilianisches Essen. Hier gibt es auch die „kleinen Orangen", gefüllte Reiskugeln, umhüllt mit Semmelbröseln, die auch durchs Braten ihre wunderbare gold-orangene Farbe bekommen, der sie ihren Namen verdanken. Wohl kamen die Arancini im 10. Jahrhundert nach Sizilien, als die Insel von den Arabern regiert wurde. Der Safran, der zu ihrer gelben Farbe beiträgt, kam damals per Schiff. Sie werden im Dezember bei der Festa della Santa Lucia zu Ehren der Lichtergöttin gegessen, die die Insel vor der Hungersnot im 17. Jahrhundert gerettet haben soll – schmecken aber das ganze Jahr.

☞ **WO?** *Chefkoch Guiseppe di Mauro kocht sie täglich im Antica Focacceria San Francesco auf der Via Alessandro Paternostro, 58, Palermo.*

# 277

## In Indien ist die Pause am Tee-wagen ein nationaler Zeitvertreib

INDIEN // Im teeverrückten Indien kann man kaum einen Schritt gehen, ohne auf einen *Chai Wallah* zu treffen – einen Straßentee-verkäufer. Für einen schnellen Chai aus überbrühten Teeblättern mit Milch und Zucker hat selbst der Vielbeschäftigste Passant Zeit. Mit geübtem Schwung gießt der *Chai Wallah* den Tee aus der Höhe durch einen Baumwollfilter und serviert ihn in winzigen Gläsern oder Metalltassen. Die Rezepturen variieren je nach *Wallah* und Region – häufig wird frischer Ingwer hinzugefügt, genau wie Zimt, Nelken und Kardamom. Einige Wallahs bieten auch Snacks an: Toast, Eier, *Vada Pav* und gebratene Häppchen. Viele stehen seit Jahrzehnten an der-selben Stelle und sehen zu, wie Indiens Städte wachsen.

---

☛ WO? *Wenn Sie einen Wallah finden, trinken Sie eine Tasse – ob am Bahnhof, dem Obstmarkt, am Wanderpfad. Und finden Sie Ihre Lieblingssorte!*

# 278

## Gönnen Sie sich eine Açaí-Schale auf Beléms riesigem Markt

BRASILIEN // Beléms mehr als 36 000 Quadratmeter großer Mercado Ver-O-Peso besitzt in Brasilien Nationalerbe-Status. Nicht unbedingt wegen seiner Größe oder der mehr als 200 Buden, sondern wegen seiner faszinierenden Lage (gegenüber der Guajará Bay am Amazonas) und seiner Architektur. Inmitten der Fischbuden des faszinierenden Eisenmarkts und dem lebhaften Abschnitt für Obst und Gemüse, selbst gemachte Saucen, Nutztiere und gekochte Gerichte gibt es einen eigenen Bereich für *Açaí*-Beeren – das trendige Superfood mit anti-oxidativer Wirkung, das die Basis für *Açaí na tigela* (oder *Açaí*-Schalen) bildet. Hier ist der richtige Ort für die pürierte *Açaí*-Palmenfrucht mit Guaraná-Sirup und Müsli sowie Bananenscheiben obenauf zum Früh-stück, eine gute Stärkung für den Markt-Bummel.

---

☛ WO? *Außerhalb von Belém fragen Sie an Kiosken und Saftbars (sucos) entlang der nordöstlichen brasilianischen Küste nach „a-sa-i" na tigela.*

# 279

## Ein weniger bekanntes Gericht: Khao Soi-Suppe in Chiang Mai

THAILAND // *Khao Soi* ist vom benachbarten Myanmar beeinflusst und wird in ganz Nordthailand gegessen, hat es jedoch noch nicht auf die Speisekarten in Übersee geschafft. Also auf nach Thailand, um die Neugier zu befriedigen oder diese Suppe wieder einmal zu essen! In Chiang Mai finden Sie ein großes Angebot an *Khao Soi*, von einfachen Imbissständen am Straßenrand mit Plastikstühlen über Freiluftcafés voll glücklicher Kunden bis hin zu Nobelrestaurants. Dort bezahlen Sie nicht unbedingt mehr für einen besseren Geschmack, sondern nur für den Komfort einer Klimaanlage. Dort, wo die meisten Menschen essen, schmeckt die Suppe am besten! *KhaoSoi* hat einen rauchigen Kokosgeschmack mit Spuren von Kardamom, Ingwer, Zimt und Kurkuma, dazu kommen Eiernudeln und saftiges, zartes Hühnchen. Serviert wird es mit Limette, Chili und eingelegten Senfkörnern.

🠶 WO? *Open-Air-Einkaufszentrum nahe des Nachtbasars; Khao Soi SamerJai, Fa Ham, Mueng Chiang Mai District, Chiang Mai 50000*

© Lonely Planet / Matt Munro

279

© Lonely Planet / Matt Munro

279

© StockFood / Shippen, Mick

279

203

280

# Frühstück mit langhalsigen Freunden in einem Vorort von Nairobi

**KENIA //** In dieser äußerst ungewöhnlichen Hotelvilla wird man Sie bitten, frühzeitig beim Frühstück zu erscheinen. Nicht, weil sonst Ihr Essen kalt wird, sondern, weil ganz früh am Morgen einige Frühstücksgäste für einen Bissen aus dem Wald kommen. Vertrauen Sie uns, das wollen Sie nicht verpassen!

Sobald Sie Ihren Platz am Fenstertisch eingenommen haben, wird sich kurz darauf eine surreale Szene wie aus einem Dr. Dolittle-Film vor Ihnen abspielen. Zuerst tritt langsam eine Herde Rothschild-Giraffen graziös aus dem Wald und schreitet auf das Hotel zu, das am Stadtrand von Nairobi liegt. Diese unsagbar großen, beinahe magischen Kreaturen spazieren zwanglos zum Fenster an Ihrem Tisch, stecken ihre langen Hälse hindurch und schnappen sich einen Happen von Ihrem Teller. Dann lassen sie den sanften Blick über das merkwürdige menschliche Spektakel vor sich schweifen und verschwinden wieder in den Busch.

☛ WO? *Sichern Sie sich einen Fensterplatz im Giraffe Manor, Gogo Falls Rd, Nairobi.*

# 281

## Ein Schälchen voll Takoyaki bei Tokios Avantgarde

JAPAN // Entdecken Sie Tokios Mittelpunkt für alles Niedliche (kawaii) und Moderne im unglaublich coolen Bezirk Harajuku. Neben der Avantgarde findet man hier lebendige Straßenkunst, Cosplay-Läden, Shops für Retrokleidung, Edelboutiquen und hippe Cafés und Bars. Am besten tauchen Sie tief ein, kaufen ein Pappschälchen voll *Takoyaki*-Kugeln von einem Imbisswagen, setzen sich irgendwo hin und genießen den Trubel. Diese weichen Kugeln in Golfballgröße sind mit gewürfeltem Tintenfisch gefüllt und mit Mayonnaise, Bonitoflocken und einer Worcestershire-ähnlichen Sauce bedeckt. Zum Essen spießt man sie mit einem Zahnstocher auf. Ein bisschen merkwürdig, aber sie machen süchtig. Genau wie Harajuku.

☛ *WO? In Tokio im Gindaco Takoyaki Outlet auf dem Toshikazu Bldg, Jingumae, Shibuya, oder von einem Van mit Tintenfischzeichen*

281

282

# 282

## Alaska-Königskrabbe mit „Mac and Cheese"? Das muss einfach schmecken!

USA // Es kommt einem komisch vor, eine der meistgeschätzten Zutaten der Welt in Käsemakkaroni zu essen, aber genau dieser skurrile Exzess macht dieses Gericht so köstlich. Es könnte natürlich auch an der Krabbe liegen. Die beeindruckenden Mengen an saftigem, weichem, süßlich schmeckendem weißen Fleisch aus den Beinen der gewaltigen Alaska-Königskrabbe stehen in Kontrast zum griffigen Gruyère und dem Parmesan in *Mac and Cheese*. Diesen Luxus gönnen Sie sich am besten in einem von Anchorages Meeresfrüchterestaurants, ganz in der Nähe der Heimat der Krabbe im Beringmeer.

☛ *WO? Bei Orso, 737 W 5th Ave, Anchorage, Alaska*

# 283

## Krabben-und-Curry-Gericht am Strand von Tobago

**TRINIDAD & TOBAGO //** Tobagos kulinarisches Erbe verbindet Traditionen aus der gesamten Welt. Sein Nationalgericht, Krabben und Klöße (Crab and Dumplings), ist ein auf karibische Art aufgepepptes Curry mit Gewürzen aus Indien, Afrika, Europa, Asien und Südamerika. Achtung: In den Buden am Strand wird morgens ein Topf voll gekocht! Wenn der leer ist, gehen die Köche nach Hause.

---

☞ *WO? Der Strand an der Spitze von Pigeon Point Heritage Park bietet tolles Essen und Livemusik. Pigeon Point Beach, Crown Point*

# 284

## Fangen Sie Ihre eigene Krabbe in Darwin!

**AUSTRALIEN //** Die Darwin-Region ist die Heimat besonders vieler und großer Exemplare der köstlichen Mangrovenkrabbe. Da das kommerzielle Fischen hier weitgehend verboten ist, kommen einheimische Fischer zum Zug. Einige von ihnen nehmen Besucher mit auf die Expeditionen. Hier können Sie selbst Ihre Krabben fangen, bevor Sie sie anschließend kochen und genießen. Saison ist während der Trockenzeit (Mai–Oktober).

---

☞ *WO? Auf einer der Fangtouren für Mangrovenkrabben am Darwin Harbour. Kochzeit: 12 Minuten*

# 285

## Shingara: die unverwechselbare südasiatische Teigtasche

**BANGLADESCH //** Die meisten von uns würden eine *Shingara* und eine *Samosa*, beides gefüllte Teigtaschen, wohl verwechseln, nicht so ein Bangladescher. Die pyramidenförmige *Shingara* hat eine deftigere Umhüllung und eine fleischlose Füllung aus Kartoffeln, Erbsen, Blumenkohl und Erdnüssen. Beide werden mit Gewürzen verfeinert und mit einem Dip serviert; aber nur die *Shingara* gilt als eigenständige Mahlzeit.

---

☞ *WO? Shingara bekommen Sie bei Imbissbuden oder einfacheren Restaurants.*

# 286

## Ein Meeresparadies in Tahiti mit Poisson cru

TAHITI // *Poisson cru* ist ein simples kulinarisches Meisterwerk aus frischen Thunfischstücken, die in Limettensaft zu würziger, butterweicher Perfektion blitzmariniert werden. Anschließend werden sie mit reiner Kokosmilch übergossen und mit Gurken, geriebenen Möhren und manchmal auch Zwiebeln und Tomaten, Salz und Pfeffer vermischt. Das Gericht wird serviert mit weißem Reis und kann bei Meeresblick und mit Sand zwischen den Zehen süchtig machen!

☛ WO? *Das traditionelle Gericht finden Sie überall; in den internationalen Restaurants in Tahiti finden Sie auch kreative Varianten.*

# 287

## Vorsicht bei diesem königlich scharfen Curry in Rajasthan!

INDIEN // *Laal maas* ist definitiv nichts für Zartbesaitete. Es wurde in den königlichen Küchen von Rajasthan entwickelt und enthielt scharfe Gewürze, um den Geschmack des Wilds zu überdecken. Zwar garantiert eine Lammkeule heute die Zartheit, doch die wunderbare Mischung aus Gewürzen und sehr großzügig zugesetzten feurigen roten Chilischoten und Knoblauchknollen ist geblieben. Das langsam geschmorte Curry wird ihnen die Tränen in die Augen treiben.

☛ WO? *Das palastartige Jaipur's Restaurant 1135 AD serviert Rajasthani-Gerichte. Nr Sheela Mata Temple, Amer Palace, Amer*

# 288

## Gehen Sie zur Quelle des Risotto alla Milanese!

ITALIEN // Im Tal des Po, nicht allzu weit von der kulinarischen Hauptstadt Mailand entfernt, fanden sich die perfekten Wachstumsbedingungen für den Reis, der im Mittelalter nach Italien kam. Nach jahrhundertelangen Experimenten hatten die Mailander um 1800 die Kunst perfektioniert, ihren geliebten Carnaroli-Reis in das sonnenscheinfarbene, berühmteste Risotto der Welt zu verwandeln. Dazu dünsteten sie ihn in Butter und fügten eine Rindfleischbrühe mit Safran hinzu.

☛ WO? *Authentisches, hausgemachtes Risotto finden Sie in der Trattoria da Abele, Via Temperanza, Mailand.*

# 289

## Erlesene Straßenküche: ein sagenhaftes Hummerbrötchen in Maine

USA // New Englands Straßenküche ist nobel. Vergessen Sie die Fritteuse, fettigen Käse oder hochverarbeitete Fleischprodukte. In Maine werden die Hotdog-Brötchen mit frischem Hummer gefüllt! Überall an der wilden, felsigen Küste finden Sie Fischbuden, Imbissstände, Kantinen und sogar Supermärkte, die diesen noblen und doch einfachen Snack anbieten. Viele Varianten der Zubereitung gibt es nicht, denn jeder weiß, dass die erstklassige Hauptzutat kein Beiwerk benötigt. Standardmäßig wird also Hummerfleisch aus Körper, Zangen und Beinen auf ein getoastetes Brötchen gehäuft, mit Butter beträufelt und mit Salz und Pfeffer gewürzt. Manchmal wird auch Mayonnaise dazu angeboten, entweder im Brötchen oder als Beilage – edel!

☞ WO? *In der alteingesessenen Imbissbude Red's Eats am Wasser in der hübschen Stadt Wiscasset, Maine*

289

290

# 290

## Die beste Party von allen: ein nordisches Krebsfest

FINNLAND, SCHWEDEN & NORWEGEN // Ein *Kräftskiva*, auch als Krebsparty bekannt, ist ein nordisches Fest, das Sie sich nicht entgehen lassen sollten! Vielleicht symbolisiert allein der Anblick dieser kleinen roten Krebse *(Rapu)* den Sommer, auf jeden Fall verspricht das jährliche *Kräftskiva* eine gute Zeit mit Trinken, Singen, Verkleiden und dem Auslutschen winziger Krebse. Alle versammeln sich um den Tisch, tragen alberne Hüte, schlürfen lautstark und prosten sich mit reichlich *Snaps* und Bier zu. Falls Sie keine Erfahrung im Auspuhlen kleiner Schalentiere haben, beobachten Sie Ihren Nachbarn. Es gibt keine wirkliche Technik, aber Sie müssen auf jeden Fall viel drehen und beißen. Schlägt alles fehl, heben Sie einfach Ihr Glas.

☞ WO? *An einem warmen Augustabend mit einer Gruppe Freunde, einer Schüssel Krebse und genügend Alkohol für die Trinksprüche*

# 291

## Graben Sie einen Löffel voll Ful medames aus, dem Dip der Pharaonen!

ÄGYPTEN // *Ful medames*, gekochte heiße Favabohnen, ist vermutlich genauso alt wie die Pyramiden, und die Ägypter sind auf ihr Nationalgericht ebenso stolz wie auf ihre berühmten Bauwerke. *Fūl*, wie es die Einheimischen nennen, finden Sie überall – vom Frühstückstisch eines bescheidenen Zuhauses bis hin zu den feinsten Restaurants in Kairo und Alexandria. Die Rezepturen variieren, aber häufig wird es mit Kurkuma, Knoblauch, Zitronensaft, Petersilie und Olivenöl zubereitet. Streichen Sie es auf rauchiges, steingebackenes Fladenbrot und essen Sie es zusammen mit hartgekochten Eiern und Tomaten-Gurken-Salat. Mit dem warm-pikanten Gericht beginnen Sie den Tag ganz ausgezeichnet. Es soll sogar in uralten Gräbern Beweise für *Fūl* geben.

 WO? *Die ägyptische Fast-Food-Kette El Tabei El Domiaty macht ein würdiges Ful medames und hat Filialen im ganzen Land.*

# 292

## Foodie-Fanklub des britischen Chefkochs Yotam Ottolenghi

GB // Mit seinen Restaurants, Kochbüchern und TV-Auftritten hat der israelisch-britische Chefkoch Yotam Ottolenghi eine Bewegung geschaffen, die Menschen durch Essen glücklich machen will. In der „Testküche" in Camden entwickeln Ottolenghi und sein Team originelle Rezepte nach Inspirationen aus der internationalen Küche und beziehen alle Zutaten von einem Netzwerk von Traditionslieferanten aus GB und Europa. Ottolenghis Online-Shop verkauft viele dieser Produkte an die wachsende Zahl der Anhänger seiner innovativen Rezepte mit globalem Blick. In London können Sie zwischen vier Ottolenghi-Restaurants wählen oder sich das Essen liefern lassen. Gehobene Küche direkt an Ihre Haustür – das macht jeden glücklich!

WO? *In Londons Ottolenghi Islington, 287 Upper St; es ist ein Feinkostgeschäft und Restaurant mit einem Gemeinschaftstisch.*

# 293

## Bò kho: Eintopf mit asiatischen und französischen Einflüssen

**VIETNAM //** Der französische Einfluss auf die vietnamesische Küche wird besonders in Rindfleischgerichten deutlich, wie bei der Nudelsuppe Pho. Weniger bekannt ist *Bò kho*, ein Rindereintopf, bei dem Rindfleisch, Karotten und Kartoffeln durch südasiatische Gewürze wie Fischsauce und Zitronengras ergänzt werden. *Bò kho* besticht geschmacklich durch eine Garnitur aus aromatischen Kräutern und Reis als Beilage.

☛ WO? *Kosten Sie Bò kho bei Lien Hoa, 15-17-19 Duong 3/2, in Dalat, wo Sie sich bei diesem Seelenfutter wie zuhause fühlen.*

# 294

## Nudeln für alle in den feinsten Sanuki-Udon-Buden

**JAPAN //** Jahrhundertelang aßen die Einwohner der Präfektur Kagawa unbehelligt ihre *Sanuki*-Nudeln, bis die Medien in den 1980ern sie zu den ultimativen Nudeln erklärten. Die bissfesten, gleichzeitig weichen *Sanuki*-Nudeln werden in ganz Japan geschätzt. In Kawaga gibt es hunderte *Udon*-Buden. In diesen Restaurants mit Selbstbedienung wärmt man seine Nudeln in warmem Wasser auf und sucht sich Beilagen und Toppings aus.

☛ WO? *Bei Hariya ist so viel los, dass Sie schnell essen sollten, doch es lohnt sich. 587-174 Gotocho, Takamatsu, Präfektur Kagawa*

# 295

## Feiern Sie einen Geburtstag in Suriname mit Pom!

**SURINAME //** Ein surinamisches Sprichwort besagt: *„Kein Geburtstag ohne Pom"*, was zeigt, wie sehr die Surinamer diesen Hühnerauflauf mit Zitrusfrüchten und *Pomtajer* (einheimisches Wurzelgemüse) schätzen. Wo es herkommt, ist nicht ganz klar – die ehemaligen niederländischen Kolonialherren, aber auch die Juden sehen sich als die Erfinder. Egal, gehen Sie bei Ihrem nächsten Surinam-Trip auf eine Geburtstagsparty!

☛ WO? *Bei einer Zusammenkunft von Einheimischen (Sie können ja einfach so tun, als hätten Sie Geburtstag!)*

294

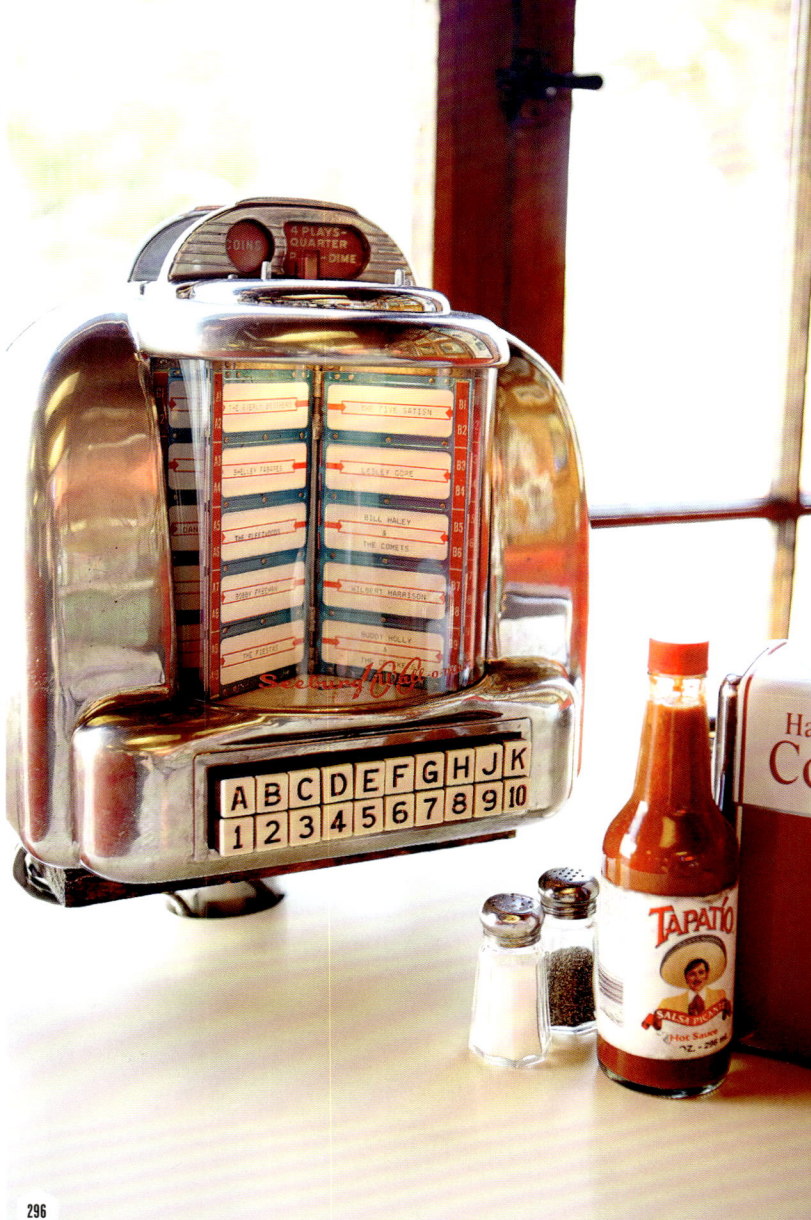

# 296

## Der echte amerikanische Traum in einem Diner, wo es immer Frühstück gibt

**USA //** Jeder hat eine Vorstellung von einem traditionellen amerikanischen Diner, und sei es anhand von Hollywood-Serien und Filmen. So sehen wir praktisch die Szene mit uns darin: Wie wir unabhängig von der Tageszeit in die Vinylnische gleiten, eine kaugummikauende Kellnerin herübergeschlendert kommt und den Stift hinter dem Ohr hervorzieht, um unsere Bestellung von der laminierten, einseitigen Speisekarte aufzunehmen. Es ist eine entspannte, preiswerte und einfache Erfahrung, von den Amerikanern perfektioniert. Die Speisekarten der Diner sind eine Greatest-Hits-Sammlung von klassischem

Seelenfutter: Burger und Pommes, Pasteten und Kartoffelbrei, Eier und Schinkenspeck, Waffeln und Pfannkuchen, Corned Beef Haschee, Hackbraten, Brathühnchen, Zitronen-Baisertorte, Milchshakes, und so weiter. Aber zuerst: Kaffee, direkt am Tisch eingegossen. Und nachgefüllt wird gratis! Entscheiden Sie dann in Ruhe, welche kulinarische Umarmung Sie sich von Amerika heute gefallen lassen.

---

🕿 **WO?** *Überall in Amerika, in winzigsten Orten und größten Städten. In Los Angeles empfehlen wir Pann's Diner in 6710 La Tijera Blvd.*

## Ben Shewry

*Ben Shewry ist der Küchenchef und Besitzer des Attica in Melbourne. Er war außerdem einer der sechs Köche im Netflix-Dokumentarfilm „Chef's Table".*

**01**

MOLE, RESTAURANT QUINTONIL, MEXICO CITY In diesem engagierten kleinen Restaurant macht der Chefkoch Jorge eine Mole, die super sättigend und überraschend ist.

**02**

EISCREME-SANDWICH, LUNE, MELBOURNE Bei der Zubereitung wirken die Mitarbeiter beinahe wie buddhistische Mönche: Das Eiscreme-Sandwich besteht hier aus spiralförmig geschichtetem Croissantteig mit einer perfekten Scheibe Eis dazwischen.

**03**

BORDIER-BUTTER; BURGUND, FRANKREICH Die Butter macht ein Mann namens Jean Yves Bordier und sie schmeckt besser als jeder

Käse. Er muss magische Kühe besitzen, ist aber ein bisschen schwierig zu finden.

**04**

FISCHTACOS IN BOHEMIA-BIERTEIG, EL MOLINO CENTRAL, SONOMA Die Geschäftsführerin ist eine Art Dianne Kennedy für mexikanisches Essen. Bei dieser Hütte am Straßenrand bestellt man von einer Tafel. Die Zuaten sind regional und ethisch.

**05**

ROTBARBEN-TAGLIATELLE, TIPO00, MELBOURNE Diese relativ neue „Pastabar" hat eine kleine Revolution ausgelöst. Dieses Gericht ist wunderbar gekocht: frische, hier gefertigte Pasta mit ein wenig Safran.

## 297

# Einen weltberühmten ungarischen Winterwärmer kosten

UNGARN // Das Gulasch entstand bei ungarischen Kuhhirten, die über ihren Lagerfeuern einfache Eintöpfe kochten – ungarisch *gulyás* bedeutet „Rinderhirten". Und wer den wärmenden Charakter dieses Gerichts im Winter genießt, kann sich vorstellen, wie froh die Hirten darüber waren. Der langsam geschmorte Rindereintopf erhält seine typisch rostbraune Farbe durch großzügige Mengen Paprikapulver aus Paprikaschoten, die in südungarischen Ebenen wachsen. Gebunden mit Kartoffeln und anderen Wurzelgemüsen wird er auch oft mit winzigen Eiernudeln namens *Csipetke* serviert. Gulasch finden Sie überall, in mittelalterlichen Kneipen, aber auch in Nouvelle-Cuisine-Bistros.

☛ *WO? Im Hortobágyi Csárda im Hortobágy Nationalpark, einer Taverne aus dem 18. Jahrhundert, wird Gulasch in einem Kessel serviert.*

297

# 298

## Beißen Sie in Tokio in perfekte Onigiri!

JAPAN // Onigiri gibt es in Japan überall; Sie finden sie in jedem Gemischtwarenladen. In Tokio sind sie dreieckig, woanders in Japan können es Kugeln oder Ovale sein. Für die beste *Onigiri*-Erfahrung sollten Sie jedoch zu einem *Onigiri*-Laden wie Yodoroku gehen, dem ältesten in Tokio, der 1954 seinen ersten Reisball verkaufte. Bei einem guten *Onigiri* komt es auf den Reis an: Chefkoch Yosuke Miura im Yadoroku verwendet duftenden *Koshihikari*-Reis aus Niigata. „Sobald sich die Qualität der Ernte ändert, verwende ich andere Sorten, damit ich garantiert die richtige Klebrigkeit und den richtigen Geschmack erhalte", sagt er. Zu den Füllungen gehören eingelegtes Gemüse, Baby-Anchovies und Ingwer in Miso.

☛ WO? *Yosuke Miuras Yadoroku Onigiri-Shop befindet sich unter 3-9-10 Asakusa, Taito-ku im nordöstlichen Tokio.*

# 299

## Gönnen Sie sich Malaysias beste Wan tan!

MALAYSIA // Außerhalb Malaysias ist dieses Gericht eher als *Wan tan* bekannt. Doch in den Straßen von George Town, der Hauptstadt der Straßenküchen von Penang, dreht sich alles um *Wantan mee*. Dabei handelt es sich um eine Schüssel lockere Eiernudeln mit einer dunklen Geheimsauce, abgerundet mit *Wan tan* (kleinen, fleischgefüllten chinesischen Klößchen), *Char siu*-Schweinefleisch und einer Gemüsegarnitur. Natürlich löst meistens die Sauce die Diskussionen aus, welcher Verkäufer besser ist: Jeder verwendet seine eigenen Geheimzutaten und Sie dürfen Ihren Favoriten ermitteln. *Wantan mee* wird meist mit einer Pilz-inspirierten Sauce oder in einer Brühe von Huhn oder Schwein serviert – oder in einer trockenen Variante.

☛ WO? *Besuchen Sie bei Sonnenuntergang Penangs Chulia St und warten Sie geduldig auf die beliebtesten Nudeln von George Town.*

300–
399

# 300

## Essen Sie in Island ein Hotdog – es ist so gut wie gesund!

ISLAND // Die isländische Küche verfügt über ein paar Besonderheiten wie gekochter Papageientaucher und fermentierter Hai, aber an den Imbissbunden wird ein bekannterer Snack verkauft: Ein Hotdog bzw. *Pylsa* oder *Pulsa*. Das Fleisch dieser Würstchen kommt von im relativ sauberen Island frei grasenden Schafen. Es gibt auch welche aus Schwein oder Rind, die von Höfen stammen. Auch die Pelle ist 100% Natur, was angeblich ein Knacken beim Hineinbeißen garantiert.

☛ WO? *Sogar Bill Clinton war in Reykjavik bei Bæjarins Beztu Pylsur, dort gibt es „the Clinton", so wie er ihn bestellt hat.*

# 301

## Teepause im alten Kyoto – mit niedlichen Wagashi

JAPAN // *Wagashi* sind zarte japanische Konfekte, die oft zum Tee serviert werden. Als handgefertigte Farbkleckse schmeicheln Sie genauso sehr dem Auge wie der Zunge. Knabbern Sie im Frühling an *Sakuramochi*, niedlichen Päckchen aus rosa Reiskuchen und roter Bohnenpaste im Kirschblütenblatt! Probieren Sie im November, dem Monat des Schweins, die kleinen *Inokomochi* in Form eines Schweins. Oder gönnen Sie sich *Manjū*, die wie Früchte oder Tiere aussehen.

☛ WO? *Kagizen Yoshifuza in Kyoto stellt Wagashi seit der Edo-Zeit her. 264 Gionmachi Kitagawa*

# 302

## Berauschen Sie sich am Bierfisch aus dem Fluss Li in Yangshou!

CHINA // Der Li mäandert durch die Kalksteinschönheit von Yangshuo und ist Lebensraum von Karpfen. Nur die größten werden für die Yangshuo-Bierfische ausgewählt, große Portionen sind also garantiert. Der Karpfen wird zunächst in Kamelienöl frittiert und dann mit scharfer Paprika und frischem Gemüse in Bier gegart. Während die würzige Suppe einkocht, zerfällt der Fisch in kleine Stücke aus weißem Fleisch, die vom Frittieren auf einer Seite knusprig sind.

☛ WO? *Im Freien, genießen Sie die Lichter und beobachten Sie die Menschen im MeiJie Yangshuo. E-101 Sunshine 100 Guihua Rd*

# 303

## Einen Tag dem Kakao – in Quitos Salón del Chocolate

ECUADOR // In Ecuador wurden wahrscheinlich die allerersten Kakaobohnen geerntet, und heute wird dort mehr qualitativ hochwertige Schokolade produziert als irgendwo sonst. Das reicht als Grund, um die Süßigkeit jeden Mai bei einem Festival zu feiern. Hier kann man alles über den Entstehungsprozess von der Bohne zur Tafel erfahren, jeden aus der Industrie treffen, von Bauern über Händler bis zu den Experten sowie andere Schokoholiker und, am verlockendsten, selbst von der mit Liebe gemachten Schokolade kosten.

☛ WO? *Sie sind nicht im Mai in Quito? Probieren Sie Chez Tiff in der Calle de la Ronda.*

# 304

## Lassen Sie das Feuer der Maori bei einem Hangifestmahl lodern!

**NEUSEELAND //** Die Maori in Neuseeland bereiteten ihr Essen traditionell in großen, unterirdischen Ofengruben namens *Hangi* zu. Fleisch und Wurzelgemüse wurden in Flachsblätter gewickelt, auf heiße Steine gelegt, mit einem feuchten Tuch bedeckt und für bis zu zwei Stunden vergraben (je nach Fleischsorte). Diese Methode wird zwar immer noch angewandt, aber nur noch zu besonderen Gelegenheiten. Einer der besten Orte, um eine *Hangi*-Mahlzeit zu erleben, ist das Tamaki Maori Village. In dieser nachgebauten Siedlung tauchen Sie tief in die Kultur ein, erfahren etwas über uralte Rituale und Traditionen in Kunst und Handwerk, wie Maorikrieger lebten, ja und sogar wie man *Haka* tanzt. Der Höhepunkt des Abends ist das *Hangi* – Ihre Gastgeber werden die Rituale rund um die Essenszubereitung erklären, während zartes Fleisch und Gemüse aus dem Boden geholt und am Lagerfeuer gegessen werden. Es ist eine einzigartige Möglichkeit, einen Einblick in diese stolze Kultur zu erlangen, und satt werden Sie auch!

☛ **WO?** *Als Teil eines bewegenden Erlebnisses im Tamaki Maori Village, 1220 Hinemaru St, Rotorua City, Rotorua*

# 305

## Cocktails und lokale Küche auf dem Ngorongoro-Krater

TANSANIA // Der Ngorongoro-Krater in Tansania ist die weltweit größte durchgehend vulkanische Caldera. Sie entstand vor Millionen Jahren, als der Vulkan in sich zusammenbrach. Der Boden der Caldera erstreckt sich über 260 km² und ist 610 m tief. Der Kraterboden besteht vor allem aus offenem Grasland und zieht Löwen Zebras, Gnus, Hyänen und das seltene Spitzmaulnashorn an. Es ist viel los, da es das gesamte Jahr über Safaritouren gibt, aber wenn Sie in der Ngorongoro Crater Lodge hoch oben auf dem südwestlichen Rand essen, werden Ihnen keine Menschenmassen die Sicht verstellen. Die Speisekarte ist von regionalen Zutaten inspiriert, die aus nahen Dörfern stammen – also Proteinreiches wie Schaf und Ziege. Es ist luxuriös, auch wenn nichts an die umwerfende Pracht der Natur heranreicht.

☛ WO? *Ngorongoro Crater Lodge, Ngorongoro Krater*

# 306

## Probieren Sie Hong Kongs Variante einer knusprigen Ente!

CHINA // Sie trägt unterschiedliche Namen, Röstgans oder Bratente kantonesisch, und unterscheidet sich von der Pekingente. Die Version aus Hong Kong ist höchstwahrscheinlich ein Ableger des 700 Jahre alten Rezepts für Pekingente, beide haben diese typische, knusprige Haut, aber in Hong Kong ist die Ente/Gans innen stärker gewürzt. Die Bratente im Hong-Kong-Stil wird in Stücken mit Haut serviert, das zarte Fleisch ist würzig. Wenn es eine mit Michelinsternen verzierte Ente sein soll, dann müssen Sie zu Kam's Roast Goose in Wan Chai, aber wenn Sie den knusprigen Bratgeschmack lieber in lockerer Atmosphäre genießen wollen, gehen Sie zu Yat Lok, wo die Ente mit einer leichten Brühe und Vermicellinudeln serviert wird.

☛ WO? *Bei Kam's Roast Goose, Po Wah Centre, 226 Hennessy Rd, Wan Chai oder Yat Lok, Conwell House, 34-38 Stanley St, Central*

# 307

## Machen Sie es wie einst die Nomaden und bestücken Sie in Islamabad einen Schisch Kebab!

**PAKISTAN //** Dieser Klassiker der Tandooriküche wurde wahrscheinlich von zentralasiatischen Nomaden erfunden, noch bevor eindringende türkische Soldaten die Methode übernahmen. Sie benutzten einfach ihre Klingen, um Fleisch aufzuspießen und über dem Lagerfeuer zu grillen. Der Name kommt vom türkischen „Schisch", was Schwert oder Spieß bedeutet und „Kebab", Fleisch. Für das klassische Schisch-Kebab wird Lamm mit frisch gemahlenen Gewürzen wie Ingwer, Knoblauch, Koriander und Kumin gewürzt. Dann wird das Fleisch um einen Metallspieß in Wurstform gebracht. Zum Glück wurden die Lagerfeuer der Soldaten inzwischen durch das Kohlefeuer des Tandoor ersetzt. Überall in Pakistan werden Sie regionale Unterschiede in den Marinaden finden und Kebab aus jeglichem Fleisch, außer vom Schwein.

☛ **WO?** *Schauen Sie vom Restaurant Monal auf die Lichter Islamabads und stellen Sie sich vor, es wären die Lagerfeuer von Nomaden, die die ersten Schisch-Kebabs grillen. Pirsohawa Road, Islamabad.*

# 308

## Reißen Sie mit einem CalMex-Burrito Grenzen nieder!

**USA //** Mexikanisches Essen ist in Kalifornien (das einst großteils zu Mexiko gehörte) schon lange beliebt. In einem Land, in dem alles mega sein muss, hat Kalifornien seine große Variante dieses klassischen Gerichts erfunden. *Mission-Style-Burritos* sind so überfüllt, dass man zwei Weizentortillas braucht, um die Menge von Fleisch und Bohnen, Käse, rotem Reis, Gemüse und Salsa zu halten. Bestellen Sie einen „wet Burrito", der von einer roten Chilisauce und zerlaufenem Käse bedeckt ist – Vorsicht! Flecken! Auch wenn der Burrito inzwischen fast so amerikanisch ist wie Applepie, sind seine mexikanischen Wurzeln noch zu erkennen. Der beste Ort, einen zu essen, ist eine schlichte mexikanische Taqueria, wo man das Gefühl hat, jenseits der Grenze zu sein.

☛ **WO?** *Meist steht man vor El Farolito, 2779 Mission St., San Francisco für diese Mission-Style-Burritos Schlange.*

# 309

## Erschnüffeln Sie an der frischen Luft holländische Moschus-Erdbeeren!

NIEDERLANDE // Es ist unmöglich, an Moschus-Erdbeeren vorbei-zugehen, da ihr Aroma über 100 m weit trägt. Was auch gut ist, denn diese recht kleinen Erdbeeren gehören zu den schmackhaftesten ihrer Familie. Sie werden oft mit der bekannteren Walderdbeere verwechselt, aber Moschus-Erdbeeren (oder ganz wissenschaftlich *Fragaria moschata*) explodieren im Mund mit einem Geschmack, der als Mischung aus Erdbeere, Himbeere und Ananas beschrieben wird. Da sie zu zart für die Massenproduktion sind, gibt es diese Schätze nur wild wachsend in der Natur.

☛ WO? *Wandern Sie durch den tollen Utrechtse Heuvelrug National Park, achten Sie auf Hecken und folgen Sie ihrer Nase!*

# 310

## Genießen Sie Murgh Makhani in seiner Heimat Delhi!

INDIEN // In so ziemlich jedem indischen Restaurant auf der Welt fin-det man *Murgh Makhani* (Butterhuhn) auf der Speisekarte, aber wenn möglich, sollten Sie es in Alt-Delhi im Moti Mahal essen. Dieses le-gendäre Restaurant ist ein Retroschatz. *Murgh Makhani* mit in Joghurt marinierten, in einer buttrigen Tomatensauce gegarten Hühnerstücken ist eines der beliebtesten Currys Indiens. Sein Ursprung liegt im Dunk-len, vermutlich wurde es in den 1950ern von einem Gastwirt in Delhi erfunden und basiert auf Rezepten aus dessen Heimatregion Punjab. Essen Sie dazu Basmatireis und Naanbrot aus dem Tandur-Ofen und ergänzen Sie das milde Curry mit etwas Minzchutney. Warm, cremig, mit leichten Röstaromen ist es echtes Essen für die Seele.

☛ WO? *Überall auf der Welt, aber am besten im Moti Mahal, 3704 Netaji Subhash Marg, Alt-Delhi*

# 311

## Rillettes, ein Brotaufstrich aus Frankreich

FRANKREICH // Kann etwas französischer sein als eine Scheibe Baguette, die dick mit Fett und Fleisch bestrichen ist? Die Rede ist hier nicht von Pâté, sondern von *Rillettes*. Traditionell wird dafür Schweinefleisch lange im eigenen Fett und Saft gekocht, bis es vom Knochen fällt, und dann grob zerkleinert. Salzig und geschmeidig wird es oft in den Bistros als Vorspeise serviert, eventuell mit Senf und Cornichons. Meist wird Schweinefleisch verwendet, aber man bekommt auch *Rillettes* aus Ente, Kaninchen und sogar Fisch.

☛ WO? *In Tours an der Loire gibt es besonders erfolgreiche Rillettesproduzenten.*

# 312

## Ab nach Nanaimo für kanadischen Knusper!

KANADA // Auch wenn Nanaimo-Schnitten in ganz Kanada geliebt und gegessen werden, sollte man sie am besten in ihrem Heimatort auf Vancouver Island, Nanaimo, probieren. Ob Sie nun mit einem Wasserflugzeug vom Coal Harbour in Vancouver aus die Straße von Georgia überquert haben oder, genauso beeindruckend, mit einer Fähre, das Reiseerlebnis ist erst komplett, nachdem Sie diese spektakuläre Süßspeise mit drei Schichten – Schoko, Pudding und nussiger Keksboden – geschlemmt haben.

☛ WO? *Genießen Sie die „kanadische Donauwelle" zu einem Cappuccino im Bocca Café.*

# 313

## Akee und Stockfisch für einen Tag in der karibischen Sonne

JAMAIKA // Die Küstenwäldchen am Treasure Beach sind wahr gewordene Karibikträume. Man verbringt den Tag am Strand mit Sonnenbaden, Schwimmen, Schnorcheln ... nachdem man zuallererst in Jakes Restaurant den berühmten Stockfisch mit Akee verspeist hat. Die afrikanische Frucht Akee wird mit gekochtem Stockfisch, eingekochter Paprika, Tomaten, Zwiebeln und scharfen Scotch Bonnet Chilis zum Frühstück serviert. Könnte man einen Tag sonniger Freizeit besser beginnen?

☛ WO? *Bei Jakes, Jakes Hotel, Calabash Bay, Treasure Beach, St Elizabeth*

# 314

## Staunen Sie über die merkwürdigen, wundervollen (und leckeren) Wesen der Tiefsee auf dem großen Fischmarkt Noryangjin!

SÜDKOREA // Der größte Fischmarkt in Seoul, direkt am Fluss Han, ist ein nasses und hektisches Durcheinander von Tonnen frischen Fischs und frischer Meeresfrüchte, von brüllenden Fischhändlern und staunenden Touristen. Es ist ein großer Spaß. Anders als auf dem Fischmarkt Tsukiji in Tokio verkaufen die Händler in Noryangijin auch kleine Mengen. Bummeln Sie an den Ständen vorbei, bevor Sie sich entscheiden. Es gibt hier so viele exotische und ungewöhnliche Arten zu sehen, nicht zuletzt den *Gaebul*, ein Igelwurm, der auffällig einem gewissen, männlichen Körperteil ähnelt. Die meisten Koreaner kommen hierher, um *Hoe* zu kaufen, rohen Fisch in Streifen, und die Händler helfen gern, auch wenn Sie kein Koreanisch sprechen. Schauen Sie zu, wie sie Ihren Fisch in Sekunden geschickt schuppen, ausnehmen und schneiden. Wenn Sie ihn gekocht haben möchten, gehen Sie damit direkt zu den Restaurants vor Ort. Vor Morgengrauen werden die frischesten Fische und Meeresfrüchte versteigert.

👉 WO? *Noryangijin Fischmarkt, 674 Nodeul-ro, Noryangjin 1, Dong-jak-gu. Restaurants im Untergeschoss und dem 2. Stock*

315

# Nepalesische Momos, saftige Klöße von ziemlich weit oben

NEPAL // Diese Klöße sollen aus den Bergen Tibets stammen, Händler sie in die Welt hinausgetragen haben. Jungen Nepalesen ist die Herkunft der *Momos* allerdings ziemlich egal – sie können aber nicht genug von den saftigen Teilen bekommen. Die halbmondförmigen Päckchen sehen auf jeden Fall sehr hübsch aus, in den dekorativen Rillen setzt sich leckere Sauce ab. Meist sind sie mit fettigem Fleisch wie Schwein oder Büffel gefüllt, ein guter *Momo* ist also saftig. Probieren Sie sie gedämpft und frittiert.

☛ WO? *Station, The Food Club and Sausage Park (Niva Galli, Pokhara) in Nepal*

316

# Probieren Sie Pap en Vleis, ein Gericht, das Südafrika eint!

SÜDAFRIKA // Als die Apartheid endete, wurde aus Südafrika die Rainbow Nation. *Pap en Vleis* bringt diese Einstellung auf den Teller, da es die kulinarische Tradition Schwarzafrikas mit der der weißen Buren verbindet. Der *Pap* ist eine Art Maisgrütze, die schon lange ein wichtiges Nahrungsmittel für die Ärmsten des Landes ist. Das *Vleis* (Afrikaans für Fleisch) ist eine würzige Wurst aus Rind- und Schweinefleisch namens *Boerewors*. Beides harmoniert perfekt.

☛ WO? *Bei Mzoli, Gugulethu, Kapstadt Central, gibt ess tolles traditionelles Essen.*

317

# Tomate trifft Reis in Nigerias reichhaltigem Party-Food

NIGERIA // Wahrscheinlich hat das Volk der Wolof, das früher über die Region herrschte, die heute den Senegal und Gambia umfasst, den Jollofreis erfunden. Über die Jahrhunderte ist er zu einer Quelle des Stolzes der Nigerianer geworden. In Nigeria gibt es mehr Varianten dieses Tomaten-Reis-Gerichts als Reiskörner darin enthalten sind. Keine zwei Jollofreiszubereitungen schmecken gleich – immer gibt es eine Geheimzutat hier und eine dort … Die Grundidee ist, dass der Reis in einer lecker gewürzten Tomatensauce oder einem Eintopf gekocht wird.

☛ WO? *Bei jeder festlichen Gelegenheit*

© Getty Images / Johner Images

© Lonely Planet / Susan Wright

# 318

## Schlecken Sie in Lima Zuckerrohr vom Straßenverkäufer!

PERU // Wenn Sie nachmittags in Lima etwas Appetit verspüren, halten Sie Ausschau nach einem Straßenhändler mit meterlangem *Caña de azúcar* (Zuckerrohr). Der Händler entfernt das hölzerne Äußere und schneidet das Innere in kreisrunde Stücke. Dann kaut man auf dem fasrigen Rohr, um den süßen Saft herauszuholen. Man kann es sich auch leichter machen und direkt den Saft kaufen – die meisten Verkäufer haben bunte Handpressen, aber das macht nicht halb so viel Spaß.

☛ WO? *Caña-de-azúcar-Verkäufer findet man in allen größeren Städten Perus.*

# 319

## Tiramisù: Ein himmlisches Dessert

ITALIEN // In der uralten Stadt Treviso, deren Kanäle sich mit denen Vendigs messen können, hat ein Gastwirt das beliebteste Dessert der Welt erfunden. Laut Legende wünschte sich Ada, die Frau von Aldo Campeol, etwas Leichtes, Süßes und Erfrischendes, und er erfand das Tiramisù. Laut Originalrezept aus den 1960ern werden Löffelbiskuits mit Kaffee getränkt, dazu kommen Mascarpone, Zucker, Kakaopulver und Eigelb, eventuell auch noch Marsalawein oder Rum.

☛ WO? *In der hübschen und gemütlichen Le Beccherie. Piazza Ancilotto 9, Treviso*

# 320

## Schwedische Kaffeepause: zum Fika die Semla

SCHWEDEN // Als christliches Symbol für Fastnachtsdienstag erfunden, tauchen *Semla* inzwischen schon bald nach Weihnachten auf. Schwedische Bäckereiauslagen zeigen die runden, cremegefüllten süßen Brötchen bereits dann. Und wie isst man die? Zum *Fika*, natürlich. Diese Kaffeepause gehört zum schwedischen Lifestyle. In jeder Bäckerei wird man Sie warm und freundlich empfangen, wenn Sie dort Ihr Weizenbrötchen genießen möchten.

☛ WO? *Zwischen Weihnachten und Ostern in Bäckereien in ganz Skandinavien*

**321**

# 321

## Ein schöner Sommertag auf dem Land in England ist perfekt für einen Ploughman's Lunch

**GB //** Timing ist alles im Leben. Sollten Sie an einem sonnigen Maitag, wenn die Luft nach Blumen duftet und Vögel über die Hecken fliegen, im Harrow Inn in Hampshire, England, sein, können Sie sich glücklich schätzen. Der Pub aus dem 17. Jahrhundert, dessen Tür so niedrig ist, dass sich die meisten Leute bücken müssen, wird seit 1929 von der Familie McCutcheon geführt. Die einfachen Gerichte sind hausgemacht und das *Ploughman's Lunch*, das früher die Feldarbeiter sättigen sollte, ist perfekt für einen Nachmittag im Garten, an einem wackligen Tisch, umgeben von Mohn, Wicken und Rosen. Eine dicke Scheibe hausgebackenes Brot mit einem Stück Cheddarkäse wird serviert, dazu eingelegtes Gemüse, Salat und ein Pint des örtlichen Ale. Die Düfte des englischen Sommers gibt's obendrein. Wenn Sie Lust haben, spazieren Sie ganz entspannt den Hügel hinunter zum Bach.

🢂 **WO?** *Das Harrow Inn liegt zwischen Steep und Sheet im Nord-osten Hampshire, nahe dem Cricketplatz und Tennisclub.*

322

322

# 322

## Genießen Sie die glitzernde Schönheit der kroatischen Küste mit einer Schüssel schwarzem Risotto!

**KROATIEN //** Früher einmal war die eindruckvolle dalmatische Küste in Kroatien ein Geheimtipp, aber inzwischen hat es sich herumgesprochen, dass sie der umwerfendste Küstenstreifen Europas ist. An den weißen Klippen über dem kristallklaren Wasser liegen kleine Dörfer mit roten Dächern. Es gibt unzählige, verborgene Buchten zwischen kleinen Halbinseln, und Olivenhaine bis ans Meer. Hier gibt`s alles – wilde Partys, völlige Zurückgezogenheit – und dazu die mediterrane Küche mit Fisch und Meeresfrüchten. Nach einem Tag an der Sonne, mit Schwimmen im blauen Meer, führt ein Glas erfri-

schender *Gemist* (Weißweinschorle) mit einer Schüssel schwarzem Risotto voller frischem Tintenfisch direkt ins kulinarische Nirwana. Das Risotto ist schwarz – von der dickflüssigen, intensiven Sepiatinte, die kurz vorm Servieren dazugegeben wird – und der Tintenfisch zart und frisch, direkt aus dem Meer. Der darüber geriebene Parmesan sorgt für genau die richtige Menge an Fülle und Biss. Unter Freunden hat man doch keine Geheimnisse, oder?

☛ **WO?** *Bei Konoba Matejuška, Ul Tomića stine 3, Split*

# 323

## Mas Huni – der total tolle tropische Genuss

**MALEDIVEN //** Auf den Malediven, einem tropischen Inselstaat, der zu über 90 % aus Ozean besteht, sind *Mas* (Fisch) und *Huni* (zerstoßene Kokosnuss) die Herzstücke der Küche, *Mas Huni* ist ein beliebtes Frühstück. Traditionell wird es aus geräuchertem Thunfisch, Kokosnuss, Zwiebeln, Chili und Limette gemacht und mit Kokosnussfladenbrot serviert. Beim Räuchern und Trocknen in der Sonne geht es heute weniger um Haltbarkeit als um den deftigen Geschmack des Fischs.

☛ **WO?** *In Ihrem Hotel, die meisten bieten Mas Huni zum Frühstück an*

# 324

## Kunst und Kulinarik: Rex Whistler in London

**GB //** Das Rex Whistler Restaurant ist die kulinarische Alternative zu einer Tasse Tee samt Mittagsschläfchen für Kunstfans, die von all den Meisterwerken in der Tate Britain überreizt sind. Es ist ein Meer aus weiß gedeckten Tischen, umsäumt von riesigen Wandmalereien des Malers Rex Whistler von 1927. Auf der traditionell englischen Speisekarte finden sich Gerichte wie Hirschgeschnetzeltes und Wildpastete, die Weinkarte ist eine der umfangreichsten und besten im Land.

☛ **WO?** *Im britischsten aller Museen, der Tate Britain, Millbank, London*

# 325

## Probieren Sie Bún Cha, Hanois Präsidentenspeise!

**VIETNAM //** Dieses Gericht aus Hanoi erlangte vor ein paar Jahren weltweite Aufmerksamkeit als US-Präsident Barack Obama im Bún Cha Huong Liên speiste. Bún Cha ist der ultimative Mittagssnack für gestresste Bewohner Hanois und besteht aus gegrilltem Schweinefleisch („Cha") auf einem Bett aus weißem Reis („Bun") mit Kräutern und einem Dip. Mischen Sie alles und genießen Sie! Die engen Gassen der Stadt sind voller Bún Cha Bistros, jedes hat seine eigene Version.

☛ **WO?** *Bún Cha Bach Mai grillt Cha an Bambusspießen. Lane 213, Bach Mai St, Hai Bà Trung District, Hanoi*

325

© Getty Images / bonchan

# 326

## Zum Sake gibt's in Tokios Gassen unschlagbares gegrilltes Yakitori

JAPAN // Es ist nicht gerade die appetitlichste Adresse für ein kulinarisches Erlebnis, aber *Vakitori* in einer der *Pissgassen* in Shinjuku in Tokio zu essen ist ein Vergnügen. Alles begann in den 1940ern: In engen Gassen wurden Alkohol und *Yakitori* serviert, in Lokalen, die keine Toiletten hatten – die Gäste mussten also improvisieren. Heute sehen die Gassen fast genauso aus wie vor 70 Jahren, was eine echte Leistung ist, da sie 1999 abgebrannt sind. Sie wurden sorgfältig rekonstruiert, um so nah am Original zu bleiben wie möglich. Mit einer Ausnahme – es gibt jetzt Toiletten. Alle Lokale hier sind völlig gleich,

spazieren Sie also herum, bis Sie einen freien Platz finden. Nach ein paar Bier und einem Sake oder zwei wird das Raucharoma all dieser Grills Ihnen klar machen, dass es Zeit für ein paar *Yakitori* ist. Fast alle Lokale haben ihren eigenen kleinen Holzkohlegrill, um diese leckeren Hühnerspieße zu grillen, und wir versprechen, dass sie dann das Gefühl haben werden, noch niemals etwas Besseres gegessen zu haben.

☛ WO? *In jedem Lokal in 1 Chome-2, ShinjGBu, Tokio. Bei Daikokuya gibt es über 150 verschiedene Sorten Sake.*

# 327

## In Rom führen alle Wege zu einem Supplì

ITALIEN // Sie ähneln den *Arancini*, die man in anderen Regionen Italiens bekommt. *Supplì* ist die römische Version einer Reiskrokette – längliche Bällchen mit leckerem Käse. Dieser frittierte Imbiss besteht aus Risottoreis in einer würzigen Tomatensauce und ist mit Fleisch oder Mozzarella gefüllt, dann in Eigelb und Semmelbröseln gewälzt. Wenn man es öffnet, zieht der Käse appetitliche Fäden. Dieser Effekt gab dem *Supplì* seinen Namen, der vom französischen *Surprise* kommt.

☞ WO? *Ganz traditionell hergestellte Supplì gibt es bei La Gatta Mangiona, Via Federico Ozanam 30-32, Rom.*

© Lonely Planet / Justin Foulkes

**329**

# 328

## Aristokratische Genüsse in prächtigen Budapester Cafés

UNGARN // Gönnen Sie sich nach einem Morgen im Fin-de-Siècle-Bad Gellért ein Stück *Dobostorte* in einem der großartigen Kaffeehäuser Budapests. Die Karamelldecke, die Biskuitschichten und die Schokoladenbuttercreme stehen ganz im Zeichen des opulenten 19. Jahrhunderts. Chefkonditor József Dobos hat die Torte 1885 in Budapest erfunden und Kaiser Franz Joseph serviert. Auf Anhieb ein großer Erfolg ist sie seitdem ein Klassiker der anspruchsvollen Konditorei.

☞ WO? *Das Café Gerbeaud in Vörösmarty tér 7-8 g serviert der Budapester Elite schon seit über hundert Jahren Dobostorte.*

# 329

## Aller guten Saucen sind sieben

MEXIKO // *Mole* ist so eng mit Oaxaca verbunden, dass der Ort als Stadt der sieben *Mole* bekannt ist. Am bekanntesten ist *Mole Negro* mit Schokolade, Chilis, Obst, schwarzem Pfeffer und Zimt. Sie ist tiefrot und die Hauptzutat, Schokolade, ist aus dunklem Oaxaca-Kakao, der der Sauce ihren süßbitteren Geschmack verleiht. *Mole* wird zu vielen Gerichten gereicht, von *Tamales* und *Enchiladas* bis zu frittierten Kochbananen. Probieren Sie alle sieben, um Ihren Liebling zu finden.

☞ WO? *Im Mercado 20 de Noviembre in Oaxaca gibt es viele Molestände, probieren Sie bei Comedor María Teresa.*

# 330

## Knacken Sie die Kruste auf einer Crème brûlée!

FRANKREICH // 2001 hieß es im Film *Die fabelhafte Welt der Amélie*, dass es eine der schönsten kleinen Freuden des Lebens sei, die Zuckerkruste auf einer *Crème brûlée* mit dem Teelöffel zu durchstoßen. Auf den Straßen von Montmartre, wo der Film größtenteils spielt, ist diese Freude besonders intensiv. Danach kommen Sie an die feste, softe Creme. Traditionell wird dieser Bistroklassiker in einzelnen Förmchen serviert, das perfekte Dessert nach einer Lauchtarte.

☞ WO? *Das Le Coupe-Chou, 11 rue de Lanneau im Latin Quarter, peppt seine Vanille-Crème-brûlée mit Grand Marnier auf.*

# 331

## Lassen Sie Platz für ein Franceshina, Portos Supersandwich!

PORTUGAL // Wenn Sie die Tausende Kalorien ersetzen wollen, die Sie beim Surfen auf den wilden Atlantikwellen im Norden Portugals verbraucht haben, ist ein *Franceshina* das Richtige. Ob Sie glauben können, was Sie lesen, wenn wir die die Hauptzutaten dieses magenfüllenden Sandwichs aus Porto aufzählen? Zwischen zwei Stücke Brot kommen Schinken, geräucherte Schweinswurst, Kochwurst, Steak und Roastbeef. Oben auf dem geschlossenen Sandwich landet ein Spiegelei. Dann wird alles mit Käse bedeckt, gegrillt und mit einer Sauce aus Tomaten und Bier übergossen. Ach, und normalerweise wird es mit Pommes Frites als Beilage serviert ... Ironischerweise bedeutet der Name dieses epochalen Sandwichs „kleiner Franzose", und wenn man genau hinsieht, erkennt man vielleicht eine gewisse Ähnlichkeit zum französischen *Croque Madame*.

🡒 WO? *Beißen Sie in dieses Biest im Café Santiago, R. de Passos Manuel 226, Porto.*

# 332

## Das passende Frühstück zum Münchner Oktoberfest

DEUTSCHLAND // Ein paar pralle gekochte Kalbswürste mit süßem Senf und eine Brezel so groß wie Ihr Kopf, dazu eine eiskalte Maß Bier. Stöhnt Ihr Magen bereits bei der Vorstellung? Nun, das ist bloß das Frühstück. Willkommen in Bayern! Die Weißwurst aus Kalbfleisch und Schweinerückenspeck, gewürzt mit Zitronenschale, Petersilie und Kardamom, ist weder gepökelt noch geräuchert, daher will es die Tradition, dass man sie ganz frisch verzehrt und die Wurst das Mittagsläuten nicht hören darf. Die dazugehörige Brezel (bzw. *Brezn*), die ihre goldbraune Kruste einem Bad in Natronlauge verdankt, gibt es hier schon seit dem Mittelalter. Natürlich frühstückt man auch in Bayern nicht täglich so, aber einen Tag auf dem Oktoberfest kann man nicht besser beginnen.

🡒 WO? *Die Gaststätte Großmarkthalle in der Kochelseestr 13, München öffnet um 7 Uhr morgens und serviert die, wie viele meinen, beste Weißwurst, spülen Sie sie mit einem Weißbier hinunter.*

## Wylie Dufresne

*Wylie Dufresne ist Koch und Besitzer des Du's Donuts in Manhattan sowie ein Pionier der Molekularküche.*

**PIZZA NICE SLICE; PROVIDENCE, RHODE ISLAND** Mein Liebling ist Parallel Universe: Ricotta, Frühlingszwiebeln, schwarzer Pfeffer, Bacon, Mozzarella, Olivenöl und Cheddar.

**FISSHHAUTTACO; HIJA DE SANCHEZ, KOPENHAGEN** Das Lengua- (Rinderzunge) Taco ist super, aber wenn's das Fischhaut-Taco gibt, ist das die Profientscheidung.

**BABYTINTENFISCH MIT ZWIEBELN; ASADOR PORTUETXE, BASKENLAND, SPANIEN** Es ist beeindruckend, in einem Lokal zu essen, das 150 Jahre älter als dein Heimatland ist.

**SUPER CAKE DOUGHNUT; CURIOSITY DOUGHNUTS, STOCKTON, NEW JERSEY** Wegen des Super Cake Doughnut fährt man hin, wegen des Puddingdoughnut bleibt man.

**THE SET MENU, SINGLE THREAD; HEALDSBURG, KALIFORNIEN** Die Betreiber verschmelzen Kalifornien und Japan, da die lokalen Jahreszeiten den japanischen entsprechen.

# 333

## Stachlige Krebse aus Sri Lanka im Ministry of Crab

SRI LANKA // Im noblen Restaurant Ministry of Crab hebt der Promikoch Dharshan Munidasa die Küche Sri Lankas auf ein neues gastronomisches Niveau. Das Lokal in einem 400 Jahre alten Haus im holländischen Kolonialstil, das früher einmal ein Krankenhaus war, ist eine einzige Hommage an alles, was mit Krebsen zu tun hat. Auf der Speisekarte stehen international inspirierte Gerichte wie der Knoblauch-Chili-Krebs, der Aromen der italienischen und japanischen Küche vereint, sowie lokale Legenden wie der Currykrebs, der leicht in Curry aus Sri Lanka gedünstet wird. Aber am besten schmeckt das zarte Fleisch dieser stachligen Wesen kalt mit einer warmen Butter-sauce. Zum Glück ist das Restaurant nicht übermäßig fein, sodass man sich danach die Finger lenken kann.

☛ **WO?** *Im Ministry of Crab, Old Dutch Hospital, Colombo*

# 334

## Alles unter Dach und Fach auf dem Adelaide Central Market

AUSTRALIEN // Wir schreiben das Jahr 1869. Drei Stunden vor Sonnenaufgang stellen Gemüsegärtner provisorische Stände in der Gouger Street auf, bereit, ihre Produkte an Adelaides Bürger zu ver-kaufen. Aus der Dunkelheit tauchen Hunderte begeisterte Käufer auf. Um sechs Uhr ist alles ausverkauft. Das war der vielversprechende Beginn des Adelaide Central Market. Heute findet er in einem pitto-resken roten Ziegelsteingebäude statt. Mit über 70 festen Händlern ist er einer der größten, überdachten Märkte auf der Südhalbkugel. Er bietet selbst für den wählerischsten Gourmet noch etwas, da es hier von Speziallokalen bis hin zu altmodischen Obst- und Gemüse-ständen alles gibt. Während Sie durch die hektischen Gänge bummeln wird deutlich, dass die Händler es ernst meinen, wenn sie sagen, sie wollen zum weltweit führenden Lebensmittelmarkt werden.

☛ **WO?** *Steuern Sie direkt auf Stand 69 zu und schnappen Sie sich einen Smoothie – „gesünder als ein Hipster auf Gesundheitstrip", um Kraft für Ihren Weg über den Markt zu haben. Gouger St, Adelaide*

# 335

## Chili con Carne: Das originale Tex-Mex-Gericht

USA // Trotz des Namens, der an spanische oder mexikanische Wurzeln glauben lässt, ist Chili con Carne – Chili mit Fleisch – so texanisch wie riesige Gürtelschnallen, auch wenn es irgendwann in der Mitte des 19. Jahrhunderts in San Antonio eher gestohlen als erfunden wurde. Heute ist es das perfekte Essen für eine Fahrt durch Texas, ein Gericht, dessen Aromen umso klarer werden, je mehr Versionen Sie probieren, in Raststätten, Grilllokalen oder auf Jahrmärkten.

☛ WO? *In Houstons ältestem Tex-Mex-Lokal, Molina's Cantina, gibt es eine traditionelle Schüssel mit Crackers für unter 10 $.*

# 336

## Ein süßes Feuerwerk: Bengalische Rasgulla-Kugeln

INDIEN // Diese Leckerei zergeht wirklich auf der Zunge! *Rasgulla* bestehen aus einem Teig aus Gries und *Chhena* (Indischer Frischkäse), der zu Kugeln gerollt und in Zuckersirup gekocht wird. Der Sirup durchdringt die Kugel und es entsteht ein blasser, kleiner Kloß mit einem delikaten, süßen Geschmack. *Rasgulla* sind so lecker, dass die Regierungen von West Bengalen und dem benachbarten Odisha seit Jahrzehnten darüber streiten, wo sie erfunden wurden.

☛ WO? *An den Straßenständen und in Süßigkeitenläden in ganz Bengalen*

# 337

## Ratatouille: Die ganze Provence auf einem Teller

FRANKREICH // *Ratatouille,* ein farbenfrohes Gemüsegericht mit Tomaten, Kräutern und frischem Olivenöl, erzählt vom Sommer. Neben den Tomaten wachsen auch die anderen Zutaten üppig auf den provenzalischen Feldern, nämlich Aubergine, Zucchini, Knoblauch, Paprika, Basilikum und Thymian. Manche Varianten werden sorgfältig geschichtet, andere rustikal zusammengewürfelt. So oder so – mit einem Stück warmem gegrilltem Brot ist es ein herausragendes Essen im Freien.

☛ WO? *Im charmanten Familienbetrieb La Rossettisserie in 8 rue Mascoïnat, Nizza gibt es Ratatouille zu jedem Hauptgericht.*

© Lonely Planet / Myles New

© Getty Images / Olives for Dinner

© Thomas Schauer

338

© Brent Herrig

338

© Thomas Schauer

338

# 338

## Stellen Sie sich in New York für einen kultigen Cronut® an!

USA // Ob es regnet oder schneit, vor Dominique Ansels New Yorker Bäckerei steht immer eine Schlange, und das schon vor 8 Uhr früh. Die Meisten kommen hierher, um auf ihrer To-Eat-Liste einen Haken mehr zu setzen. Sie kommen wegen des Cronut®, dem zartblättrigen Croissant-Donut, den das Konditoreigenie Dominique erfunden hat. Ist er das Warten wert? Zweifellos, nicht zuletzt wegen der netten Gesellschaft in der Schlange, aber auch wegen der süßen, cremegefüllten, frittierten Leckerei selbst.

☞ WO? *Bei Dominique Ansel Bakery in 189 Spring St, New York City*

# 339

## Genießen Sie in Kuwait einen kulinarischen Mix!

KUWAIT // Die Küche von Kuwait ist eine Mischung aus arabischen, indischen, mediterranen und iranischen Einflüssen. Zusammen mit der großen Gastfreundschaft hier ergibt das eine kulinarische Kultur, die sich mit den besten der Welt messen kann. Der ganze Stolz der kuwaitischen Küche ist Huhn *Machboos* oder *Machboos ala Dajaj*. Jeder Kuwaiter kann dieses würzige Fleisch-und-Reis-Gericht zubereiten, die Liste der Gewürze dafür ist armlang. *Machboos* gibt es bei Familienfesten und in Restaurants.

☞ WO? *Vor Ort in einer Familie oder bei Freej Suwaileh Salmiya, Kuwait-Stadt*

# 340

## Ein Traum wird wahr: Besuch in einer Confiserie

SCHWEIZ // Auch wenn die Kakaopflanze aus der Neuen Welt stammt, kommt die Schokolade, die wir heute lieben, aus der Alten Welt, aus der Schweiz. Dort wurden glatte Tafeln aus den Kakaobohnen, die Conchiermaschine wurde erfunden, um die Kakaobutter gleichmäßig zu verteilen. Erfahren Sie alles über die Geschichte und die Produktpalette in der riesengroßen Confiserie Sprüngli, einer Institution für Kaffee, Gebäck und eine ganze Welt hausgemachter Schokolade, der Traum jedes Schokoholikers.

☞ WO? *In der Confiserie Sprüngli, Bahnhofstrasse 21, Zürich*

# 341

## Genießen Sie den Pazifik auf einem Teller mit dem chilenischen Fischeintopf Cazuela de Mariscos!

CHILE // Das schmale Chile zieht sich über 4000 km am Pazifik entlang, es gibt also viel Küste und viele Fischgerichte. Es ist daher nur logisch, dass dieses große Angebot an Fisch und Meeresfrüchten sich im Lieblingsgericht des südamerikanischen Landes verbindet, der *Cazuela*: Ein Eintopf, für den Fisch oder Fleisch mit Gemüse in Brühe gekocht wird.

*Cazuela de Mariscos* heißt übersetzt Fischeintopf, aber selbstverständlich stecken darin auch Meeresfrüchte. Wichtig ist, dass weißer Fisch und Meeresfrüchte wie Krabben, Muscheln

und Garnelen (oft in der Schale) lange mit Zwiebeln, Tomaten und anderem Gemüse und Kräutern in einem geschlossenen Topf köcheln, bis die Aromen einander durchdringen. Das ist ein Gericht, das man am Wochenende mit der Familie genießt, und zwar in aller Ruhe. Die Tradition verlangt, dass der Saft zuerst geschlürft wird, dann isst man die weichen Fischstücke und das Gemüse.

---

☛ WO? *In den Regionen Aisén und Magallanes findet man diesen Fischeintopf auf praktisch jeder Speisekarte.*

# 342

## Grillen Sie mit Freunden Braai, das südafrikanische Barbecue, das seinen eigenen Feiertag fordert!

SÜDAFRIKA // *Braai* ist nicht einfach die südafrikanische Art, Fleisch zu grillen, *Braai* ist untrennbar mit der Kultur verwoben, ein wesentlicher Bestandteil des Lebensstils. Die Südafrikaner nehmen *Braai* so ernst, dass es Bestrebungen gibt, den National Heritage Day am 24. September gleichzeitig zum National Braai Day zu machen. Dafür gibt es gute Gründe: Der Heritage Day feiert die Vielfalt der südafrikanischen Kultur und Traditionen – wie könnte man das besser tun, als mit Familie und Freunden leckeres Essen über Feuer zu grillen? In Kapstadt gibt es jedes Wochenende überall *Braai*, aber es lohnt sich, extra zum Heritage/Braai Day hinzureisen, wenn die festliche Fröhlichkeit ansteckend ist. Kapstadts wunderschöne Lage ist einer der Gründe, warum man hierherkommen sollte, aber auch, weil man in Kapstadt großen Wert auf innovative Küche legt und also nicht nur ein Würstchen auf den Grill haut. Es werden hausgemachte *Boerewors* serviert, Straußensteaks, Rumpsteaks in Biermarinade und mehr. Es gibt kaum ein authentischeres kulinarisches Erlebnis in Südafrika als *Braai*.

🔪 WO? *Mit Freunden im Wynberg Park, Wynberg, Kapstadt*

# 343

## Nicht nur ein Instagram-Hit: Avocadotoast aus Melbourne!

**AUSTRALIEN //** Wenn es ein Gericht des neuen Jahrtausends gibt, das global populär wurde und x-mal auf Instagram zu sehen ist, dann Avocadotoast. Den besten gibt's dort, wo er herkommt: in Australien. Insbesondere in einem Café wie Top Paddock in Melbourne, das Avocado mit Erbsen, Schalotten, Minze, Ziegenkäse, Chilisalz und einem pochierten Ei kombiniert. Oder ganz schlicht im The Kettle Black mit „saisonaler" Avocado auf einer Toastscheibe mit etwas Algensalz.

☛ WO? *Top Paddock, in der 658 Church St.; The Kettle Black in der 50 Albert Rd. Beide in Melbourne*

# 344

## Beißen Sie in Xi'an in einen 2000 Jahre alten Burger!

**CHINA //** Dieser „chinesische Hamburger" ist 2000 Jahre älter als der Burger! *Rou Jia* stammt aus der Provinz Shaanxi und besteht aus gegarten gewürzten Fleischstücken in einem Fladenbrot, einer Pita ähnlich. Mit Koriander bestreut ist es ein saftiger Leckerbissen, den man am besten vorgebeugt auf der Straße isst, damit das Öl nicht auf die Kleider tropft. Oft wird es mit Schweinefleisch *(Rou)* zubereitet, aber Kenner schwören auf Versionen mit Rind- oder Hammelfleisch.

☛ WO? *Abends wimmelt es in Xi'an von Händlern, die Rou Jia Mo und andere regionale Spezialitäten anbieten.*

# 345

## Fischtaco: Liebling der Surfer in Baja California

**MEXIKO //** Man versteht leicht, warum Surfer in Baja den auf den ersten Blick einfachen Fischtaco lieben. Frischer Fisch wird in dünne Streifen geschnitten, frittiert und dann auf zwei warme Maistortillas gelegt. Zum knusprigen Fisch kommt erfrischender roher Kohl, für Würze sorgt eine Sauce aus Mayonnaise, saurer Sahne und Jalapeños. Ein Spritzer Limettensaft erinnert an die perfekte Welle – die an dieser Halbinsel mit gut 1200 km Küste nicht allzu weit weg sein sollte.

☛ WO? *Ensenada und San Felipe in Baja wollen beide den Taco kreiert haben, beiderorts gibt es viele Imbisse, die ihn verkaufen.*

345

# Elena Arzak

*Elena Arzak ist Köchin und Gründerin des mit Michelinsternen ausgezeichneten Arzak in San Sebastián. 2012 wählte das Restaurant magazine sie zur besten Köchin der Welt.*

## 01

**GEGRILLTER STEINBUTT, GETARIA, SPANIEN** Aitor Arregi vom Elkano grillt ihn im Ganzen mit Salz und einer Vinaigrette, die sich mit der natürlichen Gelatine zur Sauce mischt.

## 02

**REIS, DIE MEDITERRANE VARIANTE** Ich bin ein großer Reisfan. Reisgerichte scheinen oft einfach zu sein, verlangen aber viel Können.

## 03

**ROHMILCHSCHAFSKÄSE, IDIAZABAL, BASKENLAND** Mein Lieblingskäse. Jeder schmeckt ein bisschen anders, je nach Hirte und Futter.

## 04

**JAMÓN IBERICÓ, SPANIEN** Nichts lässt sich mit dem Geschmack des großartigen Schinkens von freilaufenden Schweinen, die sich im Wald von Eicheln ernähren, vergleichen.

## 05

**SUSHI UND SASHIMI, BARCELONA** Etwas, das scheinbar simpel ist, aber so viele Nuancen hat und sehr delikat ist. In Barcelona gibt es so viele großartige Lokale, um es zu genießen.

# 346

## Für die bizarren Bissen beim Wildfood Festival in Hokitika braucht es einen starken Magen

**NEUSEELAND //** Zu diesem jährlichen Festival für wildes und merkwürdiges Essen an der Westküste von Neuseelands Südinsel muss man mit offenem Magen und Geist kommen. Jeden März bietet Wildfood in der früheren Goldstadt Hokitika (wo der mit dem Booker Prize ausgezeichnete Roman *Die Gestirne* von Eleanor Catton spielt) ein Füllhorn voller seltener Aromen und Konsistenzen. Zu Livemusik werden für drei Tage über 50 Stände aufgebaut, die alles anbieten, von Klassikern der Westküste (frittierte Glasfischchen, Wildfleisch, ein *Maori Hangi*) über frittierte Schweineohren, Bergaustern (ja, Bullenhoden), lebendigen *Huhularven* (ein neuseeländischer Käfer) bis zu Entenköpfen oder, falls die Energie nachlässt, einen „Hengstproteindrink", besser bekannt als Pferdesperma.

☛ WO? *Die Veranstaltung findet rund um den Cass Sq im Zentrum von Hokitika statt, Stände befinden sich entlang der Weld St.*

# 347

## Genießen Sie Casado, die gelungene Verbindung frischer Zutaten aus Costa Rica!

**COSTA RICA //** *Casado* bedeutet auf Spanisch verheiratet, der perfekte Name für dieses ausgeglichene alltägliche Gericht mit frischen Zutaten aus Costa Rica. Es zündet vielleicht kein Feuerwerk, aber es ist immer gut und meist die gesündeste Wahl auf der Speisekarte. Zu jedem *Casado* gehören Reis, Bohnen, Kochbananen, Salat und eine Tortilla, man wählt die Hauptzutat, normalerweise Huhn, Fisch, Rind- oder Schweinefleisch. Die Gewürze stecken in der frischen Tomatensalsa, die es dazu gibt, sodass jeder, von wählerischen Kindern bis zu Gourmets, genau das Richtige findet.

☛ WO? *Casado gibt es in fast jedem Restaurant in Costa Rica wie auch in den Haushalten. Überall wird es etwas anders zubereitet.*

# 348

## Slow Food: Schneckenporridge in Heston Blumenthals Fat Duck

**GB //** Das Fat Duck an der Themse im Märchendorf Bray wird immer wieder unter die besten Restaurants der Welt gewählt. Es lädt seine Gäste auf eine nostalgische und fantastische Reise ein, auf der nichts so ist wie es scheint. Stellen Sie sich eine Suppe vor, die gleichzeitig heiß und kalt ist, Sashimi mit einem Schaum aus Meeresfrüchten auf einem Bett aus Tapiocasand oder Schneckenporridge. Da das Aussehen jedes Gerichts dem Geschmack widerspricht, schwingen sich Ihre Sinne in das einzigartige Universum von Heston Blumenthals Kreationen. Es gibt nur 42 Plätze fürs Mittag- und Abendessen; Reservierungen werden nur zu bestimmten Zeiten im Jahr angenommen, und normalerweise muss man dann ungefähr vier Monate warten – genug Zeit, um für das 300 £ Menü zu sparen. Ohne Getränke.

☛ WO? *Genießen Sie die Magie des Essens bei einem wirklich bewusstseinsveränderndem Gastroabenteuer. High St, Bray, GB*

# 349

## Packen Sie zum Picknick in einem Pariser Park Quiche Lorraine ein!

**FRANKREICH //** Diesen Klassiker isst man am besten bei einem Picknick auf dem Land oder in einem Park in Paris. Setzen Sie sich und genießen Sie jeden Bissen, denn das ist ein Gericht aus so leckeren Zutaten, nämlich zartem Teig, Eiern und Speck, dass eigentlich gar nichts schief gegen kann. Puristen werden Ihnen sagen, dass eine echte Quiche Lorraine keinen Käse enthält, dafür Sahne sowie Muskatnuss. Wir finden es in Ordnung, eine Quiche Lorraine mit Gruyère oder Emmentaler zu kaufen (viele französische Bäckereien und Cafés servieren sie so), aber es ist nicht in Ordnung, sie hinunterzuschlingen.

☛ WO? *In natürlicher Idylle, wenn es unbedingt unter Dach sein soll, dann bei The Smiths Bakery, 12 rue de Buci, Paris.*

346

349

348

# 350

## Probieren Sie die eine oder andere Chalupa in Cholula!

**MEXIKO //** In Cholula, der Heimat der *Chalupa* aus Puebla, frittieren die Verkäufer diese Snackspezialität vor dem Templo de Santa Monica. Die Pfannkuchen aus Masateig werden mit Salsa, Käse und Salatstreifen gefüllt. Das wirkt wie ein feuchtes Durcheinander, aber man sollte einen Straßensnack nie nach seinem Aussehen beurteilen. Die *Chalupa* sorgt für eine umwerfende Geschmacksexplosion – eine reicht auf keinen Fall, zum Glück bekommt man für 2 US$ fünf Stück.

☛ **WO?** *Bei Straßenverkäufern in Cholula, Puebla*

# 351

## Ein Plate-Lunch auf Hawaii – günstig und ein Stück Arbeit

**USA //** Der Name Plate-Lunch kommt von den unterteilten Tellern, auf denen in den 1930ern die Plantagenarbeiter ihr Mittagessen bekamen. Fast ein Jahrhundert später ist das Plate-Lunch seinen Wurzeln treu geblieben und immer noch ein Schnäppchen. Die beliebtesten enthalten Spezialitäten der Ureinwohner wie *Kalua Pork*, *Loco Mmoco* (eine Frikadelle mit Bratensauce und Spiegelei) und *Spam Musubi* (Konservenfleisch und Reis in ein Noriblatt gewickelt).

☛ **WO?** *An einem Imbiss im Distrikt Waikiki in Honolulu, Hawaii*

# 352

## Kaya Toast: Malaysias schlichtes Frühstück

**MALAYSIA //** Dieses klassische Frühstück ist wie ein Kontrast zu all den stark und komplex gewürzten malaysischen Spezialitäten. *Kaya Toast* ist im Grunde ein Marmeladenbrot: Zwei Scheiben getoastetes Weißbrot mit *Kava*-„marmelade". Die Marmelade wird aus Kokosnussmilch, Zucker und Eiern gekocht und ist zart süß. Es wird mit sehr kalter Butter serviert, die sanft auf dem warmen Toast zerläuft, dazu gibt es ein weich gekochtes Ei und einen gesüßten schwarzen Kaffee.

☛ **WO?** *In Frühstückscafés in ganz Kuala Lumpur*

# 353

## Geniale Großmeister beim serbischen Grillfestival

**SERBIEN //** In Leskovac ist die Fleisch- und Feuerküche Serbiens zu Hause, wegen des sieben Tage langen Grillfestivals und weil das serbische Nationalgericht von hier stammt. *Pljeskavica* ist eine Art Frikadelle aus Rinderhack (auch Rind- und Schweinefleisch), die mit Käse, Salat und Fladenbrot serviert wird. Das Fleisch selbst steckt voller Zwiebeln und Gewürze und kommt karamellisiert und mit Raucharoma vom Grill. Eine Studie der Einfachheit im Trubel des Grillfestivals.

☛ **WO?** *Beim Lescovac Grillfestival Ende August/Anfang September oder an Imbissbuden überall im Land*

# 354

## Genießen Sie Pudim, ein brasilianisches Dessert!

**BRASILIEN //** *Pudim* ist ein urtypisches brasilianisches Dessert, besonders wenn man es mit Einheimischen zum Abschluss einer Mahlzeit genießt. Eier, Kondensmilch, Frischmilch, Zucker und Wasser werden zu einem cremigen Pudding mit einer sirupartigen Karamellsauce. Weil es so unkompliziert ist, wird es oft zu Hause zubereitet, aber wenn Sie keine Brasilianer kennen, finden Sie es auch in Lokalen überall in Brasilien. Probieren Sie es nach einer fleischigen *Feijoada*.

📣 **WO?** *In traditionellen, brasilianischen Restaurants im ganzen Land*

© Bob Henry / Alamy Stock Photo

# 355

## Egghoppers, die tollen Pfannkuchen aus Sri Lanka

**SRI LANKA //** Zuzusehen, wie die Verkäufer diese schüsselförmigen Pfannkuchen zubereiten, macht fast genauso viel Spaß wie sie zu essen. Sie bereiten sie rasend schnell und in großer Menge zu, was auch gut ist, da einer nicht genügt. Von den zarten Rändern bis zur leckeren Mitte finden sich die Pfannkuchen auf vielen Frühstückstischen, aber das Ei in der Mitte des *Egghoppers* taucht meist erst beim Abendessen auf. Es gibt auch Versionen mit einer scharfen Kokosnusssambalsauce oder Käse auf dem Ei.

📣 **WO?** *Frisch zubereitet in Wok-artigen Pfannen in Hütten am Straßenrand*

# 356

## Wantan und Nudeln in Fischbrühe gehen immer

**CHINA //** In Hong Kong ist eine dampfende Schüssel mit Wantan-Nudeln genau das Richtige gegen einen Kater, ein gebrochenes Herz oder auch nur ein später Snack. Elastische Eiernudeln schwimmen in einer duftenden Fischbrühe, auf der dicke Fisch-Wantans treiben. Jeder hat seine eigenen Vorlieben, was die beste Suppe ausmacht – große Wantans oder kleine, Garnelenfüllung oder etwas Schweinefleisch. Schlürfen Sie Ihre Schüssel leer und weiter geht`s – die Plastikstühle der besten Wantan-Läden sind nur zum Essen da!

📣 **WO?** *In Läden von Mak's Noodles in ganz Hong Kong*

# 357

## Das Kuba-Sandwich – in Florida revolutioniert

**USA //** Das bescheidene Brot mit Schinken und Käse wurde von kubanischen Arbeitern in Florida neu erfunden: mit Senf, Schinken, eingelegtem Gemüse, Schweizer Käse und, ganz wichtig, mariniertem Schweinebraten. Als *Cuban Sandwich* ist es heute weit über den Staat hinaus beliebt, aber in Florida findet man immer noch die besten. Wenn man eines in einer der exilkubanischen Gemeinden isst, z. B. im in den 1880er Jahren von Zigarrendrehern gebauten Ybor City in Tampa Bay, hat man das Gefühl, in Havana zu sein.

📣 **WO?** *In Ybor City oder im Zaza New Cuban Diner in Orlando, beide in Florida*

# 358

## Feiern Sie mit Gulab Jamun, dem bunten Festivalsnack aus Nordindien!

INDIEN // Irgendetwas an den verlockend süßen und siruptropfenden *Gulab Jamun* (*Gulab* heißt Rose und *Jamun* Beere) macht sie zum perfekten Dessert, bei Festivals wie Eid, Holi, Diwali und Navratri in Nordindien, während denen man sie auf der Straße isst. Vielleicht liegt das am glänzenden Rot und dem leuchtenden Orange dieser kleinen doughnut-artigen Kugeln, die mit Rosenwasser getränkt werden und immer lustig aussehen. Traditionell werden sie mit *Khoya*, eingekochter cremiger Milch zubereitet, was sehr zeitaufwendig und schwierig sein kann, aber nur bedeutet, dass Sie so viele wie möglich essen sollten, wenn Sie unterwegs sind, weil man diesen typischen Geschmack und die Konsistenz zu Hause kaum nachmachen kann.

☛ WO? *In Nordindien gibt es diese leckeren Klöße in jedem Süßigkeitenladen.*

# 359

## Lecker bis ins Mark: Toast in St John in London

GB // Es ist ein beinahe theatralischer Anblick: Ein Teller mit gerösteten Markknochen, einer Scheibe getoastetem, rustikalem Sauerteigbrot und einem einfachen Petersiliensalat im kahlen, weißen Raum. Chefkoch Fergus Henderson, einer der Begründer der Nose-to-Tail-Bewegung, die dafür eintritt, alles vom Tier zu verwerten, hat 1994 St John in einem heruntergekommenen Räucherhaus in Smithfield, London eröffnet. Seitdem steht Knochenmark auf Toast auf der Speisekarte. Der Teufel steckt im Detail: Henderson verwendet nur Kalbsmarkknochen vom Fleischmarkt am Ende der Straße, der Sauerteig stammt von seiner Bäckerei nebenan und der Salat aus Petersilie, Zwiebel und Kapern bringt etwas Biss.

☛ WO? *Man muss reservieren, wenn man im Original-Lokal St John in Farringdon, 26 St John St, London, essen möchte, aber unter der Woche kann man oft auch einfach so zum Mittagstisch kommen.*

# 360

## Knabbern Sie an Boliviens dampfender und flüssiger Empanada, der Salteña!

BOLIVIEN // Wenn es einen Snack gibt, der überall in Lateinamerika beliebt ist, dann die *Empanada* - eine kleine, knusprige Teigtasche, gefüllt mit scharfem, leckerem Fleisch und Gemüse. Die bolivianische Variante namens *Salteña* unterscheidet sich z. B. von der argentinischen *Empanada*, weil das Fleisch im Teig mit Gelatine zusammengehalten wird. Diese bleibt fest, solange die *Salteña* kalt ist, zerläuft aber zu einer würzigen Brühe rund ums Fleisch, wenn sie gebacken wird. Behalten Sie das im Hinterkopf – diese Information kann Sie vor Verbrennungen dritten Grades schützen! Knabbern Sie die *Salteña* oben an, damit der Dampf entweichen kann, schlürfen Sie dann die Brühe. Ist die Verletzungsgefahr gebannt, steht dem Genuss nichts mehr im Wege.

☛ WO? *Auf der Straße – überall im Land. Und vorsichtig wie die Einheimischen!*

**360**

# 361

## Wo gibt's umwerfende Mangos? In Miami, natürlich!

USA // Burmesische Mönche begannen ungefähr 300 v. Chr. ihre Mangos mit dem Rest der Welt zu teilen. Seitdem kam es zu unzähligen Varianten, aber eine der besten Züchtungen der Welt tauchte 1902 in Miami auf, als ein pensionierter Captain der US-Army namens Haden die Setzlinge einer Sorte pflanzte, die seinen Namen tragen würde. Gefeiert für ihr Fruchtfleisch, ihren Duft und ihre Schale sind Haden Mangos einfach das Größte.

☛ WO? *In Miami herrscht jeden Sommer Mangomania, genießen Sie eine frische, während Sie Ihre Mangomargarita trinken!*

# 362

## Erleben Sie bei Papabubble, wie Bonbons entstehen!

JAPAN // Zuzusehen, wie in einem *Papabubble*-Laden Süßigkeiten entstehen, hat etwas von einem Kindertraum. Bunter Zucker, so groß wie Kopfkissen, wird zu Bändern verdreht, zu Lutschern verwirbelt und zu Bonbons geschnitten. Der Laden der in Barcelona ansässigen Kette sieht aus wie ein Labor mit minimalistischen offenen Küchen; die Süßigkeiten gibt's in Geschmacksrichtungen wie Kiwi, Passionsfrucht und Mokka, die z. B. in Reagenzgläsern verkauft werden.

☛ WO? *Im futuristisches Glasladen im Kaufhaus Daimaru am Tokioter Bahnhof B1F 1-9-1, Marunouchi, Chiyoda-ku, Tokio*

# 363

## Ein Bunny am Strand von Durban

SÜDAFRIKA // Dieses seltsam aussehende Gericht ist angeblich entstanden, als indische Gastarbeiter in Durban ihr Curry fürs Mittagessen mit zur Arbeit nehmen wollten. Irgendein kreativer Koch hat das Curry in das ausgehöhlte Ende eines Weißbrotes gegeben, dieses Experiment wurde zum Erfolg. Bunnies sollten mit den Fingern gegessen werden, schnappen Sie sich also einen und verzehren Sie ihn im Freien, vielleicht an einem der wunderschönen Strände Durbans.

☛ WO? *Bei CaneCutters, 53-55 Helen Joseph Rd, Bulwer, Berea, Durban*

362

# 364

## Angeln Sie sich Ihr Abendessen im Northern Territory selbst!

AUSTRALIEN // Im Meer und den Flüssen des Northern Territory in Australien lebt ein Fisch, der bis zu 1,5 m lang wird und als spannender Sportfisch wie auch als zarter Speisefisch geschätzt wird. Kombinieren Sie das Fangen und Essen in der Barramundi Lodge in Arnhem Land, wo Sie tagsüber angeln können und – mit dem nötigen Anglerglück – Ihren Fang abends serviert bekommen. In Australien „Barra" genannt, ist der Barramundi für viele der König der Fische, der überall im Northern Territory auf den Speisekarten ganz oben steht. Viele der Barra auf den Tellern sind jedoch aus Asien importiert, Sie sollten also nach der Herkunft des wunderschönen weißen Filets fragen, das man sowohl auf Pub-Speisekarten findet als auch in feinen Restaurants.

☛ WO? *Auf der Terrasse der Barramundi Lodge in Arnhem Land, Maningrida, Northern Territory*

© Getty Images / Brett Stevens

# 365

## Denken Sie nachts nicht zu viel über Ihr Philly Cheesesteak nach, hauen Sie einfach rein!

USA // Der Ursprung des *Philly Cheesesteak*, das in den 1930ern von einem Hotdogverkäufer erfunden wurde, der ein paar Streifen Rindfleisch braten wollte, ist weniger wichtig als die Debatten rund um dieses legendäre Sandwich. Der Streit um das „beste Cheesesteak" wird überall geführt, an Taxiständen und in den Kirchen der „Stadt der brüderlichen Liebe". Obwohl es im Grunde überall dasselbe ist, — dünn geschnittenes Ribeyesteak mit einem Käse überbacken mit Beilagen wie glasierten Zwiebeln — gibt es Nuancen, die man besser nicht hinterfragt, wenn man nachts an einer kalten Straßenecke steht, das Sandwich in der Hand, umgeben von eingefleischten Fans, die schon aus weit nichtigeren Gründen zugeschlagen haben.

☛ WO? *Werden Sie in Philly heimisch, indem Sie ein Cheesesteak bei Geno's essen und dann eines bei dessen Rivalen Pat's King of Steaks (im Besitz der Familie, deren Vorfahr es angeblich erfunden hat)!*

© RosaIreneBetancourt 3 / Alamy Stock Photo

# 366

## Verheiratete Sardinen vertreiben den Hunger auf den Souks und an den Stränden Marokkos

**MAROKKO //** In der marokkanischen Küche kann man wirklich aus dem Vollen schöpfen. Fleisch, Meeresfrüchte, Gemüse, Hülsenfrüchte, Nüsse ... hier gibt's alles. Es ist also keine große Überraschung, dass das Street Food es locker mit dem Essen aufnehmen kann, das in teuren Restaurants angeboten wird. Ein gutes Beispiel ist die gefüllte Sardine oder, wie sie ganz romantisch in Marokko heißt, *Sardines Mariées* (verheiratete Sardinen) – die Art, wie sie zusammengesteckt werden, hat ihnen den Namen eingebracht. Diese leckeren Häppchen probiert man am besten in den Küstenstädten Marokkos, wo

der Fisch ganz frisch ist, aber man findet sie eigentlich überall. Die Sardinenfilets werden mit einer Lage *Chermoula*, der würzigen Sauce Nordafrikas, bestrichen und aufeinandergelegt. Dann wird noch mehr *Chermoula* daraufgestrichen, bevor man sie mit Mehl bestäubt und frittiert. Serviert werden sie mit etwas Zitrone und grünem Chili. Um satt zu werden kaufen Sie mindestens drei!

☛ WO? *Kaufen Sie gefüllte Sardinen frisch frittiert an Straßenständen entlang der langen marokkanischen Küste.*

© Michael Ventura / Alamy Stock Photo

© Sean Pavone / Alamy Stock Photo

# 367

## Ganz cool in der Hitze von Fidschi mit Kokoda und Bier

FIDSCHI // Für diese Vorspeise von den Fidschi Inseln wird ein fleischiger, weißer Fisch wie Königs- oder Goldmakrele einige Stunden in Limettensaft mariniert, um das *Kokoda* zu „kochen", ähnlich wie beim *Ceviche*. Dann kommen gewürfelte Paprika, Zwiebeln, Sellerie, etwas Chili und, ganz wichtig, Kokosmilch darauf, bevor der Fisch in einer Kokosnusschale serviert wird. Kitschig? Vielleicht, aber es ist Inselleben auf beste Art: Knackig und erfrischend.

☛ WO? *Auf fast allen Speisekarten auf Fidschi, jeweils aus dem Fang des Tages*

# 368

## Klassiker in der Chesapeake Bay: Crab-Cake-Knabbern

USA // In der Chesapeake Bay an der mittelatlantischen Küste der USA wimmelt es von Blaukrabben – so sehr, dass die Einheimischen sehr kreativ bei Rezepten werden. Nehmen Sie zum Beispiel Crab Cakes, frittierte Blaukrabbenfleischbällchen mit Mayonnaise. In noblen Restaurants gibt es Rucolasalat dazu, in den Bars in Baltimore Salzcracker und Zitrone. Jedes Lokal hat sein eigenes Rezept, und es gibt wahre Fehden zu Fragen wie „paniert oder nicht?".

☛ WO? *In der Bar Faidley's, 203 N Paca St, Baltimore gibt es Crab Cakes und kaltes Bier.*

# 369

## Schlürfen Sie beim Feiern Suppe, ganz wie die Locals!

TRINIDAD & TOBAGO // Maissuppe ist beliebt nach Partys, auch an Karneval und ideal als Snack beim „Liming" (die Kunst, nichts zu tun, außer mit Freunden zu reden, zu essen und zu trinken), aber sie kann auch eine echte Mahlzeit sein. Maiskolben, pürierter Mais und Hülsenfrüchte werden mit anderen Leckereien gekocht, darunter – ganz wichtig – Klöße. Schnappen Sie sich einen dampfenden Becher und machen Sie mit dem „Liming" im Trini-Style weiter.

☛ WO? *An einem Stand für Maissuppe – also überall, wo in Trinidad etwas los ist*

# 370

## Shojin Ryori: Achtsamkeit auf der Speisekarte

JAPAN // *Shojin Ryori* bedeutet „Küche der Hingabe" und ist die Anwendung der Prinzipien des Zen-Buddhismus, den chinesische Mönche im 13. Jahrhundert nach Japan brachten, auf die Küche. Es wird in für Publikum zugänglichen Tempeln serviert. Neben der spirituellen Achtsamkeit, die bei seiner Zubereitung nötig ist, reflektiert *Shojin Ryori* die Bedeutung der Harmonie im Zen: Diese köstlichen Mahlzeiten sind in Geschmack, Farbe und Nährwert völlig ausgewogen.

☛ WO? *Essen Sie mit Mönchen im buddhistitschen Tempel am Berg Takao. 2177 Takao-machi, Hachioji City, Tokio*

# 371

## In Botswana über offenem Feuer Seswaa simmern

BOTSWANA // Botswana ist für seine Naturwunder besser bekannt als für seine Küche. Aber auch hier wmöchte man gut essen und fand heraus, dass man das am einfachsten schafft, wenn man Fleisch am Knochen lange köcheln lässt, traditonell über einem offenen Feuer. Salz wird oft dazugegeben, um das Fleisch weich zu machen, bis man es in den fertigen *Seswaa* einarbeiten kann. Zusammen mit *Pap* (Maisbrei) taucht *Seswaa* zu praktisch jeder Gelegenheit im Land auf.

☛ WO? *Im Courtyard Restaurant im Kunsthandwerkscenter Botswanacraft in Gaborone gibt es leckeres Seswaa.*

# 372

## Mischen Sie auf Bali ganz nach Ihrem Geschmack!

INDONESIEN // Die balinesische Mahlzeit *Nasi Campur* beginnt mit einem Löffel Reis (möglichst von den Reisfeldern der Insel), dann können Sie einige *Sate Lilit* (Hackfleischspieße) dazugeben, etwas scharfes *Tempeh* aus Sojabohnen, pfannengerühtes Gemüse, gegrillten Fisch, hartgekochte Eier und Chilisauce. Waschen Sie sich dann die Hände, schnappen Sie sich Krabbenchips als Löffel und los geht's. Und dann gleich noch mal von vorn mit anderen Zutaten.

☛ WO? *Oft findet man das beste Nasi Campur in bescheidenen Garküchen namens Warungs, die es überall auf Bali gibt.*

**370**

372

# 373

## Die Party geht weiter: Bacalhau in Bars in Brasilien

BRASILIEN // Eine Party durch eine Mahlzeit im Sitzen unterbrechen? Für viele Brasilianer ist das eher nichts. Hier kommen *Bolinhos de Bacalhau* ins Spiel, frittierte Kabeljau-küchlein, die so aufwendig in der Herstellung sind, dass Brasilianer sie normalerweise nur auswärts essen. Man kann sich eins einwerfen, ohne den Small Talk zu unterbrechen. Es ist außen knusprig, innen voller Kabeljau und cremig, dazu etwas Limette und ein kaltes *Chope* (Fassbier) – und der Abend läuft.

☞ WO? *In vielen Kneipen in fast jeder Stadt im Land, ab ungefähr 8 Uhr abends, wenn normalerweise die Happy Hour beginnt*

# 374

## Snacken Sie finnische Tapas bei Juuri in Helsinki!

FINNLAND // Das Restaurant Ravintola Juuri in Helsinki hat *Sapakset* oder *Sapas* populär gemacht: Finnische Tapas. Die Absicht ist, die weniger beachteten kulinarischen Traditionen des Landes auf lustige, moderne Weise neu zu beleben. Nehmen Sie Platz und heißen Sie Hering mit Roter Beete und Äpfeln willkommen, Quappe (ein heimischer Fisch) und Regenbogenforelle mit Meerrettich. Dem örtlichen Helden der Moderne, Alvar Aalto, hätte es sicher gefallen.

☞ WO? *Juuri liegt gemütlich mitten in Helsinki und ist mittags und abends geöffnet. Korkeavuorenkatu 27*

# 375

## Teilen Sie in Usbekistan mit Freunden eine Platte Plow!

USBEKISTAN // Es mag ganz simpel erscheinen, aber Usbekistan ist von *Plow* richtig besessen. Es wird praktisch überall in Restaurants serviert. Das Gericht besteht aus Reis, Karotten, Zwiebeln und Fleischstücken, die in Öl schwimmen. In jeder Region gibt es einen eigenen *Plow*-Stil, stellen Sie sich beim Herumreisen also auf unterschiedliche Geschmäcker ein. *Plow* wird normalerweise auf einem gemeinsamen *Lagan* (Platte) serviert, von dem man sich auf seinen Teller nimmt.

☞ WO? *Im Plov Centre in Taschkent gibt es Plow aus dem ganzen Land, nur mittags. Iftihor ko'chasi 1*

# 376

## Genießen Sie in Wales fruchtiges Bara Brith!

GB // Dieser fruchtige Liebling ist eine Sensation zum Tee in altmodischen Cafés überall im Land. Übersetzt bedeutet „geflecktes Brot", von manchen wird es auch als Kuchen angesehen. Egal ob Brot oder Kuchen, *Bara Brith* gibt es schon seit Jahrhunderten. Der Teig wird aus Mehl, Hefe und Butter gemacht und sollte bis zu zwei Stunden gehen. Ein Mix aus Tee, Gewürzen und Trockenobst kommt dazu, dann wird er zu feuchter Perfektion gebacken.

☛ WO? *Überall in Wales. In Camarthen ist Y Pantris Version in der Jacksons Lane eine leckere Scheibe Wales.*

# 377

## Blaff: Das Fischgericht für den Tag danach

FRANZÖSISCH-GUAYANA // Es ist der Tag nach einer Party in den Tropen. Plötzlich werden Ihre trägen Tagträume von einem „Blaff!" unterbrochen – dem Geräusch eines Fisches, der in einen Topf geworfen wird. Das verspricht karibisches Futter für die Seele: Frischer Schnapper, Thunfisch oder Makrele wird in Limettensaft mit Chilis und Knoblauch mariniert, dann gekocht, um aus dem zarten Fisch die perfekte Anti-Kater-Brühe zuzubereiten.

☛ WO? *Am wahrscheinlichsten in kleinen Restaurants in Cayenne und St-Laurent-du-Maroni*

# 378

## Gâteau aux Noix – eine nussige Leckerei

FRANKREICH // Wie so viele Dinge klingt auch Walnusskuchen auf Französisch nach mehr: *Gâteau aux Noix*. Zum Glück schmeckt er immer großartig, egal, welche Sprache man spricht. In der Dordogne im Südwesten Frankreichs hat die Walnuss Tradition. Vom Walnussöl, das für diesen himmlischen Kuchen benutzt wird bis zum Walnusswein – die Einheimischen sehen darin einen Geschmack der Erde und ein Rezept für Gesundheit und Vitalität.

☛ WO? *Besuchen Sie eine Moulin à Huile de Noix – eine Walnussölmühle! Route de Saint-Céré, Les Landes, 46600 Martel*

© Hemis / Alamy Stock Photo

© Lonely Planet / Andrew Montgomery

# 379

## Investieren Sie in den saftigen Geschmack von Oysters Rockefeller in New Orleans!

USA // Meiner Erfahrung nach ist New Orleans die Art von Stadt, in der Ihnen in einer Kneipe ein Fremder einen ausgibt, weil Sie ihn an einen Indie-Musiker aus seiner Stadt erinnern, und wo Dr John auf ein spontanes Klavierkonzert hereinschneit. Es ist eine Stadt für Musiker, für Feinschmecker, für Feste – und eine Stadt der Austern. Frittiert in einem *Po-Boy*-Sandwich, roh mit einem Spritzer Tabasco, gegrillt oder mit Wodka übergossen – man stellt im Big Easy so einiges mit Austern an. Berühmt ist das, was man im Antoine's macht, dem Restaurant, in dem *Oysters Rockefeller* erfunden wurden. In einer Butterkräutersauce, paniert und gebacken, wurde das Austerngericht von seinem Erfinder Jules Alciatore *Rockefeller* genannt, „weil ich keinen anderen Namen kenne, der so sehr für ihre Reichhaltigkeit steht."

☛ WO? *Bei Antoines, 713 Rue St Louis St. Die gegrillte Variante gibt's in der Felix's Oyster Bar, 739 Iberville St, beide New Orleans.*

# 380

## Befeuern Sie Ihre südafrikanischen Abenteuer mit Biltong!

SÜDAFRIKA // Auf den Straßen des modernen Südafrika wird man schon nicht verhungern, aber sich auf eine Strecke wie die Garden Route oder in Limpopo den Waterburg Meander aufzumachen, ohne *Biltong* als Proviant in der Tasche, wäre verrückt. Ähnlich wie amerikanisches *Jerky*, aber nicht so süß, wurde dieses Trockenfleisch ursprünglich von Einheimischen hergestellt, um das Fleisch lagern zu können; die europäischen Siedler haben es begeistert übernommen. Die Methode des Salzens, Würzens und Trocknens ist gleich geblieben. Das *Biltong*, das Sie heute bekommen, wurde mit schwarzem Pfeffer, Koriander, Nelken, Salz und Essig gewürzt, und normalerweise wird dafür Rindfleisch benutzt, weil es billiger ist als Wild. Allerdings sind wir hier in Afrika und *Biltong* wird auch aus exotischeren Tieren wie Springbock und Gnu gemacht sowie aus Hühnern und Fischen. Es ist lecker und billig, perfekt für arme, hungrige Reisende.

☛ WO? *Kaufen Sie es in Supermärkten und genießen Sie es, wann immer Sie Lust darauf haben!*

# 381

## Die sensationelle Aprikosenernte im Norden Pakistans

PAKISTAN // Ganz im Norden Pakistans sind die Einheimischen völlig verrückt nach Aprikosen, und das aus gutem Grund: Die Aprikosen, die im bergigen Gilgit-Baltistan angebaut werden, gehören zu den süßesten und saftigsten überhaupt. Die Familien hier kultivieren die Früchte seit Jahrhunderten, wenn nicht sogar Jahrtausenden. In jedem Dorf gibt es andere Sorten, ab März werden die frischen Aprikosen verkauft, im Winter sind nur Trockenfrüchte erhältlich.

☞ WO? *Das Hunza Tal wurde als Himmel auf Erden beschrieben, und dort finden Sie die A+ Aprikosen.*

# 382

## Erneuern Sie Ihre Liebe zu Italien in der Osteria Ai Artisti!

ITALIEN // Mitten im Herzland der Romantik bewahrt die kleine Osteria Enoteca Ai Artisti das kulinarische Erbe Venedigs. Die Speisekarte des Kochs Masahiro Homma ändert sich täglich, je nachdem, welche regionalen Zutaten gerade erhältlich sind, aber egal, ob gebackener Steinbutt mit Artischockensauce, Tortellini mit Sardellen oder Roquefort mit Erbsensahne, seine Saucen sind Meisterwerke. Dazu serviert der aus Japan stammende Koch serviert Biowein.

☞ WO? *Erleben Sie die Aura Venedigs am Rio De La Toletta Kanal. Osteria Enoteca Ai Artisti, Fondamenta della Toletta 1169/A*

# 383

## Ein feuriges Balti in seinem Geburtsort Birmingham

GB // Die Birmingham Balti Association definiert es als schnell gekochtes Currygericht, das mit Huhn, Fisch, Fleisch oder Gemüse zubereitet werden kann. Ein solches Curry werden Sie außerhalb der englischen West Midlands nirgendwo finden. Nachdem das Fleisch langsam weich gekocht wurde, werden Baltis bei großer Hitze zubereitet und tauchen dramatisch bruzelnd aus der Küche auf. Man isst sie von der wok-artigen Platte, dem Balti, in der das Curry gekocht wurde.

☞ WO? *Shabar Restaurant blickt auf eine stolze Geschichte voller Auszeichnungen zurück. Arden Oak Rd., Birmingham*

# 384

## 50000 Feuertopf-Restaurants in Chongqing können nicht irren!

CHINA // Es heißt, am besten sieht man Chongqing von einem Boot auf dem Yangtsekiang, besonders nach Sonnenuntergang, wenn die Neonlichter all der Wolkenkratzer der chinesischen Megacity vor dem Nachthimmel glühen. Aber das wahre Chongqing findet man am Fuß dieser Gebäude, in den Hinterstraßen und Gassen, in denen der Geruch von Chili und Öl in der subtropischen Luft hängt und Einheimische in Restaurants die Spezialität der Stadt genießen, den Chongqing-Feuertopf. Vielleicht wurde er erfunden, um die Kälte des Winters zu bekämpfen, aber er wird das ganze Jahr hindurch genossen, als wäre man stolz darauf, der Schwüle des Sommers die Stirn zu bieten. Man sitzt um einen Tisch mit einer brodelnden Brühe mit Chili- und Szechuanpfeffer in der Mitte und lauter Garzutaten. Rind, Schwein, Fisch, Tofu und Lotuswurzeln gibt es immer, aber kulinarische Abenteurer (oder Gäste, die Speisekarten in Mandarin nicht lesen können) möchten vielleicht auch Schweinehirn und -nieren, Rinderkutteln, Enten- und andere Innereien kosten. Einen letzten Aromaschub bringt ein Dip aus Sesamöl, Knoblauch und Schalotten. Sie können darum bitten, dass Ihr Feuertopf nicht zu scharf ist – *„Bu Tai La"* lauten die Zauberworte – aber er wird jedenfalls ordentlich Wumms haben! Dazu wird gern ein Bier aus der Region getrunken, was vielleicht ein Grund für die geschäftige Ausgelassenheit in einigen dieser Lokale ist. Geht man von den geschätzten 50 000 Feuertopfrestaurants der Stadt aus, kommen da eine Mende Chili und Pfeffer, eine Menge Dippen und eine Menge Ausgelassenheit zusammen.

📣 **WO?** *Mang Hot Pot (Zhongxing Lu, 10 Wangyeshibao) ist eines der besten Feuertopfrestaurants der Stadt – es liegt in einer Gasse mitten im Blumenmarkt und sorgt für kulinarische Abenteuer.*

384

# 385

## Versuchen Sie sich während eines Footballmatchs auf dem Melbourne Cricket Ground an einem glühend heißen Fleischpie!

**AUSTRALIEN //** Zuerst eine Warnung: Das Fleisch in dieser Teigtasche ist so heiß wie geschmolzene Lava, der Verzehr dieser kulinarischen Legende braucht also etwas Übung und Geschicklichkeit, nicht zuletzt, weil Sie es inmitten von 90 000 brüllenden, schubsenden und schwitzenden Aussie-Rules-Fans essen. Halten Sie sich also an diese Anleitung: Kaufen Sie den Pie kurz vor der Viertelpause, sodass Sie während der pause Zeit haben, ihn zu genießen. Öffnen Sie die Plastiktüte, vorsichtig, um Verbrennungen zu vermeiden, und knabbern Sie zart an einer der Ecken, damit daraus etwas Dampf entweichen

kann. Beißen Sie auf gar keinen Fall unten hinein! Nach einer Weile können Sie behutsam größere Bissen nehmen. Versuchen Sie nicht, Fleisch, das herausfällt, mit der Hand aufzufangen und lassen Sie es nicht auf ihre Knie fallen, es brennt auch durch Jeans. Nach ungefähr der Hälfte sollte die Gefahr vorbei sein und Sie können wie ein normaler Mensch essen und passend zum nächsten Viertel satt sein.

☞ WO? *Kioske gibt es überall im Stadion, und Sie wären verrückt, wenn Sie zu Ihrem Pie nicht auch noch ein kühles Bier kaufen!*

385

© Shutterstock / Neale Cousland

# 386

## Offiziell anerkanntes Hackfleischgericht: Vorschmack in Helsinki

FINNLAND // In Osteuropa gibt es viele Varianten dieses Hackfleischgerichts, aber das finnische *Vorschmack* klingt vielleicht am interessantesten (und, sorry Ihr Finnen, am wenigsten appetitlich), da es aus Rindfleisch, Hering, Zwiebeln und Sardellen besteht. Dazu gibt es meist Kartoffeln, Rote Beete, eingelegtes Gemüse und saure Sahne. Bekannt wurde das Gericht Anfang des 20. Jahrhundert im Restaurant Savoy in Helsinki, als Marschall Mannerheim, der finnische Kriegsheld und Politiker, dafür gesorgt hatte, dass es auf die Speisekarte gesetzt wurde. Von der Interpretation des Gerichts war er so begeistert, dass es zu seinen Lebzeiten auf der Speisekarte blieb. Es wird heute noch genauso zubereitet wie zu Mannerheims Tagen.

---

☛ WO? *Im legendären Ravintola Savoy, Eteläesplanadi 14 in Helsinki. Bewundern Sie das Design von Alvar Aalto, während Sie warten.*

© Shutterstock / Scanrail

# 387

## Kürtőskalács: Der überdrehte ungarische Schornsteinkuchen

UNGARN // Wenn es je einen verrückten traditionellen Kuchen gab, den keiner der Amateurbäcker bei *Das große Backen* nachmachen kann, dann ist es der *Kürtőskalács*. Er sieht wie der Schornstein aus, nachdem er benannt ist. Zuerst müssten die Amateurbäcker einen langen Streifen aus mit Zucker bestreutem Hefeteig um eine Hohlform wickeln, um ihn dann stetig mit zerlassener Butter zu bestreichen, während sich das goldene Rohr über einem Holzfeuer dreht. Man kann sich also vorstellen, dass seine Herstellung schwierig ist, weswegen er früher in Ungarn (und in Siebenbürgen, wo er im Mittelalter entstanden sein soll) ein Kuchen für Feste war. Heute verkauft jede Bäckerei in Budapest mehrere Varianten, aber suchen Sie nach einem Straßenverkäufer mit einem Holzkohlegrill, um den wahren Kuchen zu probieren.

---

☛ WO? *Auf dem Weihnachtsmarkt. Im Rest des Jahres am Stand Körösfői Kürtőskalács vor dem Burgpalast in Budapest*

© Shutterstock / Kseniia Perminova

# 388

## Lahpot Thoke: Ein Teller Teeblattsalat in Rangun

MYANMAR // Der Grund, warum man *Lahpet Thoke* auf in Rangun essen sollte oder mit Blick über den Inle-See oder irgendwo sonst im kulinarischen Schmelztiegel Myanmar? Die Zutaten findet man nur hier. Meist nennt man ihn Teeblattsalat, die Grundlage dieses Nationalgerichts sind eingelegte Teeblätter, dazu kommen Erbsen, Gewürze, Gemüse und Erdnüsse. Zusammen mit weißem Reis wird er oft am Ende einer Mahlzeit gegessen. Das Teein macht außerdem wunderbar wach.

☛ **WO?** *Man bekommt ihn in den meisten Restaurants in Rangun, aber die Teeläden bieten ein interessanteres Erlebnis.*

# 389

## Salt Water Taffy: ein Bonbon aus viktorianischer Zeit

USA // Seit den 1880ern lieben amerikanische Kinder aller Altersstufen *Salt Water Taffy*. Ein Kaubonbon, das es ursprünglich mit Molasse- und Schokoladengeschmack gab. Schnell folgten weitere Geschmacksrichtungen. Salz und Wasser sind tatsächlich Zutaten, echtes Salzwasser enthalten Taffys aber nicht. Der Name stammt aus einer Ur-alt-Werbung, in der ein ungeschickter Helfer des Bonbonmachers statt Leitungs- Salzwasser beim Aufkochen der Zutaten benutzt.

☛ **WO?** *In Fralinger's Original Salt Water Taffy, dem Laden in Atlantic City, der das Bonbon berühmt gemacht hat*

# 390

## Muschelmosaik am Golf von Biscaya: Éclade de moules

FRANKREICH // An der französischen Westküste gibt es *Éclade de moules*, komplex angerichtete Muscheln in ihrer Schale. Die Mollusken liegen auf einem Brett aus Kiefernholz, das mit Meerwasser getränkt und dann mit Kiefernnadeln belegt wurde, die schließlich angezündet werden. Die glühenden Nadeln verleihen den Muscheln ein pikantes Raucharoma, das mit einem Stück knusprigem Brot mit Butter und einem Glas Weißwein noch besser wird.

☛ **WO?** *In Meeresfrüchterestaurants an der französischen Westküste, dem Golf von Biscaya*

389

© Thornton Cohen / Alamy Stock Photo

389

© Getty Images / littleny

# Rowley Leigh

*Rowley Leigh ist Londoner Koch und Gastronom und preisgekrönter Food-Journalist.*

**DER SCHNEPFENPUDDING MEINER FREUNDIN MARIGOLD, WOKING, GB** Ein üppiger, gedämpfter Talgpudding mit Steak und Schnepfe, der sieben Stunden gegart wurde — ein Gericht, das in einem Restaurant undenkbar wäre, aber das Wesen guter englischer Küche darstellt.

**AUSTERN, GEGRILLTE LANGUSTE, SAUCE BÉARNAISE, BASSIN D'ARCACHON, FRANKREICH** Optimal, wenn man sie auf der Terrasse einer Brasserie mit Blick auf die Austernbänke isst. Dazu ein Château Carbonnieux – ein weißer Bordeaux von nebenan.

**HAMMEL BIRYANI, PESCHAWAR** Mit 19 war die Mischung aus Marihuana, sehr scharfen Chilis und das Erkenntnis, dass wir nicht mehr waren als die Weißen aus der Nachbarschaft, eine Art Aha-Erlebnis des Erwachsenwerdens.

**SUPPENKLÖSSE (XIAOLONGBAO), HONG KONG** Ob sie im China Club oder in einer Dim-Sum-Garküche in North Point gekauft wurden – ich liebe diese kleinen Klöße, die man in Essig dippt, und die intensive Brühe, die im Mund richtig explodiert.

**PERCEBES, MADRID** Diese nordspanischen Entenmuscheln (unten) sind fruchtig, meerig und das ultimative Umami.

© Shutterstock/JM Travel Photography

# Heißhunger in Montréal? Dagegen haben die Québécois was: Poutine – Pommes mit Käsecreme und Bratensauce

KANADA // Falls Sie dachten, dass es das fettigste Fastfood nur in den USA gibt, dann haben Sie noch keine *Poutine* in Québec gegessen. Es heißt, ein Lkw-Fahrer, der auf der Suche nach einem habhaften Gericht für unterwegs war, soll dieses viel geliebte Rezept erfunden haben. Das Ergebnis? Ein Teller Pommes Frites mit einer Käsecreme und Bratensauce. Seit diesen bescheidenen Anfängen ist die Beliebtheit der *Poutine* praktisch explodiert, sodass es inzwischen in Montréal sogar ein jährliches Festival ihr zu Ehren gibt. In einer Stadt, in der oft Schnee liegt, ist es verständlich, dass *Poutine* beliebt ist. Aber nicht nur in Québec sind die fettigen Fritten Lieblinge – *Poutine* tauchen inzwischen auf Speisekarten im ganzen Land auf.

Wenn das Gericht für Sie neu ist, dann fangen Sie in Montréal bei La Banquise an, wo man aus über 30 Varianten auswählen kann. Aber nicht nur La Banquise hat sich an diesem Gericht ausgetobt. Es hat sich weiterentwickelt und man bekommt es mit gegrilltem Schweinefleisch, frittierten Garnelen und Hummer, mit Pilzen und sogar in noblen Versionen mit Entenconfit und anderen Luxuszutaten. Oder wie wäre es mit einer *Poutine*, bei der die Käsecreme gebraten wird, bevor man sie zu den Pommes gibt? Wenn es um Kohlenhydrate geht, ist die Kreativität in Québec unendlich.

☛ WO? *Bei La Banquise, 994 Rue Rachel E, Montréal, Québec*

392

© Getty Images / artran

## In Osaka und Hiroshima grillen die Meister der Finesse ein chaotisches Okonomiyaki

**JAPAN //** Ist es ein Pfannkuchen? Ist es ein Puffer? Ist es ein Crêpe? *Okonomiyaki* kommt vom japanischen Word *Okonomi* und das bedeutet „was Sie möchten" und von *Yaki*, was „Grill" heißt. Genau das ist es: Alles, was Sie gern gegrillt möchten. Die japanische Küche ist u. a. für ästhetisches Anrichten berühmt, daher überrascht es, diese „unordentlichen" *Okonomiyaki*-Beläge ganz oben auf der Liste der japanischen Lieblingssnacks vieler Leute zu finden. Die häufigste Variante stammt aus Osaka, woher das Gericht kommt, und besteht aus einem Teig aus Mehl, Eiern, Dashi, *Nagaimo* (eine Yamswurzel), Kohl, Frühlingszwiebeln, Schweinebauch, Fisch, Meeresfrüchten und Mochikäse. Dies wird auf dem Grill gebraten, darauf kommen eine süße Sauce, Bonitostückchen, Mayonnaise und eingelegter Ingwer. Man findet es überall in Japan, aber probieren Sie die Version aus Hiroshima. Hier werden Kohl, Schweinefleisch und Meeresfrüchte geschichtet, darauf kommen Udonnudeln, ein Spiegelei und die *Okonomiyaki*sauce.

☞ **WO?** *Bei Okonomiyaki Kiji, Kita, Oyodonaka, 1 Chome-1-90, Osaka; Nagata-ya, Naka Ward, Otemachi, 1 Chome-7-19, Hiroshima*

© Getty Images / BirgerNiss

# 393

## Es lebe La Vida Buena in Los Angeles – mit vegetarischen Tacos!

**USA //** Kaum ein Gericht wird so sehr mit der mexikanisch-amerikanischen Kultur assoziiert wie Tacos. Überraschenderweise ist der normale Taco von der Straße ziemlich gesund. Und mit seinen vegetarischen und veganen Versionen erreicht er fast das Gesundheitsniveau einer Salatbar auf dem Wochenmarkt ... was man in L. A. natürlich auch erwartet. Die Proteine stammen beim vegetarischen Taco meist von schwarzen oder Pintobohnen oder auch Tofu, dazu kommt eine Kombi aus knackigem Salat und einer scharfen Salsa mit Tomaten, Zwiebeln, Chilis und Knoblauch. Manchmal gibt es dazu noch eine cremige, säuerliche Guacamole. Das alles wird von einem Fladen aus knusprigem Mais oder weichem Mehl zusammengehalten.

☛ *WO? Danny Trejo, Trejo's Tacos in LA, 1048 South La Brea Ave, ist sehr kreativ bei veganen Versionen.*

393

---

394

# 394

## Wie wär's mit einer uralten peruanischen Spezialität – Cuy oder ganzes Meerschweinchen?

**PERU //** In Peru wird das Meerschweinchen kulinarisch sehr ernst genommen – *Cuy* ist seit über 5000 Jahren Teil der Ernährung in den Anden, es gilt als gesund und lecker. Für Gourmets werden die Tiere ausschließlich mit *Alfalfa* gefüttert, damit das Fleisch schön zart ist. Meist wird *Cuy* mit Steinen flach geklopft und dann über heißen Kohlen oder an einem Spieß gebraten oder geröstet. Auf jeden Fall wird das Tier im Ganzen zubereitet mit dem Kopf und den winzigen Füßchen – wodurch es Überwindung kostet, eines zu kosten, wenn man seinem Essen nicht gern ins Auge (oder auf die Zähne) schaut. Es schmeckt allerdings großartig, wie eine Mischung aus Huhn und Kaninchen.

☛ *WO? Makabre Präsentation, aber zartes Fleisch und knusprige Haut bei Kusikuy, Calle Amargura 140, Cusco*

# 395

## Rasende Snacks: Ekiben Bentō boxes

↓

JAPAN // In vielen Ländern bedeutet Bahnhofsessen matschige Sandwiches. Und in Japan? Wie wär's mit akkurat angeordneten Häppchen? Das ist *Ekiben*, eine Art Bentōbox für Passagiere des japanischen Hochgeschwindigkeitszugs Shinkansen. Während man dahinrast, kann man diese kulinarischen Miniaturkunstwerke bewundern. Jedes Stück steht für die japanische Liebe zum Handwerk, und jede Region hat ihre Spezialitäten.

☞ WO? *Holen Sie sich Ihr Ekiben am Bahnhof in Tokio bei Ekibenya Matsuri.*

395

397

## 396

### Ein katalonischer Klassiker auf neuem Niveau

SPANIEN // Überall in Katalonien isst man tagsüber *Xato,* eine Sauce auf Tomatenbasis mit Mandeln und gerösteten Haselnüssen zu einem warmen *Bocadillo,* einem Salat oder Fisch. Aber in Olot, der Hauptstadt der Provinz Girona, hat der Koch Fina Puigdevall die perfekte Beilage zu *Xato* als Abendessen kreiert: Hausgebackenes Buchweizenbrot, gefüllt mit frischem Meeresfrüchtesalat (*Xato* con Panecillo de Alforfón).

👉 WO? *Das vom familiären Hof aus geführte Restaurant Les Cols will aus regionalen Zutaten Gourmetmeisterwerke zaubern. Mas les Cols, Ctra De la Canya, Olot, Girona*

## 397

### Ein Date an der Diele: hausgemachtes Eis in New England

USA // In New England bedeutet Sommer nicht zuletzt das: die im Winter geschlossenen Eisdielen öffnen! Von den Wiesen Vermonts bis zur Küste von Maine findet man überall in der Region Höfe, Ständen und „Milchbars", die hausgemachtes Eis aus der Milch der heimischen Kühe verkaufen. Zu den Geschmacksrichtungen gehören Ahornwalnuss, Oregon-Himbeere, Indian Pudding und Grape-Nuts – ja, Eis voller knuspriger Stücke des Grape-Nuts Müslis.

👉 WO? *Kimball Farm macht seit 1939 Eiskugeln, es gibt vier Lokale in Massachusetts und New Hampshire.*

## 398

### Essen wie der King mit einer belgischen Mitraillette

BELGIEN // *Friteries* überall in Belgien bieten diese Antwort auf das Elvis-Sandwich an – beachten Sie, dass ein *Mitraillette* nichts für ein erstes Rendezvous ist oder jegliche Situation, die ein Minimum an Etikette verlangt. Zwei Dinge gehören immer dazu: Aufgeschnittenes weißes Baguette und Berge von Pommes Frites. Geben Sie den Braten Ihrer Wahl und Sauce dazu. Wer ein schlechtes Gewissen hat, legt pro forma noch ein paar Salatblätter darauf. Wie Elvis sagen würde: *Thank you very much.*

👉 WO? *Genießen Sie diese Spezialität in Fritland, Rue Henri Maus 49, Brüssel.*

# 399

## Braten in Hong Kong: Vegetarier – in Deckung!

CHINA // Eine traditionelle Braterei in Hong Kong kam man unmöglich mit einer anderen Art Garküche verwechseln. Wenn der Anblick von bernsteinfarbenen Enten, goldenen Hühnern und langen Schweinehälften, von denen im Schaufenster das Fett tropft, noch nicht eindeutig genug ist, dann ist es das spezielle Aroma, das aus der Tür weht. Auch wenn jeder eine persönliche Vorliebe hat, so wählt der ernste Fan von Hong-Kong-Braten eine gemischte Platte mit Stücken von allen dreien, als leckeres Bauernhoftreffen, zu dem es weißen

Reis und symbolisch etwas Gemüse gibt. Die Hong-Kong-Ente unterscheidet sich von der aus Peking durch die Zubereitungsmethode, es erwarten Sie mehr Fett, eine knusprige Haut und ganz sicher keine dünnen Pfannkuchen. Das Huhn sollte hell und saftig sein und das fette Schwein appetitlich marmoriertes Fleisch haben.

☞ WO? *Lung Kee Restaurant, 5 Gage St, Central, in Hong Kong ist die Adresse für diese Art von traditionellen Braten in Hong Kong.*

# 400

## Beißen Sie in Motor City in den besten Hotdog Amerikas!

USA // In Detroits Coney Island gibt es keine Uferpromenade oder Blicke auf den Atlantik, aber trotzdem einen guten Grund, es zu besuchen und zwar einen der besten Hotdogs des Landes. Dieser Coney-Island-Klassiker begnügt sich nicht mit Senf und Ketchup oder Zwiebeln und Käse. Stattdessen gibt's dazu Chili mit Rinderhack, Zwiebelwürfel und Senf. Wahrscheinlich haben griechische Immigranten ihn erfunden, als sie über Coney Island nach Detroit kamen.

☞ WO? *Probieren Sie einen dieser T-Shirt-Verschmutzer im Lafayette Coney Island, 118 W Lafayette Blvd, Detroit, Michigan.*

# 401

## Spam in Japan? Das muss Gōyā Champuru sein

JAPAN // *Champuru* ist ein Gericht aus Okinawa mit Tofu, Gemüse, Eiern und Fleisch oder Fisch. Die beiden charakteristischen Zutaten für *Gōyā Champuru* sind die Bittermelone namens *Gōyā* und Spam. Das Dosenfleisch *Spam* bekamen amerikanische GIs während des 2. Weltkriegs als Teil ihrer Rationen. Als sie wieder abzogen, war *Spam* vor Ort etabliert. Das Gericht gehört einfach zu Okinawa, nirgendwo sonst wird man eine ähnlich leckere Version finden.

☞ WO? *Die Südinsel ist Ihr Ziel, und zwar Yunangi, 3-3-3 Kumoji, Naha 900-0015, Präfektur Okinawa.*

# 402

## Grillen Sie Moreton Bay Bugs in Brisbane!

AUSTRALIEN // Diese flachköpfigen Hummer wirken vielleicht nicht gerade appetitlich, wenn sie nahe Brisbane aus der Moreton Bay gezogen werden, aber der Länge nach halbiert, ein paar Minuten auf einem Grill (Schale nach unten), dazu ein kaltes Bier, und Sie sind auf dem Weg in ein australisches kulinarisches Nirwana. Übergießen Sie die Bugs mit warmer Butter, drücken Sie eine halbe Zitrone darüber aus und spießen Sie die zarten, fleischigen Schwänze auf.

☞ WO? *Im Gambaro Seafood Restaurant, 33 Caxton St, Brisbane, gibt es für 60 $ eine Platte mit Barbecue Bugs.*

401

© Shutterstock / Marisa Estivill

© Shutterstock / Daniel M. Silva

# 403

## Kosten Sie Tamales in einem mexikanischen Restaurant!

MEXIKO // Es gibt nichts Besseres als frisch zubereitete *Tamales* auszupacken, ein Slow-Food-Gericht aus Vor-Slow-Food-Zeiten. Zunächst werden Maisblätter über Nacht in Wasser gelegt, damit sie biegsamer werden. Morgens werden die Blätter dann mit *Tamale*-Teig und -fleisch gefüllt, die Enden mit dünnen Blätterstreifen zusammengebunden und dann gedämpft. Wenn man einen *Tamale* auswickelt, kommt köstliches Schweine- oder Hühnerfleisch zum Vorschein.

🖝 WO? *In mexikanischen Restaurants Nordamerikas ist es ein Klassiker, in Mittelamerika gibt's es auch als Street-Food.*

# 404

## Beginnen Sie Ihren Tag in Penang mit Roti Canai!

MALAYSIEN // Begrüßen Sie den Morgen in Malaysia mit *Roti Canai,* einem blättrigen Pfannkuchen mit *Ghee,* der meist zu einer Schüssel Curry oder Linsen serviert wird. Es ist eine Spezialität der Imbissverkäufer und Garküchen (auf Märkten). Wenn Sie morgens kein Curry mögen, bestellen Sie ein süßes *Roti* mit Bananen, Durian oder etwas süßer Kondensmilch. Suchen Sie nach dem *Mamak,* dem Stand mit der längsten Schlange.

🖝 WO? *Im Little India Viertel in George Town, auf der malaysischen Insel Penang, gibt es fantastisches Roti Canai.*

# 405

## Verlieben Sie sich in Xi'an in Biangbiang-Nudeln!

CHINA // *Biangbiang*-Nudeln sind breiter und dicker als alle anderen. Um die Nudeln auf die gewünschte Länge zu bringen, nutzen die Köche eine faszinierende Technik des Ziehens und Dehnens. Beobachten Sie sie dabei und erleben Sie, warum sie *Biangbiang* heißen – wegen des Geräuschs, das entsteht, wenn die Nudeln auf die Theke geschleudert werden. Ein typisches Gericht besteht aus nur einer Nudel, die mit scharfen Chilis oder Paprika und einer Sojasauce serviert wird.

🖝 WO? *In den Cafés und an Ständen und Garküchen rund um Huimin St, Xi'an*

# 406

## Erfahren Sie alles über Lox Bagels bei Russ & Daughters in NYC!

USA // Was macht einen New Yorker Bagel authentisch? Zwei Wörter: Vorbereitung und Wasser. Das Bagel-Backen braucht Zeit, vom Kneten über die lange Geh- und Fermentierzeit bis zum Kochen im gewürzten Wasser, dann dem Backen. Was das Wasser angeht, wird Ihnen jeder Liebhaber echter NYC Bagels oder Pizza sagen, dass NYC-$H_2O$ der Schlüssel ist, wegen der Mineralien darin. Dadurch entsteht die leicht knusprige Hülle und das weiche, teigige Innere. Was *Lox* angeht, muss es schon dünn geschnittener, geräucherter Lachs sein. Dazu etwas Frischkäse, Tomaten, Zwiebeln und Kapern, und das

Ergebnis ist eine Mischung aus salzig, süß und sauer, die perfekt die kulinarische Vielfalt des Big Apple widerspiegelt.

Für die wahren Bagels geht's in die Lower East Side zu Russ & Daughters, den Inbegriff eines New Yorker Delis. Lassen Sie sich vom ruppigen Service nicht abschrecken: Schnappen Sie sich Ihren Bagel und beißen Sie auf den chaotischen Straßen von New York hinein.

☛ WO? *In der historischen und kulinarischen Institution Russ & Daughters 179 E Houston, New York*

# 407

## Wallabyschwanzsuppe, der Multikulti-Hit aus Melbourne

**AUSTRALIEN //** Abends in Melbournes Chinatown: Neonschilder spiegeln sich in Pfützen in den Gässchen. In der Market Lane im Flower Drum steht einer von dessen Klassikern exemplarisch für den Mix fremder Küchen mit der des modernen Australiens. In der doppelt gekochten Wallabyschwanzsuppe schwimmen Wallabyschwänze von Flinders Island in einer Brühe mit Gojibeeren, Ingwer und wilder Yamswurzel: Australische Zutaten und kantonesisches Know-how.

☛ WO? *Flower Drum Restaurant, 17 Market Lane, Melbourne*

# 408

## In Guinea-Bissau? Erfrischen Sie sich mit Cashewfrucht!

**GUINEA-BISSAU //** Das Komische an Cashewkernen ist, dass sie am Cashewbaum an der größeren Cashewfrucht wachsen. Sie ist essbar, verdirbt aber innerhalb eines Tages, daher haben Sie sie wohl noch nie im Supermarkt gesehen. Aber in Guinea-Bissau, dem tropischen westafrikanischen Land, das für seine Cashewkerne bekannt ist, sehen Sie sie überall. Einheimische trinken den Saft zur Erfrischung, aber er zieht auch Feuchtigkeit an und macht Ihren Mund trocken.

☛ WO? *Bitten Sie Dorfbewohner darum, eine Frucht kosten zu dürfen und spülen Sie mit etwas Cashewbier nach.*

# 409

## Essen Sie Ihre Pizza mit Hollywoodstars im Spago in LA!

**USA //** Licht, Kamera, Action! Als eines der Restaurants mit zwei Michelinsternen in Los Angeles verfügt das Spago auch über die kulinarischen Referenzen, um seine Beliebtheit bei der Elite Hollywoods zu rechtfertigen. Seit es 1982 am Sunset Strip eröffnet wurde, ist Wolfgang Pucks innovatives Restaurant ein Muss für Film- und Musikstars und -macher in der City of Angels. Auf der schlichten, feinen Speisekarte steht auch die Pizza mit Räucherlachs, für die das Spago bekannt ist.

☛ WO? *Spago Beverly Hills ist absolut angesagt – unbedingt frühzeitig reservieren! 176 N Canon Drive, Beverly Hills, CA*

408

# 410

## Entdecken Sie auf den Färöern eine ganz regionale Esskultur!

FÄRÖER-INSELN // Da sie weitab von allem liegen und harschem Wetter ausgesetzt sind, haben die Färinger gelernt, beim Essen einfallsreich und erfinderisch zu sein. Es wird großer Wert darauf gelegt, lokale Produzenten zu unterstützen und einzigartige Zutaten zu sammeln. 2017 haben die Färöer-Inseln ihren ersten Michelinstern bekommen, er wurde dem Koks-Restaurant für sein innovatives 17-Gänge Degustationsmenü rund um regionale Zutaten verliehen. Das Restaurant, das im April 2018 in ein altes Bauernhaus an einem See im wilden Leynavatn-Tal umgezogen ist, arbeitet mit erfahrenen Sammlern, Tauchern, Fischern und Bauern zusammen, um ein einzigartiges Menü passend zu den manchmal grausamen Jahreszeiten der Insel zu kreieren. Ein Erlebnis, das Beharrlichkeit, Geschmack und Regionalstolz bezeugt.

---

📖 WO? *Koks Restaurant ist 20 Autominuten von der Hauptstadt, Tórshavn entfernt. Frammi vio Gjónna, Leynavatn, Färöer-Inseln*

# Lernen Sie die Kunst, das in der koreanischen Küche allgegenwärtige Kimchi zuzubereiten!

**SÜDKOREA //** Für Südkoreaner ist *Kimchi*, der fermentierte Kohl mit Chili, geradezu eine Obsession, es gibt Tausende Varianten und kaum einen Tisch, auf dem nicht ein Glas davon stünde, sodass man es an absolut alles tun kann. Traditionelle *Kimchi* herzustellen ist arbeitsaufwendig, oft erledigen die Frauen einer Familie den Job gemeinsam. Sollten Sie an einer solchen Lehrstunde teilnehmen dürfen, können Sie sich glücklich schätzen! Wenn Kohl und Rettich geputzt und gesalzen sind, werden die einzelnen Blätter mit einer dicken scharfen Chilipaste eingerieben, die auch Knoblauch, Ingwer und *Aekjeot* (fermentierte Fischsauce) enthält. Sobald sie ganz bedeckt sind, werden die Blätter in ein Glas gelegt, das dann verschlossen wird, damit alles fermentiert. *Kimchi*-Gläser wurden früher über Winter eingegraben, um sie kalt zu halten und im Sommer gefroren ausgegraben, aber heutzutage tut es auch ein Gefrierschrank. Wenn es ausreichend (mindestens 3 Tage) fermentiert ist, kann es serviert werden.

☛ **WO?** *An wirklich jedem südkoreanischen Tisch, egal ob zu Hause oder unterwegs, als Beilage zu so ziemlich allem*

411

# 412

## Essen Sie im Ulo mit Blick auf die großartigste Eisshow!

GRÖNLAND // Der erste Genuss am Tisch im Restaurant Ulo im Hotel Arctic ist die Aussicht auf den Ilulissat-Eisfjord. Wenn Sie dann den Blick von den riesigen treibenden Eisskulpturen lösen, werden Sie erkennen, dass die Speisen vor Ihnen die außergewöhnliche Umgebung reflektieren. Stolz auf seine traditionelle Küche serviert Ulo Grönländisches wie Seewolf, Rentier und Sumpfporsttee, einfach zubereitet, damit die Zutaten voll zur Geltung kommen.

☛ WO? *Mit tollem Ausblick im Restaurant Ulo, Hotel Arctic, Ilulissat*

# 413

## Poulet Roti – früh morgens auf dem Marché Bastille

FRANKREICH // Auf dem Marché Bastille in Paris locken saftige junge Hühner, die sich langsam an den Grillspießen drehen, die ahnungslosen Marktbesucher mit dem Duft knuspriger Geflügelhaut und einem Hauch von Zitrus- und Ingwermarinade. Hat man sie erblickt, ist es zu spät, um zu widerstehen. Die Hühner sind fast karamellfarben und für flugunfähige Vögel außerdem ziemlich schnell – meist sind sie um 10 Uhr ausverkauft.

☛ WO? *Bei Cathérine, der Hühnerdame auf dem Marché Bastille, 8 Boulevard Richard Lenoir, Paris*

# 414

## Unterwegs in Tallinn, Fusionsküche in der Markthalle

ESTLAND // Fusionsküche ist nicht immer gelungen, aber Mihkel Rand aus Tallinn, als bester Koch Estlands ausgezeichnet, setzt sie perfekt um, indem er an seinem winzigen Marktstand Nordisches mit chinesischen Teigtaschen *Bao* zu *Baojaam* kombiniert. Es gibt eine kleine Karte mit lockeren *Bao* mit Füllungen wie knusprigem paniertem Huhn und Koriander, *Char-Sui*-Schweinefleisch, Oktopus und Gurke ... alles geht weg wie warme Semmeln. Holen Sie sich eins!

☛ WO? *Bei Baojaam in der Markthalle Balti Jaama Turg in der estnischen Hauptstadt Tallinn*

© Lonely Planet / Lottie Davies

© Shutterstock / lembi

# 415

## Cicchetti in Venedig

↓

ITALIEN // Venezianer teilen zwar ihre Stadt mit Millionen Besuchern, manche Leckerei aber behalten sie für sich. So die *Cicchetti*, kleine geröstete Brot- oder Polentascheiben, die in den *Bacari* (Kneipen) serviert werden. Nehmen Sie ein Vaporetto nach Cannaregio und suchen Sie abseits der Touristenströme einen *Bacaro* wie Ai Divini. Probieren Sie mit gesalzenem Kabeljau oder diversen Käsesorten belegte *Cicchetti*.

☞ WO? *Ai Divini liegt in Cannaregio 5905 in Venedig.*

# 416

## Mexiko-Stadt: Tlacoyos in vielen Farben

**MEXIKO //** Marktverkäufer in Mexiko-Stadt halten diese torpedoförmigen Tortillas in geschlossenen Körben warm und frisch. Sie sind lecker gefüllt mit Bohnenmus, Käse und Chicharrons. Traditionell werden *Tlacoyos* mit etwas Salsa serviert, aber in Mexiko-Stadt packt man auch frische Chilis, Käse und grüne *Pasilla* darauf. Diese Mais-Missiles gibt es in gelb, rot und blau, je nachdem, welche Farbe der für das Mehl verwendete Mais hat.

📣 **WO?** *Finden Sie die Tlacoyos Ihrer Träume in der Straße über der Metrostation Chilpancingo. Hipódromo, Mexico City*

# 417

## Ehren Sie die Empanada in Argentinien!

**ARGENTINIEN //** Klingt Empanada nicht viel appetitlicher als Pastete? Sogar die Übersetzung – „in Brot gewickelt" – klingt verlockend. In Argentinien gibt es heftige Diskussionen über die Zutaten, und in der Stadt Salta im Norden gibt es sogar einen eigenen Feiertag für den bescheidenen Snack, den 4. April. Wo sollte man ihn also eher essen, als in dieser lebendigen Stadt, umringt von den Gipfeln der Anden, rotfelsigen Tälern und Weinbergen?

📣 **WO?** *In einer der Kneipen oder Cafés rund um die Plaza 9 de Julio, dem Hauptplatz und Herzen von Salta*

# 418

## Genießen Sie den Sommer in Polen mit Chlodnik-Suppe!

**POLEN //** In einem Land wie Polen, in dem es ein halbes Jahr lang Minusgrade geben kann, wird der Sommer besonders gefeiert. Ein Gericht, das den Sommer perfekt einfängt, ist die kühle, säuerliche Rote-Beete-Suppe *Chlodnik*. Der erfrischend süß-saure Geschmack ist perfekt für ein sommerliches Mittagessen. Oft wird es noch aufgepeppt mit Gurke, Rettich, Mangold, Dill und einem halben hart gekochten Ei.

📣 **WO?** *In Restaurants in Krakau, die auf traditionelle Küche spezialisiert sind*

418

# 419

## Besuchen Sie die Heimat des Koberinds und wählen Sie: gegrillt oder gebraten?

JAPAN // Berühmt für seine Marmorierung genießt das Fleisch des Koberinds heute den Ruf unvergleichlicher Zartheit und einer fast schmelzenden Konsistenz. Bis 2012 durfte diese Rinderrasse nicht exportiert werden – einer der besten Orte, ihr Fleisch zu kosten, ist ihre Heimatstadt. Koberind wird idealerweise über Holzkohle gegrillt, *Yakiniku,* oder auf einer Eisenplatte gebraten, *Teppanyaki*. Damit es zart bleibt, wird das Fleisch schnell gebraten, sodass die Hitze die Fettstreifen schmelzen kann, auch wenn manche Köche es länger braten, um etwas Struktur zu erhalten. Die meisten Restaurants in Kobe, die das Rindfleisch servieren, bieten unterschiedliche Teile an sowie eine Auswahl von Marinaden und Beilagen.

☞ WO? *Kobe Nikusho Ichiya bietet diese generell teure Delikatesse relativ erschwinglich an. Shimabun Bldg, BB Plaza annex, 4-2-7 Iwaya Nakamachi, Kobe Nada Ward, Hyogo*

419

420

# 420

## Gỏi Cuốn, um in Vietnam loszulegen

VIETNAM //Es ist praktisch unmöglich, in Ho-Chi-Minh-Stadt schlecht zu essen. Man hat den Eindruck, dass es in jeder Straße Unmengen klimatisierter Restaurants voller glücklicher Gäste gibt, oder aber Garküchen mit Plastikstühlen, oder sogar beides. Wo also anfangen? Ein Tipp: Wählen Sie ein Lokal, in dem die Gäste zufrieden aussehen, und bestellen Sie *Goi Cuon*. Diese kalten, frischen (nicht frittierten) Reispapierröllchen sind ein allgemeines Lieblingsgericht, gefüllt mit Vermicellinudeln, Schweinefleisch, Kopfsalat, und Kräutern wie Basilikum und Minze, dazu isst man nussige Hoisinsauce und gehackte Chili. Dippen Sie los und genießen Sie!

☞ WO? *In jedem geschäftigen Restaurant in Ho-Chi-Minh-Stadt, wo Goi Cuôn die ultimative vietnamesische Vorspeise ist*

# 421

## Ob tags oder nachts: Pizza gibt's in New York City einfach immer!

USA // Es ist nicht gerade die authentischste Pizza, die Sie je essen werden, aber es ist der authentische Geschmack von New York. Im Big Apple geht es auch weniger um die traditionelle Pizza aus dem Holzofen (die gibt's dort natürlich auch), sondern um die typische NYC-Pizza: riesige Stücke, saftiger, aber knuspriger Rand, biegsam, sodass man sie zusammenfalten und im Gehen essen kann. Besteck? Pfff. Bei Lombardi's in Little Italy, Manhattan, fing alles an, als 1905 der italienische Einwanderer Gennaro Lombardi in seinem Deli Pizza-Marghe-

rita-Stücke verkaufte. Bald hatten die New Yorker spitzgekriegt, dass das eines der besten Gerichte der Welt ist, sogar im Gehen zu essen! Auch heute noch kann man bei Lombardi's im New Yorker Viertel Nolita ein Stück Pizza erstehen. Joe's in Greenwich Village macht dem Pionier mit seinem original New Yorker Stil allerdings Konkurrenz.

← WO? *Auf die Hand im Lombardi's, 32 Spring St oder Joe's, 7 Carmine St, beide New York*

# 422

## Nehmen Sie sich im Chaos von Lagos Zeit für Akara!

**NIGERIA** // Lagos, die quirlige Hauptstadt von Afrikas bevölkerungsreichstem Land, ist nichts für Ängstliche. Auf den Straßen brodelt es geradezu, daher halten sich viele Besucher an die touristischen Pfade fürs Sightseeing und essen in Hotel-Restaurants. Wir finden: Sie sollten mutig in die Menge gehen und einen Straßenhändler suchen, der einen der Lieblingssnacks Nigerias verkauft: *Akara*. Er besteht aus zerdrückten Augenbohnen mit Chilis, Zwiebeln und Salz; die Kugeln daraus werden in Palmöl frittiert. Der Geschmack variiert von Stand zu Stand, die Händler versuchen, die Beliebtheit ihrer *Akara* zu steigern, indem sie individuell Zutaten wie Languste oder Süßkartoffeln ergänzen.

☛ *WO? Verkäufer rufen: „Àkàrà-je!", was schlicht „Komm und hole Dir dein Akara!" auf Yoruba heißt.*

---

## Andrew Zimmern

*Andrew Zimmern ist der Erfinder und Moderator der erfolgreichen TV-Serie „Der Alles-Esser- So schmeckt die Welt".*

### 01

**POLLO AL CARBON, EL ALJIBE, HAVANA, KUBA** Als Staatsbetrieb ging es mit dem El Aljibe so sehr bergab, dass das Castro-Regime die ursprünglichen Eigentümer zurückrief. Das Brathuhn in Zitronensauce wird mit Bohnen und karamellsüßen Kochbananen serviert.

### 02

**ALLES IM BADJAO SEAFOOD HOUSE, PALAWAN, PHILIPPINEN** Fischerboote ächzen unter dem Gewicht von Muscheln, Krabben und Hummer, während sie unter das Restaurant fahren, um ihren Fang abzuliefern.

### 03

**GRILLSTEAK, BAZAAR MEAT, LAS VEGAS** Ich kannte viele Lokale, die das beste Steak der Welt servieren, bis ich bei José Andrés in Vegas war und aus den Latschen gekippt bin.

### 04

**SHENG JIAN BAO, DA HU CHUN, SHANGHAI, CHINA** Den ganzen Morgen über rollen und formen Köche Teig in perfekte Scheiben, füllen ihn mit perfekt gewürztem Schweinshack, ganzen Garnelen und sogar Muscheln.

### 05

**MARINARA PIE, PIZZERIA BIANCO, PHOENIX, ARIZONA** Ich habe in jedem Pieshop und Pizzaimbiss von Neapel bis New York City gegessen. Wenn man mir die Pistole auf die Brust setzen würde, würde ich Bianco's wählen.

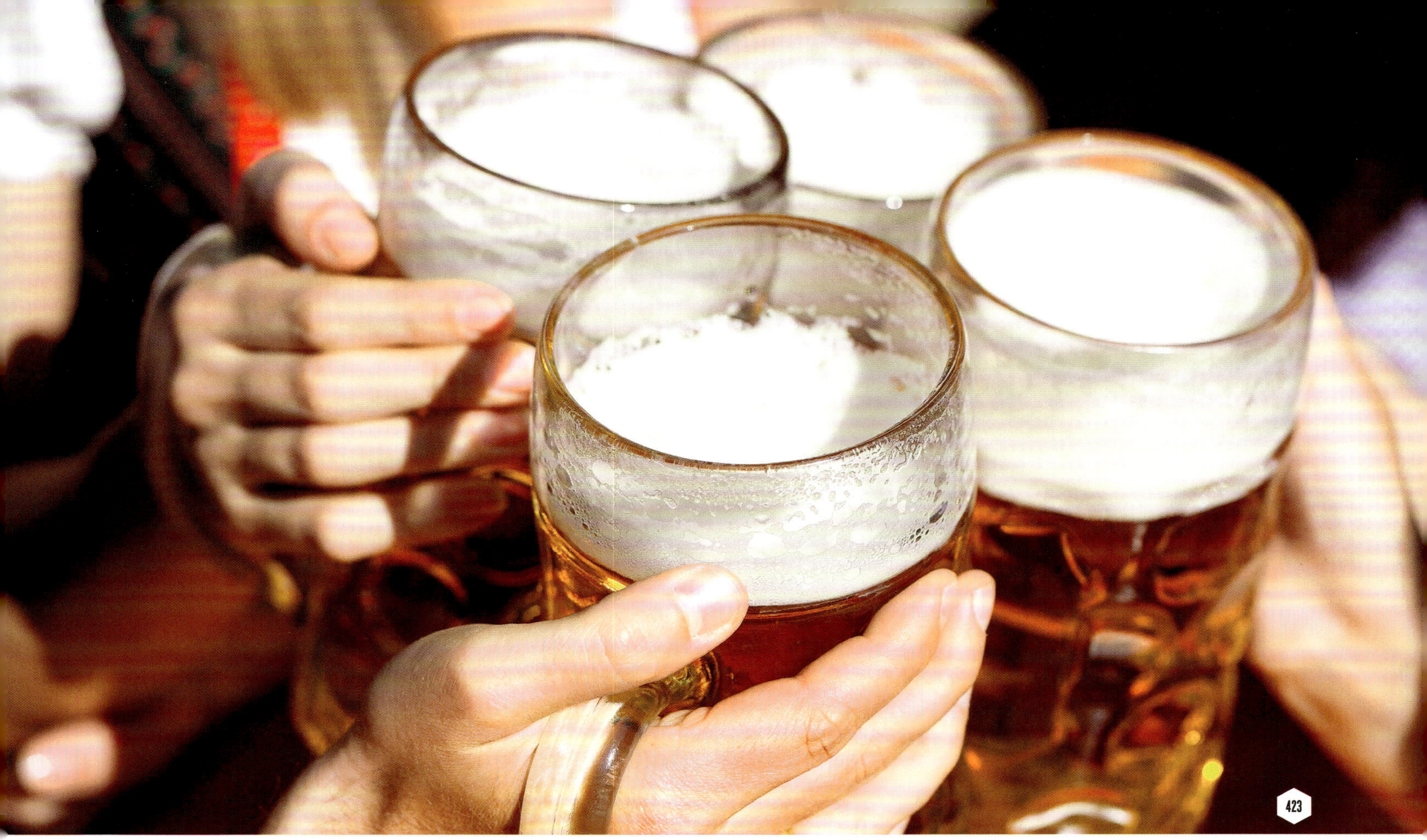


©Shutterstock / Maksim Toome

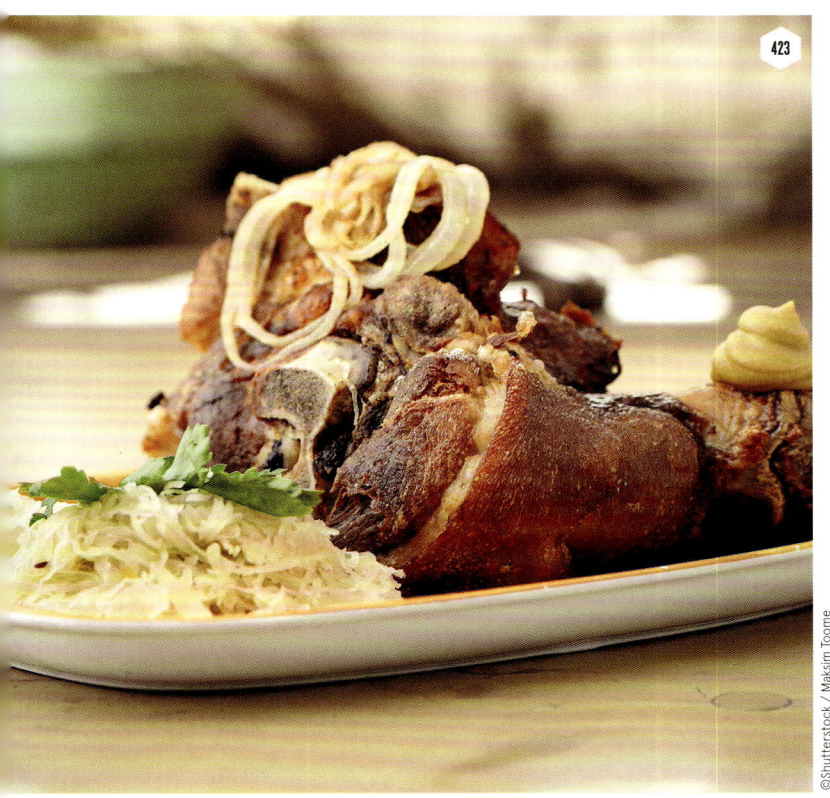

# 423

## Satt werden von Schweinshaxe, Sauerkraut und bayrischem Bier

**DEUTSCHLAND** // Für einen Neuling sieht eine Schweinshaxe ziemlich einschüchternd aus. Sie wirkt wie Essen für einen Wikinger oder einen Oger: ein riesiges Stück Fleisch mit dicker, roter Haut und oben schaut ein Knochen heraus, wie ein Griff. Ja, so mögen sie's in Bayern. Schweinshaxe ist der Unterschenkel vom Schwein, der langsam gebraten wird, bis die Haut knusprig ist und das Fleisch sich vom Knochen löst. Sie wird auf einen Berg Sauerkraut und Bratkartoffeln gepackt und in den Kneipen und Bierhallen Bayerns serviert, zu einem Krug mit schaumigem Bier. Das Ganze verleiht Ihnen die Energie und Alkoholtoleranz eines deutschen Bauern des 16. Jahrhunderts.

---

☛ WO? ***Schweinshaxe und Sauerkraut sind eine gute Grundlage zum Trinken im Hofbräuhaus, der altehrwürdigen, kitschigen und viel besuchten Bierhalle.***

© Shutterstock / Kzenon

# 424

## Gimbap, die fischfreie Antwort Südkoreas auf Sushi

SÜDKOREA // Mögen Sie das Aussehen von Sushi, sind wegen des rohen Fischs aber skeptisch? Dann ist *Gimbap* das Richtige für Sie. Dieser südkoreanische klassische Picknick-Snack lässt den Fisch weg und enthält andere leckere Zutaten wie *Bulgogi* (Rindfleisch, mariniert in Sojasauce, Zwiebeln, Knoblauch und Sesamöl), Omelette und frisches Gemüse, alles mit getrockneten Algen (*Gim*) und Reis (*Bap*) gerollt. In letzter Zeit allerdings wurden die Füllungen für *Gimbap* immer abenteuerlicher: Es gibt Mischungen wie schwarzer Reis und *Kimchi* oder *Deodeok*-Wurzeln mit *Chwinamul* (ein Blattgemüse). Eigentlich geht alles.

 **WO?** *Bei einem Picknick nach einer Fahrradtour im Yeouido Hangang Park in Seoul*

# 425

## Frühstücken Sie schwarzen Reispudding, bevor die Touristen aufwachen!

INDONESIEN // Ubud ist das kühle Yin zum Yang des Party-Strandlebens auf Bali. Hier oben in den Bergen ist es kühler und man muss keinen Motorrädern mit Surfbrettern drauf ausweichen. Besucher kommen wegen des Kunsthandwerks, der antiken Stätten, der Regenwälder, der Reisfelder ... und dem Essen. Beginnen Sie Ihren Tag in Ubud mit einem Frühstück auf dem Markt. Kleine Stände haben glänzenden schwarzen Reis in den Kochtöpfen. Sie bekommen ihn als süße, leicht salzige Schale (oder Tüte, to go) mit Bananenstückchen und Kokosnusscreme – und das sättigt bis zum Mittagessen.

**WO?** *Auf den Morgenmärkten in Ubud, am besten vor 9 Uhr, weil danach das Touristenessen angeboten wird*

# 426

## Bitte anhalten: Flódni im jüdischen Viertel von Budapest

UNGARN // Dieser ungarisch-jüdische Kuchen besteht aus fünf Schichten blättrigem Teig und vier Schichten Füllung: Gedämpfte Äpfel, Walnusscreme, Mohn und Pflaumenmarmelade. Das Originalrezept gibt es seit dem Mittelalter, wurde aber in letzter Zeit in Ungarn durch die Köchin Raj Ráchel erst richtig bekannt. Ihr *Flódni* ist einer der beliebtesten des Landes, aber nicht der einzige – jede jüdische Bäckerei, die etwas auf sich hält, hat *Flódni* im Angebot.

☛ WO? *Im Café Noe, Wesselényi utca 13, Budapest.*

# 427

## Tacoreis: Ein Hauch von Heimat für GIs in Japan

JAPAN // Okinawa hat amerikanische Gaumen bedient, seit die amerikanische Airbase nach dem 2. Weltkrieg dort eingerichtet wurde. Hier wird der Reis der Insel mit Rinderhack, geriebenem Käse, Salat und Salsa vermischt, wie es sich heimwehkranke GIs wünschen, die die Tex-Mex-Küche vermissen. Hierfür haben die Köche ursprünglich Sake mit Soja- und Mirinsauce gemischt. Es ist keine Überraschung, dass diese kulturelle Mischung seit den 1950ern ein Hit ist!

☛ WO? *Olive Batake serviert traditionelle Gerichte Okinawas. 4-12-5 Awase*

# 428

## Probieren Sie Ananaskuchen aus Taiwan!

Taiwan // Taiwan ist bekannt für seine Ananas, es ist also keine Überraschung, dass das übliche Dessert ein Ananaskuchen ist. Aber Taiwan ist auch ein Ort unterschiedlicher Einflüsse, und diese süße Leckerei bietet all die unterschiedlichen Aromen. Zum Teil ein blättriger Keks und zum Teil Obstkuchen, und selbst wenn mit Rohzucker gesüßt wird, schmeckt man die herzhafte Note. Lee Cake in Taipehs historischem Dadaocheng Viertel wird Sie nicht enttäuschen.

☛ WO? *Lee Cake in Taipeh in No 309, Section 1, Dihua St*

© NatashaBreen / 500px

© Lonely Planet / Pete Seaward

© Hemis / Alamy Stock Photo

# 429

## Genießen Sie Pavlova, während andere über den Ursprung streiten!

AUSTRALIEN & NEUSEELAND // Am anderen Ende der Welt streitet man sich über den Ursprung des Desserts aus Schlagsahne, Obst und Baiser, aber beim Essen ist es eigentlich egal. Da es traditionell ein Dessert für Festtage ist, sieht man eine *Pavlova* bei vielen Familien an Weihnachten. Die festlichen Farben der Früchte (meist Erdbeeren, Kiwi und Passionsfrucht) zusammen mit der weißen Sahne auf zartem Baiser ist eine dekorative und leckere Ergänzung einer Weihnachts-feier. Sein Ursprung hat mit der berühmten russischen Ballerina Anna Pavlova und ihrer Tour „down under" zu tun – haben die Kiwis oder die Aussies ihr zu Ehren den Kuchen erfunden? Der Anspruch der Kiwis hatte etwas Gewicht gewonnen, als ein Biograf der Pavlova einen Koch in Wellington erwähnte, der der Tänzerin 1926 das Dessert servierte. Doch auch die Aussies führen jetzt ein Geschehnis im Jahr 1926 an. Also belassen wir es einfach bei einem offenen Rennen und genießen diese süße, fruchtige, knusprige und zarte Torte.

☞ WO? *Um ein Weihnachtsessen im Hochsommer auf der Südhalbkugel abzurunden*

# Le Poulet de Bresse: Holen Sie sich ein Gourmet-Fastfood-Huhn!

**FRANKREICH //** Poulets de Bresse mit ihrem roten Kamm, weißen Federn und schieferblauen Beinen stehen wie winzige Trikoloren auf den Wiesen der Provinz Bresse. Sie werden nach festen Standards gezüchtet: ihnen stehen mindestens 10 m² Land pro Kopf zu, dazu bekommen sie proteinarmes Futter, damit sie selbst nach Insekten suchen. Und ihr feines Fleisch ist das Gegenteil von der industriell produzierten weißen Masse, die die meisten von uns als Hühnerfleisch kennen. Das hier ist weltbestes Fleisch mit AOC-Siegel, das in teuren Lebensmittelabteilungen verkauft und in Restaurants mit Michelin-sternen serviert wird ... und in einer bestimmten *Aire de Service* an der A 39 zwischen Dijon und Bourg-en-Bresse an Grillspießen rotiert, bis die Haut goldbraun ist, und dann recht günstig verkauft wird. Ein halbes Bressehuhn mit frischem Baguette – das beste Raststätten-sandwich, das Sie jemals essen werden. Die *Aire du Poulet de Bresse* ist wirklich ein absolut lohnenswertes Ziel.

☛ **WO?** *Man kann es gar nicht übersehen: Achten Sie auf das 20 m hohe Metallhuhn. A39, 71480 Dommartin-lès-Cuiseaux*

© robertharding / Alamy Stock Photo

© Shutterstock / wong yu liang

# 431

## Erfahren Sie die Energie einer Schüssel Pàomó in Xi'an!

CHINA // Eine dampfende Schüssel *Yángròu Pàomó* – Hammelsuppe mit Fladenbrot – zu genießen, erfordert ein bisschen Muskelarbeit. Sie bekommen ein großes Stück Fladenbrot, das sie zuerst in eine Schüssel bröckeln. Haben Sie das erledigt, gibt ein Kellner duftende Hammelbrühe und Fleischstücke darüber. Gewürzt mit eingelegtem Knoblauch, ist das von der Seidenstraße beeinflusste Gericht ein wärmendes Winteressen, bei dem man etwas abschalten kann.

☛ WO? *In Xi'an serviert Lao Sūn Jiā Pàomó seit 1898. 5. Stock, 364 Dong Dajie*

# 432

## Die besten Char Kway Teow gibt es in Penang

MALAYSIEN // *Char Kway Teow* – „CKT" für Eingeweihte – ist ein matschiges Durcheinander aus gebratenen Nudeln, Garnelen, Herzmuscheln, Bohnensprossen, Scheiben von *Lap Cheong* Wurst, Eiern und grünen Zwiebeln, alle mit Sojasauce übergossen. Aber der Geschmack macht das Aussehen wieder wett. Das frühere Arme-Leute-Essen bekommt man heute in Garküchen überall in Malaysia und Singapur. Aber Vielen gilt die Version in Penang als die beste!

☛ WO? *Die Woks im New Lane Hawker Centre in Penang's George Town werden ungefähr ab 6 Uhr morgens angeheizt.*

# 433

## Eine perfekt komponierte Mozartkugel in Salzburg

ÖSTERREICH // Zwar findet man bei uns an jeder Ecke Süßwaren gegen den Heißhunger, die Mozartkugel allerdings sträubt sich gegen die schnelle Bedürfnisbefriedigung: Eine Kugel Pistazienmarzipan umhüllt von Nougat und Schokolade wurde vom Salzburger Konditor Paul Fürst in den 1890er-Jahren erfunden und nach dem berühmtesten Sohn der Stadt benannt. Die Fürsts stellen die Süßigkeit in fünfter Generation her und ihr gemütliches Café ist voll davon.

☛ WO? *Nur im Café Konditorei Fürst in der Brodgasse 13 in Salzburg bekommt man die original Mozartkugel.*

# 434

## Tlayuda: Der umwerfende Snack aus Oaxaca

MEXIKO // Jeder, der schon mal einen *Tlayuda* probiert hat, weiß, dass es der ultimative Straßensnack ist. Sein Name heißt übersetzt übrigens „kleiner Hunger". Die Hauptzutaten sind eine große Maistortilla, darauf kommen *Asiento* (Schmalz) mit Bohnenmus und *Quesillo* (Käse aus Oaxaca), dann wird sie gegrillt. Wenn Sie an den Ständen in Oaxaca, dem kulinarischen Herzen Mexikos, vorbeibummeln, entdecken Sie Varianten mit Rind- oder Schweinefleisch.

☛ WO? *Beginnen Sie bei Comedor María Alejandra's in Oaxacas historischem Mercado 20 de Noviembre.*

# 435

## Das indische Thali ist Geschmack in völliger Harmonie

INDIEN // Überall in Indien bezeichnet *Thali* sowohl ein bestimmtes Gericht als auch die Servierplatte. Zwar gibt es große regionale Unterschiede, doch ein gutes *Thali* will sechs einander ergänzende Gerichte präsentieren – mit den Geschmacksrichtungen salzig, süß, bitter, sauer, scharf und würzig. *Thali* wird mit Reis auf einer Metallplatte serviert, im Süden auf einem Bananenblatt, und ohne Besteck gegessen. Rollen Sie ihren Reisball und mixen Sie den für Sie perfekten Geschmack.

☛ WO? *Jedes Gericht im RRR Hotel wird auf einem Bananenblatt serviert, auch das himmlische Thali. Gandhi Square, Mysore*

# 436

## Mbeju und Tereré: Paraguays perfektes Frühstückspaar

PARAGUAY // Essen Sie diesen tortillaartigen flachen Pfannkuchen mit Käse auf der Terrasse eines Cafés zum Frühstück, bevor Sie Ihren Sightseeing-und-Shopping-Tag in der Hauptstadt Asunción beginnen. *Mbeju* ist weich und knusprig zugleich und passt perfekt zum traditionellen Getränk, *Tereré* (eine Art Matetee aus kaltem Wasser und Eis). Probieren Sie Ihren *Tereré* mal mit frisch gepresster Limette, Orange oder Zitronensaft und frischer Minze.

☛ WO? *Im El Café de Acá im schicken Villa Morra-Viertel in Asunción*

# 437

## Verkatert in Manhattan? Eggs Benedict sind perfekt für den Morgen danach

USA // Die meisten Leute haben eine Lieblingskur gegen einen Kater – auch der Wall-Street-Broker Lemuel Benedict. Es heißt, er sei 1894 in New York ins Waldorf Hotel gestolpert und hätte etwas von Toast, Bacon, pochierten Eiern und Sauce Hollandaise gemurmelt – Eggs Benedict waren erfunden. Das Waldorf Astoria, wie das Hotel heute heißt, wird bis 2021 renoviert, aber zerbrechen Sie sich darüber nicht Ihren verkaterten Kopf: Das nach Lemuel benannte Gericht bekommt man in vielen guten Restaurants überall im Big Apple. Probieren Sie's mit dem Tartine im West Village für eine klassische Variante oder wagen Sie sich an eine modernere Version im Queens Comfort in Astoria, wo man aus einer Unmenge von Benedicts wählen kann.

☞ *WO? Probieren Sie was Neues im Queen's Comfort in 40-09 30th Ave, Astoria, New York.*

© Getty Images / GMVozd

437

## James Syhabout

*James Syhabout ist Besitzer der von Michelin ausgezeichneten Restaurants Commis und Hawker Fare in der San Francisco Bay Area und Autor von „Hawker Fare: Stories und Recipe's From a Refugee Chef's Isan Thai and Lao Roots".*

### STEAK IN EINER SIDRERÍA, BASKENLAND
Baskisches Steak wird über Holz von Apfelbaum oder Weinstock gegrillt und stammt von großen Tieren, das Fett ist gelb glänzend.

### KUAY JAP, BANGKOK
Reisnudeln über knusprigen Schweinsinnereien und -blut, oft mit Wachteleiern. Gibt es überall auf der Straße.

### DOUBLE SKIN SALAD, GREAT CHINA, BERKELEY, KALIFORNIEN
Das ist die Kreation dieses Restaurants, ich habe es sonst noch nirgends gesehen: Glasige Bohnen, Stärkenudeln, Eier in Streifen, Gurken und Pilze, alles in einer Senfvinaigrette.

### TACOS, TIJUANA, MEXIKO
Sie schneiden das Fleisch neben dem Grill und nehmen es mit der Tortilla auf, fertig. Es ist unfassbar — Mexiko liegt so nah an den USA, aber diese Tacos kriegen wir nicht hin.

### PASTRAMI SANDWICH, KATZ'S DELI, NYC
In New York ist das Katz's immer mein erster Halt. Sie sind schon so lange im Geschäft, ihr Erfolg muss mit den Rohwaren, der Zeit für die Zubereitung usw. zu tun haben.

# 438

## Kleine Einführung in die Kräfte des heilenden Manukahonigs

NEUSEELAND // Im Bay of Islands Honigladen in Kerikeri kann man erfahren, wie der regionale Manukahonig – der Königinnen-honig – produziert wird. Dieses Superfood, das von Bienen gemacht wird, die den nur hier im *Land of the Long White Cloud* wachsenden Manukabusch bestäuben, ist ein Naturheilmittel mit antibakteriellen Wirkstoffen. Dunkel, geschmacksintensiv und nicht zu süß ist es der perfekte Honig für Erwachsene.

☛ WO? *Im Bay of Islands Honigladen, 414 Kerikeri Rd, Kerikeri*

# 439

## Besuchen Sie Paris für die vielleicht besten Baguettes der Welt!

FRANKREICH // Morgengrauen in Paris. Die städtischen Alchemisten sind hellwach und zaubern mit ihren Grundzutaten: Mehl, Hefe, Wasser und Salz. Nichts ist besser als morgens in Paris ein warmes Baguette zu kaufen! Der beste, per Wettbewerb gekürte Bäckerdarf den Elysée Palast ein Jahr lang mit Baguettes beliefern. Die Juroren achten auf eine dünne Kruste, ein weiches, elastisches Innere und eine Länge von 55-65 cm. Ein harter Job – aber jemand muss ihn machen.

☛ WO? *Brun boulangerie in der 193 Rue de Tolbiac, 13. Arrondissement, siegte zuletzt.*

# 440

## Ostern gibt's auf Kreta Kalitsounia - Käseküchlein mit Honig

GRIECHENLAND // Ostern ist eine großartige Zeit, um Kreta zu besuchen. Nicht nur, weil dann die Wildblumen auf der Insel blühen (und auch die vielen hundert einfachen Kirchen schmücken), sondern auch, weil man dann in allen Bäckereien *Kalitsounia* bekommt, süße Käseküchlein mit etwas Thymianhonig. Zu Ostern ist ein *Kalitsounia* beliebt, das mit Malaka gefüllt ist, weichem Schafskäse, der warm lange, leckere Fäden zieht.

☛ WO? *Alle Bäckereien verkaufen in der Osterzeit Kalitsounia.*

# 441

## Die Erde bebt beim Huhn Pepián in Antigua de Guatemala

GUATEMALA // Antigua ist eine unglaublich pittoreske Stadt. Unglaublich auch wegen der Kette von Vulkanen um sie herum – es ist erstaunlich, dass es sie überhaupt noch gibt. Nach unzähligen seismischen Aktivitäten ist einiges zerstört, aber die Ruinen verstärken den Charme der Stadt voller restaurierter, pastellfarbener Barockgebäude nur noch. Am Wochenende versammelt man sich an der Iglesias de la Merced und tauscht bei einem *Pepián* Neuigkeiten aus. Der Snack vom Straßenverkäufer besteht aus Grillfleisch, verschiedenen Chilis, Kürbiskernen (*Pepitoria*, daher der Name) und vielen anderen gegrillten Zutaten. Dieses saftige, leicht bittere, aber sehr vielschichtige Gericht wird mit Reis und frischen Maistortillas serviert.

☛ WO? *Auf der Straße, oder eine noblere Version im El Porton, neben dem Restaurant Origimi*

# 442

## Genießen Sie an einem Strand in Florida einen Key Lime Pie!

USA // Brutale Hurrikane haben überall auf den Florida Keys Limettenhaine zerstört, aber deswegen lieben die Menschen das typische Gericht der Region nicht weniger. Cafés von Key Largo bis Key West behaupten alle, dass Sie die beste Version des Pies backen, aber entscheidend für einen richtig guten sind immer noch echte Limetten, heute meist aus Mexiko importiert. Sie sind gelb, wenn sie reif sind und haben im Vergleich zu ihren grünen Supermarktkollegen eine intensive Säure. Diese Säure in der Limettencreme in Kombination mit dem weichen Baiser in einem Biskuitteig ist eine Geschmackssensation... trinken Sie dazu eine Piña Colada und Sie haben die Keys auf Ihrem Tisch.

☛ WO? *Stellen Sie sich bei der Key West Key Lime Pie Company, 511 Greene St, Key West, Florida an – aber nicht ohne eine Piña Colada!*

**443**

# 443

## Rauf auf die Glückswelle auf Bali, mit einer Schale Nasi Goreng!

**INDONESIEN //** In Bingin auf der Halbinsel Bukit an der Südspitze Balis liegt eines der spektakulärsten Surfgebiete. Trotzdem ist es idyllisch heiter. Ans Meer gelangt man nur über einen Fußweg entlang der Klippen, am Strand findet man winzige Cafés und Restaurants, die einfache indonesische und balinesische Küche anbieten.

Und wenn Sie jetzt noch kein Bild vor Augen haben, dann stellen Sie sich vor, wie Sie morgens aufwachen: Eine leichte Brise weht, man hört die Brandung. Sie stehen auf und der Duft von gebratenem Knoblauch, Tamarinde und *Kecap Manis,* der süßen indonesischen Soja-

sauce, dringt in Ihr Zimmer, und wenn Sie dann auf die Terrasse Ihrer Pension treten, vermengt der Koch geschickt Reis mit Krabbenpaste, Huhn und frischen Garnelen. Er fragt, ob Sie etwas vom *Nasi Goreng* möchten, und noch bevor Sie ja sagen können, reicht er Ihnen den Bratreis mit einem Spiegelei, Kopfsalat und Tomaten und sagt: *„Me-nikmati"*, also „Guten Appetit". Und der kommt Ihnen garantiert!

☞ **WO?** *Für den perfekten Nach-Nasi-Goreng-Tag rauf aufs Board Board und die Wellen! Oder doch erst noch eine zweite Portion?*

© Getty Images / Peter Ptschelinzew

© Getty Images / David Buffington

# 444

## Beobachten Sie die Meister des Pad Thai in Bangkoks Garküchen beim Zaubern!

THAILAND // Von den vielen weltweit beliebten kulinarischen Exporten Thailands ist *Pad Thai* wohl der berühmteste. Das Gericht ist deswegen so genial, weil Aromen und Konsistenzen wunderbar ausbalanciert sind. In internationalen Interpretationen wird oft zu stark gewürzt, aber auf den Straßen Bangkoks haben die Garküchenköche Jahre damit zugebracht, dieses eine Gericht zu perfektionieren. Das beste *Pad Thai*, das Sie je essen werden, finden Sie hier: Reisnudeln in einer superleckeren Mischung aus Tamarindenpaste, Zucker, Limettensaft, Chili, Knoblauch, Fischsauce und weißem Pfeffer. Zu den Nudeln kommen Garnelen, chinesischer Schnittlauch, gehackte grüne Zwiebeln und ein Ei, dann wird alles zusammen bei großer Hitze rasch im Wok angebraten. Bohnensprossen und gehackte Erdnüsse geben den letzten Schliff. Das komplexe und delikate Aroma bezeugt Thailands reiche kulinarische Geschichte und die herausragende Kochkunst der Garküchenköche von Bangkok.

☛ WO? *Eine bestimmte auswählen? Unmöglich! Kaufen Sie Pad Thai bei Garküchen überall in Bangkok.*

# 445

## Folgen Sie Ihrer Nase zu einem Morgensnack in Malaysia, der Durianfrucht!

**MALAYSIA //** In Hotels überall in Südostasien wird darum gebeten, diese stinkende Frucht nicht mitzubringen. Sollten Sie schon mal im Windschatten einer Durian gewesen sein, wissen Sie warum. Ihr Aroma ist, vorsichtig formuliert, gewöhnungsbedürftig. Verzehrt man sie jedoch an der frischen Luft, ist der Geruch nicht ganz so überwältigend, und Sie werden begreifen, warum sie trotz des Gestanks so beliebt ist. Achten Sie auf Stände, die so etwas wie riesige stachlige Litschis anbieten, oder schließen Sie einfach die Augen und schnüffeln Sie sich zu Ihrem Morgensnack. Was Sie zu erwarten haben? Stellen Sie sich eine cremige, nach Knoblauch duftende und nach Karamell schmeckende Melone vor. Jetzt sind Sie neugierig, wetten?

👉 *WO? An Straßenständen überall in Malaysia*

445

# 446

## Ein bisschen Kalifornien der 50er-Jahre gefällig? Surf 'n Turf

**USA //** Wenn Sie diese klassische Kombination von Steak und Meeresfrüchten bestellen, dann sprechen Sie das „and" nicht aus. Das lockere, abgekürzte 'n passt gut zum Ursprung des Gerichts in der Surfkultur der 1950er und zur ausgefallenen Mischung. Es entstand wohl als Modeerscheinung und ruft Erinnerungen an LA-Stars wie Rat Pack und Beach Boys wach – da wird die Wahl des Fleischstücks und der Meeresfrüchte beinahe zur Nebensache. Wirklich wichtig ist, dass sie Surf'n Turf in einem klassischen Restaurant unter Fotos von Hollywoodstars essen und dazu einen kitschigen Cocktail trinken.

👉 *WO? Tony's on the Pier in Redondo Beach, LA, ist eines dieser seltenen Fischrestaurants, das Steak vernünftig zubereitet.*

446

# 447

## Augen zu und runter damit – Sie essen frittierte Tarantel!

KAMBODSCHA // Manches typische Streetfood hat eine Weltkarriere gemacht, für eines aber muss man wohl nach Kambodscha reisen. Und dort am besten nach Skuon, das für diesen knusprigen Snack berühmt ist. Klingt eklig? Sieht noch schlimmer aus, aber in der Rubrik „Interessante Essenserlebnisse" steht die Tarantel ganz oben. Es heißt, das Gericht sei während der dunklen Zeit der Roten Khmer aus Not entstanden. Heute sind diese Spinnen eine Delikatesse. Straßenhändler bieten Teller voller Spinnen an und empfehlen, mit dem saftigen Hinterleib anzufangen, da die Beine bitter sein können. Wenn Sie damit klar kommen, in einen „saftigen Hinterleib" zu beißen, werden Sie auch das Knabbern an den Beinen schaffen.

☞ WIE? *Knusprig, zähflüssig, im Kopf überraschend huhnähnlich … es ist vielleicht nichts für schwache Nerven, aber – Yolo!*

# 448

## Begrüßen Sie in Afghanistan mit Mantu-Klößchen den Frühling!

AFGHANISTAN // Gedämpfte Klöße sind chinesisch, stimmt's? Nicht unbedingt. Ja, man nimmt an, dass *Mantu* über die Mongolei nach Afghanistan gekommen sind, aber egal, wie diese würzigen, fleischgefüllten, gedämpften Päckchen hierher gelangten, sie gehören auf jeden Fall überall im Land zu Festen. Der Großteil des Landes ist für Touristen unerreichbar, aber Abenteurer sollten zur Frühjahrs-Tagundnachtgleiche, wenn das Neujahrsfest Nauroz das Ende des Winters markiert, ins Bamiyan Tal oder nach Herat reisen. Auf üppigen Tafeln finden Sie Teller mit *Mantu*, alles wird im Freien gegessen – ein landesweites jährliches Picknick. Achten Sie auf Klöße mit der Tomatensauce *Kurma*.

☞ WO? *Auf Märkten und auf den Straßen, wo sie an kleinen Ständen verkauft werden*

# 449

## Lassen Sie an den Festtagen etwas Platz für Mince Pie!

GB // „Jingle bells, Jingle bells, klingt's durch Eis und Schnee." Es gibt nur eine passende Saison für Mince Pie, und das ist die Weihnachtszeit in Großbritannien, am besten, wenn Weihnachtslieder gesungen werden, Sterne am kalten Himmel glitzern und die Stechpalme voller roter Beeren hängt. Das ist die Idealorstellung. Die Realität sieht so aus, dass Mince Pies am ehesten vorm Fernseher gemampft werden. Aber das ist kein Grund, diese süße Leckerei wegzulassen. Heute wird kein gewürztes Hackfleisch mehr in die Füllung gegeben, sondern Dörrobst (darunter Rosinen, Korinthen und Äpfel), kandierte Orangenschale, brauner Zucker, Gewürze und Fruchtsaft. Der Teig wird mit Butter oder Talg gemacht und dann mit Puderzucker bestäubt.

👉 WO? *Die besten Mince Pies sind hausgemacht und werden mit Freunden und Familie in den Tagen vor Weihnachten gegessen.*

# 450

## Testen Sie Chicken Tikka Masala, wo es erfunden wurde!

GB // Es steht auf der Speisekarte jedes indischen Restaurants, man könnte also glauben, dass *Chicken Tikka Masala* aus Indien stammt. Aber das sahnige Gericht aus Huhn in Joghurtmarinade wurde höchstwahrscheinlich von südasiatischen Köchen in Schottland erfunden. Auf jeden Fall ist es mit einer milden Tomatensauce, Reis und Naan das Wohlfühlessen in einer kalten Nacht.

👉 WO? *Shish Mahal in 60-68 Park Rd, ein altes, indisches Restaurant in Glasgow*

# 451

## Essen Sie Elchfleisch in den norwegischen Wäldern!

NORWEGEN // Nach einem Tag im Schnee braucht man ein gehaltvolles Abendessen, und die Norweger haben da das Richtige: Regionales Elchfleisch mit Kartoffeln, Preiselbeeren und wärmendem Aquavit. Wild lebende Elche haben ein mageres, schmackhaftes Fleisch. Eigentlich ein traditionelles Essen in den Jagdhütten, sieht man es inzwischen auch auf Speisekarten im urbanen Oslo.

👉 WO? *Im Wintersportort Geilo gibt es Elch in der Hallingstuene: Geilovegen 56.*

# 452

## Kaufen Sie überall in Japan leckere, süße Mochi-Reiskuchen!

JAPAN // Klebreis wird zu einer zähen Paste geschlagen und dann mit Aromen versehen, von nussig über fruchtig (Erdbeeren und Kirschen sind beliebt) bis zu Kakao (jeder liebt Schokolade), *Mochi* ist eine Süßigkeit, die bei Kindern und Erwachsenen in Japan sehr beliebt ist. Es ist lecker und hat viele Kalorien, aber Vorsicht: Es passiert tatsächlich immer wieder, dass jemand an *Mochi* erstickt.

👉 WO? *Gutes Mochi ist immer frisch. Es gibt viele darauf spezialisierte Geschäfte.*

# 453

## Auf wessen Seite stehen Sie? Östliches versus westliches Barbecue in North Carolina

**USA //** Wenn Sie lange genug in North Carolina bleiben, werden Sie schließlich zu einer Entscheidung gezwungen: Ost oder West. Damit ist die heftige Rivalität zwischen zwei Zubereitungsarten des Lieblingsfleischs des Staates gemeint: Schweinefleisch. In den Sandhügeln und in der Küstenebene im Osten von North Carolina besteht ein Barbecue aus einem ganzen Schwein, das in einem Öltonnengrill geräuchert wird, bis das Fleisch von den Knochen fällt. Dann wird es geschnetzelt und mit einer dünnen Essigsauce übergossen, die wahrscheinlich auf die frühen Siedler zurückgeht. Diese versuchten, Schweinefleisch, das bereits zu alt war, noch zu retten. Im bergigen Westen besteht ein Barbecue aus Schweineschulter, die langsam gebraten und dann mit einer süßen Sauce übergossen wird, die Ketchup oder Tomaten in anderer Form enthält. Egal wo, die besten Barbecuelokale braten ihr Fleisch über Holz anstatt über Gas (das Grauen!).

Das sind schlichte Läden mit abgenutzten Resopaltischen und Köchen mit Haarnetzen, die hinter der Theke miteinander scherzen. Bestellen Sie eine Grillplatte, das heißt einen Berg Schweinefleisch und ein paar Beilagen, normalerweise Krautsalat und Hush Puppies (frittierte Maismehlklößchen) oder ein Sandwich. Spülen Sie alles mit dem Lieblingsgetränk der Südstaaten hinunter, Eistee, der so süß ist, dass er Ihre Zähne killt. Wenn Sie Glück haben, gibt es einen Erdnussbutterkuchen zum Dessert. Wenn Sie noch mehr Glück haben, sehen Sie den Pitmaster – den Hohepriester des Schweinefleischs – der Holz spaltet oder einfach nur neben dem Grill eine Zigarette raucht. Von ihm erfahren Sie mehr über Barbecue als Sie je wissen wollten ...

☛ **WO?** *Ok, wir müssen uns entscheiden – auf geht's in eines der besten Barbecues östlicher Art im Skylight Inn in 4618 S Lee St, Ayden.*

450

454

# Chimaek, die Verbindung von Huhn und Bier ist das koreanische Feierabendessen

**SÜDKOREA //** Schließen Sie sich all den Angestellten in Seoul an, die in Bierhallen, Bars und Restaurants gehen, um sich in lockerer und entspannter Atmosphäre mit *Chimaek* und Bier vom Arbeitstag zu erholen. Der Name ist eine Kombination aus „Chicken" und dem koreanischen Wort für Bier, „*Maekju*". Die Mischung wurde in den 1990ern populär, und diese Liebesgeschichte wird wohl nicht so bald enden. Das Geheimnis? Zuerst, dass es zweimal gebraten wird. Mit Mehl und Kartoffelstärke bedeckt, wird das Huhn kurz in Pflanzenöl getaucht, dann lässt man es etwas abkühlen und frittiert es dann

ganz durch. Dadurch wird das Fett in der Haut ausgeschmolzen, was sie knusprig werden lässt. Zweitens wird das Huhn scharf gemacht. Dafür stehen mehrere Saucen zur Auswahl, die beliebteste ist die süß-scharfe *Yangnyeom:* Die klebrige Sauce überzieht die Haut und wird vom eingelegten Rettich betont. Drittens geht es um das Bier, meist ein frisches Lager, das in riesigen 3-Liter-Kannen serviert wird.

☞ **WO?** *Restaurants einer Brathuhnkette finden sich überall in Seoul. Probieren Sie Chicken in the Kitchen in 4-42, Wausan 29, Mapo.*

# 455

## Schlürfen Sie Dan-Dan-Nudeln in Sichuan!

CHINA // Früher wurden sie aus Körben verkauft, die an einer Bambusstange (*Dan*) hingen, *Dan-Dan*-Nudeln sind ein Lieblingssnack in den Städten Sichuans. Seidige Nudeln mit einer glänzenden Sauce aus Chiliöl, Sojasauce und Essig, aufgepeppt mit eingelegtem Gemüse und Szechuanpfeffer. Dazu noch Schweinehack und grüne Zwiebeln, und schon haben Sie ein Gericht, das Sie an einem kühlen Abend in Chengdu wärmt und an einem schwülen Nachmittag in Chongqing erfrischt.

☛ WO? *In der touristischen Fußgängerzone Jinli in Chengdu findet man immer leckere Schüsseln mit Dan-Dan-Nudeln.*

# 456

## Salo: Wie die Made im Speck in der Ukraine

UKRAINE // Ukrainer haben bei dem Gericht, das als Lieblingsgericht gilt, auf komplexe Geschmäcker oder komplizierte Kochmethoden verzichtet. *Salo*, auch genannt kalter Schweinespeck, wird gepökelt, eingelegt oder geräuchert. Diese dicken Scheiben Speck werden auf Festivals gefeiert, mit Denkmälern geehrt und tauchen in Rekordbüchern auf. Traditionell wird gefrorener *Salo* in dünne Scheiben geschnitten, mit Pfefferkörnern und Salz gewürzt – und verspeist.

☛ WO? *Trinken Sie einen Wodka zu Ihrem Stück Salo, das im Mund schmilzt, im traditionellen Tsarske Selo, 22 Lavrske St, Kiew.*

# 457

## In der mongolischen Steppe hilft ein heißes Khuushuur.

MONGOLEI // Ja, mongolisches Essen ist einfach und praktisch, aber wenn man bei einer Odysse durch die Steppe den Elementen ausgesetzt ist, dann wünscht man sich halt etwas Sättigendes ohne viel Chichi – und *Khuushuur* ist genau das. Genauer gesagt, dreieckige Teigtaschen, gefüllt mit Hammelhack (manchmal auch Rinderhack oder Kohl), die knusprig frittiert werden. Die Mongolen nehmen diese fleischigen Teigpäckchen auch zur Hand, um den Kreislauf anzuregen.

☛ WO? *Draußen in der Steppe verkaufen Einheimische die frischeste Version aus ihren Häusern oder Zelten.*

457

455

455

# Florence Fabricant

*Florence Fabricant ist seit langem Food- und Wein-journalistin bei der New York Times, und Autorin von 12 Kochbuch-bestsellern.*

**KAISEKI LUNCH, NAKAHIGASHI, KYOTO, JAPAN** Der Koch spazierte herein, mit Vogelmiere, wilden Zwiebeln, Beifuß und Brennesseln im Gepäck, und alles tauchte in seinen exquisiten Gerichten auf.

**CHAWANMUSHI, BRUSHSTROKE, NEW YORK** David Bouley veredelt dieses japanische Alltagsgericht. Seine seidige Version mit Dungeness-Krabbe schwimmt in einer Brühe mit schwarzen Trüffeln und Knoblauch.

**LIÈVRE À LA ROYALE, FRANKREICH** Meine Liebe zu Wildhasen und Foie gras in einer Sauce mit Blut und Schokolade begann in Chinon. Seitdem habe ich diesen Klassiker überall in Frankreich genossen.

**WILD STRIPED BASS, BOULUD SUD, NEW YORK** Ich hatte bei einem Dinner in der Bar Boulud einen ganzen 10-Pfund-Fisch in Feigenblättern, gefüllt mit frischen, schwarzen Feigen. Heute serviert Boulud Sud nur kleine Mengen.

**SPAGHETTI MIT ROGEN DER ZWERGMARÄNE, ARAKATAKA, OSLO, NORWEGEN** Ein Berg Butternudeln mit knusprigem, süßsalzigem, rotem Rogen, der jeden Bissen veredelt.

# 458

## Frühstücken Sie mit Blutwurst und Kartoffeln in Irland!

IRLAND // Wenn Sie Glück haben, umfasst ein traditionelles irisches Frühstück in einem B&B ein paar Scheiben einer gehaltvollen dunklen Wurst, dazu ein Spiegelei und Colcannon (Kartoffeln und Kohl). Blackpudding (Blutwurst) kommt aus bescheidenen Verhältnissen: Bäuerinnen bereiteten ihn aus dem Blut des geschlachteten Schweins zu, weil man nichts vom Tier wegwerfen wollte. Blutwurst wird sogar schon in Homers *Odyssee* erwähnt. Heute wird diese üppige, gewürzte Wurst – mit Schweinespeck und Haferflocken – von Gourmets verehrt. Die beste findet man beim örtlichen Metzger, manche Haushalte wie die Egans im Inch House B&B in Tipperary stellen eine eigene her.

☞ WO? *Kaufen Sie die preisgekrönte Wurst beim Metzger McCarthy in Kanturk; denn, wenn die gut genug für Königin Elisabeth II. ist …*

# 459

## Warum die Heimat des Reubensandwichs im Big Apple eine Institution ist

USA // Katz's Deli in New York gibt es seit 1888, und seitdem hat es eines der weltbesten Sandwiches perfektioniert. Am besten isst man es direkt hier an seinem Entstehungsort, wo das Dekor altmodisch ist, sich die wartenden Menschen drängen und die Wände mit gerahmten Fotos berühmter Gäste behängt sind. Der wahre Star hier ist allerdings das langsam gekochte Corned Beef, dazu Schweizer Käse, Sauerkraut und ein wenig herbes, russisches Dressing. Für dieses Privileg müssen Sie Schlange stehen, aber hier macht das Warten echt Spaß, da das lebendige New York City vor Ihnen vorbeipromeniert.

☞ WO? *Stürzen Sie sich mutig auf Ihr Reuben, wohlwissend, dass es etwas Historisches ist, im berühmten Katz's Delicatessen, 205 E Houston St, New York.*

# 460

## Wagen Sie Wildes in The Test Kitchen in Kapstadt!

SÜDAFRIKA // Das Südafrika des The Test Kitchen ist nicht das weite Land, das die meisten Touristen suchen. Aber oft sind die unerwarteten Reiseerfahrungen die besten. Außerdem steht dieses viel gelobte experimentelle Restaurant für einen Teil des Landes, der sich neu definieren möchte. Ein Abend dort führt durch zwei Räume – den Dark Room (schwarze Wände, theatralische Beleuchtung) und den Light Room (Industrial-Schick) – wo man ganz der Realität entrückt wird und sich völlig auf die Gerichte konzentriert wie Lammbries, Lakritz-Leber-Jus, Limonengelee, eingelegte Zitronen und Pinienkern Gremolata. Oder Desserts, in denen Mango mit Tamarindenpaste, Ananas mit Sternanis und Baiser mit grünem Thaicurry kombiniert sind.

👉 WO? *Vor jedem Quartal kann man an bestimmten Terminen buchen. Im Kalender eintragen, die Telefonnummer programmieren und dann viel Glück! The Old Biscuit Mill, 375 Albert Rd, Woodstock*

# 461

## Singapurs schwarze Pfefferkrabbe macht schmutzige Hände – und schmeckt!

SINGAPUR // Das Longbeach Restaurant in Singapur (vier Lokale in der Stadt) hat angeblich 1959 die schwarze Pfefferkrabbe erfunden – zweimal im Wok frittiert, mit schwarzem und weißem Peffer, Austernsauce, Knoblauch, Ingwer, Koriander und Chili. Es stellt noch immer eine leckere Variante her (zu heftigen Preisen). Eine günstigere, authentische schwarze Pfefferkrabbe gibt es im etablierten Eng Seng Restaurant. Die Schlange bildet sich ungefähr ab 5 Uhr nachmittags, kommen Sie also früh oder warten Sie. Wenn sie dann serviert wird, sieht Ihre Krabbe aus, als hätte man sie aus einer Ölkatastrophe gerettet. Doch schmeckt sie definitiv viel besser als sie aussieht!

👉 WO? *Long Beach UDMC, 1202 East Coast Parkway, East Coast Seafood Centre; Eng Seng, 247 Joo Chiat Place, beide in Singapur*

# 462

## Abends in Marrakesch: Auf geht's zum Couscous-Karneval!

**MAROKKO //** In jeder Stadt gibt es ein oder zwei Wochen, in denen sie in den Festivalmodus schaltet, aber in Marrakesch geschieht das jeden Abend, wenn der Hauptplatz, Djemaa el Fna, sich in einen Karneval aus Essen, Musik, Theater und purer menschlicher Energie verwandelt. Den Großteil des Tages ist es eine kahle Asphaltfläche mit ein paar Ständen, die frischen Orangensaft, Heilkräuter und Hennatattoos anbieten, außerdem tummeln sich dort Wasserverkäufer mit Lederbeuteln voller Wasser, alte Männern, die Einheimischen Geschichten erzählen und Schlangenbeschwörer, die sich Touristen als Fotomotiv anbieten. An den Ecken des Platzes suchen die Leute Schatten in Cafés und genießen süßen Pfefferminztee und Gebäck.

Am späten Nachmittag verändert sich die Atmosphäre allmählich, wenn Männergruppen beginnen, Metallrahmen für Garküchen zusammenzubauen. Wenn es dunkel wird, kommen die Entertainer – Akro-

baten, Volksmusiker der Berber, noch mehr Geschichtenerzähler – Flutlicht macht den weißen Dampf der Grills und Garküchen sichtbar. Hier gibt es alle Gerichte der traditionellen marokkanischen Küche: *Tajine* mit Lamm und Pflaume, Couscous mit langsam gegartem Gemüse, Fleischberge, bereit für den Grill, scharfe Schneckenbrühe, Schalen mit *Harira*. Falls Sie einen Stuhl bei einem der größeren Stände erwischen, können Sie hier fast alles kosten. Kleinere Stände spezialisieren sich auf bestimmte Delikatessen: Wenn Ihnen der Sinn nach gegrilltem Schafskopf steht, kein Problem. Gegen Mitternacht verschwindet die Menge, die Stände werden abgebaut, es wird ruhig auf Djemaa el Fna, zumindest für ein paar Stunden ...

**☛ WO?** *Wählen Sie einen Stand, an dem Sie vorher die frischen Zutaten inspizieren können, nicht den mit dem lautesten Marktschreier.*

462

463

# 464

## Wie die Straßenkünstler in Kuala Lumpur Hokkien mee rasend schnell zubereiten

MALAYSIA // Trotz des Tempos der Wokmeister haben die Speisen einen sehr komplexen Geschmack – wir sind schließlich in Malaysia, wo nichts mild oder fad ist. Chinesische Immigranten haben Malaysia *Hokkien mee* geschenkt, eine reichhaltige sämige Mischung aus dicken Nudeln mit Schweinefleischstreifen, Garnelen, Kohl und klebriger dunkler Sojasauce. Dazu kommen angebratene Würfel Schweinespeck. *Hokkien mee* ist einer der Bestseller in den Garküchen von Kuala Lumpur. Am besten suchen Sie auf den Straßen nach Ständen, wo die Nudeln über einem Holzkohlefeuer zubereitet werden, was *Hokkien Mee* etwas Geräuchertes verleiht. Wenige Abenteuerlustige gehen zu Kim Lian Kee, das die Nudeln seit den 1920ern serviert.

WO? *An einer der Garküchen oder bei Kim Lian Kee, 92 Jalan Hang Lekir, City Centre, Kuala Lumpur*

# 463

## NOA: Tallinns Weltklasse-Degustationsmenü mit Seeblick

ESTLAND // Radikal, modern und dramatisch - NOA liegt auf drei Etagen mit Blick auf die Bucht von Tallinn und die alte estnische Hauptstadt. Dank des cleveren Designs und mehrerer Spiegel blickt man von jedem Tisch aus aufs Meer. 2014 eröffnet, wurde NOA zum Juwel in der kulinarischen Szene Estlands. Während das Hauptrestaurant den meisten „gourmet" genug ist, reservieren Connaisseure einen Platz in der Halle von NOAs Chefkoch, was einen etwas intimeren Abend und ein Degustationsmenü verspricht. Dabei schauen die Köche von der Küche aus zu, wie Sie eine Leckerei nach der anderen goutieren. Bei Zutaten wie Tintenfisch mit „vintage" Eigelb, Miesmuscheln und Jus erwartet Sie eine Weltklasseküche mit estnischem Aroma.

WO? *NOA, für sein Design und den Blick auf die Stadt berühmt, ist ein absolutes Muss in Estland. Ranna tee 3, Tallinn*

# 465

## Wild auf Moschusochse in Grönland

GRÖNLAND // Der Moschusochse, ein Verwandter der Schafe, sieht mit seinem riesen Kopf und den gebogenen Hörnern eher wie ein Bison aus. Ein paar Millionen Jahre lang durchstreifte er die Tundra, ab dem 19. Jahrhundert aber rotteten ihn die Jäger fast aus. Der Großteil der Population ist heute geschützt, aber da in der Saison Jagen erlaubt ist, findet man Moschusochse auf der Speisekarte. Der Geschmack erinnert an Rind, ist aber kräftiger.

☛ WO? *Ein Steak mit Blick auf den Fjord im 5. Stock von A Hereford Beefstouw im Hotel Hans Egede, Aqqusinersuaq 1, Nuuk*

# 466

## Kürbiskuchen ganz ohne Familienkrach bei Yura

USA // Den Kürbiskuchen zu Thanksgiving in einer Familie zu genießen ist eine wunderbare authentische Erfahrung. Aber wenn man keine echte amerikanische Familie oder Freunde hat, bei denen man über die Feiertage einfallen kann, bietet der süße Pumpkinpie in der New Yorker Yura Bakery mit seinen herbstlichen Nelken- und Ingwernoten all die gemütlichen Thanksgivinggefühle – ganz ohne Familienstreit oder American Football. Dafür kann man dankbar sein.

☛ WO? *Bei Yura in Madison Bakery, 1292 Madison Ave, New York, gibt es tolle Backwaren an einem fröhlich-gemütlichen Ort.*

# 467

## Palmiers: Herzförmige Teigperfektion

FRANKREICH // Oft heißen sie „Schweinsohren": Dieses luftige französische Gebäck ist wie ein Herz oder ein Schmetterling geformt. Es wurde wahrscheinlich von einem knausrigen Patissier erfunden, der die Reste von seinem buttrigen Blätterteig noch verwerten wollte. Frisch aus dem Ofen haben die Palmiers eine glänzende, zuckrige Oberfläche und sind sehr knusprig. Mit einem Café au Lait sind sie perfekt als *Goûter* (Nachmittagssnack) – Achtung: Bröselgefahr!

☛ WO? *Palmiers gibt's nicht in der Boulangerie, sondern in der Pâtisserie. Testen Sie Huré in 18 Rue Rambuteau in Paris.*

467

© Getty Images / Cheryl Chan

**468**

# 468

## Bak Kut Teh wärmt in Malaysia Ihre Seele

**MALAYSIA //** So lecker Gerichte wie *Mee Goreng*, *Rendang* und *Laksa* auch sind, Malaysia hat mehr zu bieten. So die ursprünglich aus China stammende Brühe aus Schweineknochen namens *Bak Kut Teh*. Dafür werden Schweinerippen mindestens zwei Stunden lang sanft gekocht, in einer Brühe, die mit Sojasauce, Sternanis, Zimt, Nelken, Fenchelsamen, Knoblauch und *Dang Gui* (chinesische Engelswurz) gewürzt ist. Oft gibt es darin auch frittierte Teigstreifen namens *Char Kueh* sowie Innereien, Pilze, Choy-Sum-Kohl und frittierten Tofu, die Geschmack und Struktur ergänzen. Chinesische Malaysier genießen dieses die See-

le wärmende Gericht oft als spätes Abendessen, wenn die Tageshitze nachgelassen hat. Klang, eine Stadt an der Westküste, beansprucht für sich, dass *Bak Kut Teh* dort erfunden wurde, und man kann die Qualität des Gerichts dort wirklich nicht bestreiten. Die Zusammensetzung variiert, es gibt Versionen, die dick und dunkel, andere, die hell und dünnflüssig sind. Manche sind scharf, andere subtiler gewürzt.

☞ WO? *Dort, wo die Begeisterung für das Gericht in Klang angefangen hat: Teck Teh, Jalan Stesen 1, Kawasan 1, 41000 Klang, Selangor*

# 469

## Dorschzungen und Scrunchions? Leckereien aus dem hohen Norden

KANADA // Auf Neufundland, einer Insel vor der Ostküste Kanadas, lebt eine der isoliertesten Gemeinschaften der Welt, was zu einigen „interessanten" Zutaten geführt hat. Tatsächlich sind die meisten dieser Zutaten aus der Not geboren, in einem unwirtlichen Klima mit wenigen Lebensmitteln zu leben, aber heutzutage wurden sie vom Marketing zu „Delikatessen" aufpoliert. Eine solche Spezialität ist *Caplin*, also Dorschzunge. Klingt lecker, oder? Entspannen Sie sich, es ist nicht so zäh wie es klingt und eigentlich auch keine Zunge, sondern Streifen aus der Kehle des Dorschs. Dazu noch ein paar *Scrunchions* (Schweineschwarte, die frittiert wird, bis sie ganz ausgelassen und knusprig ist) und schon haben Sie einen Teller voller Leckereien.

☞ WO? *Im spanisch inspirierten Bacalao Nouvelle Newfoundland Cuisine, 65 Lemarchant Rd, St John's, Neufundland*

469

© Shutterstock / Elena Elisseeva

470

© Getty Images / maksime

# 470

## In Prag ist Trdelník ein Muss auf Ihrer To-Do-Liste

TSCHECHIEN // Wenn Sie sich die barocken Sehenswürdigkeiten Prags anschauen, werden Sie unausweichlich auch eine ganz andere Sehenswürdigkeit entdecken: Spiralen aus mit Zucker bestreutem Teig, die in Schaufenstern hängen oder auf der Straße an einem Stand rösten. Achtung! Diese *Trdelník* könnten zu Ihrer neuen Leidenschaft werden. Denn wer könnte diesem knackigen karamellisierten Zucker und dem Aroma von warmem Zimt widerstehen? Und dabei haben Sie noch gar nicht gemerkt, dass man Trdelník auch mit zerlassener Schokolade gefüllt bekommt. Ein paar abenteuerlustige Konditoreien fanden zudem heraus, dass sich *Trdelník* perfekt als Hörnchen für Eis eignen und füllen sie damit. Die Diät machen Sie zuhause.

☞ WO? *Überall in Prag in Bäckereien oder an Imbissständen*

# Ein Steak-and-Kidney-Pie zum Bier, in den besten Pubs der Welt

**GB //** Wir wollen ja niemanden vor den Kopf stoßen, aber wir glauben schon, dass es in London die besten Pubs der Welt gibt. Mehrere Kneipen dort behaupten von sich, seit dem 15. Jh. zu existieren – Orte voller Geschichte, die große Schriftsteller, Politiker, Philosophen, sogar Mitglieder des Königshauses bewirtet haben und Lokale, die seit Jahrhunderten Bier brauen... Wenn es etwas gibt, das die Perfektion eines gut gebrauten Ales noch verbessert, ist es ein einfacher Pie. Im Windmill in Mayfair, London, gibt es den preisgekrönten (dreifacher nationaler Champion) Steak-and-Kidney-Pie. Die

Pies im Windmill werden aus Teig mit Rindertalg und einem Deckel aus Kartoffelbrei zubereitet und mit zart schmelzendem Rindersteak, Rindernieren, Zwiebeln, Pilzen und etwas Senf, Worcestersauce und Thymian. Wenn Sie finden, dass das nach einem Hit klingt – willkommen im Club. Das meinen wir wörtlich: Das Windmill hat einen eigenen Pieclub, der regelmäßig zu Verkostungen und Pieabenden lädt.

☞ **WO?** *Es geht nicht besser als im Windmill, 6-8 Mill St, Mayfair, London.*

**471**

# 472

# 473

## Teilen Sie ein Bananenblatt-Baho in Familiengröße in Nicaragua!

NICARAGUA // Es gibt kein besseres Gericht, um die Küche Nicaraguas kennenzulernen, als ein *Baho,* das man mit Freunden und der Familie teilt. Es besteht aus marinierter Rinderbrust, Kochbananen und Maniok, alles gedämpft in einem Bananenblatt. Das Fleisch für das *Baho* wird in Orangen- und Limettensaft, Tomaten, Zwiebeln, Knoblauch und Salz mariniert, dann auf die Kochbananen gelegt, die wiederum auf Bananenblättern landen und in einem Topf gedämpft werden. Das Fleisch wird mit Maniok bedeckt, mit der Marinade begossen und dann zu einem Bananenblattpäckchen verschnürt. Bei Tisch erhält jeder seine Portion auf einem frischen Bananenblatt.

☛ WO? *Probieren Sie anstelle einer Familienfeier La Nueva Casa del Baho, SE 24th St, Managua.*

## Schlemmen Sie auf dem Borough Market Roastbeef-Baguette!

GB // Auf einem Markt, der alles bietet – Häppchen vom Balkan, alpine Delikatessen, argentinische Genüsse – ist es schwierig, sich für ein Gericht zu entscheiden. Aber wenn Sie etwas suchen, das so britisch ist wie Roastbeef, Breakfast und Cockney Rhyming Slang, lassen Sie sich auf dem Borough Market von Ihrer Nase führen. Seit gut 25 Jahren serviert das Ehepaar Michael und Julie Hobbs zum Mittagessen legendäre Baguettes, belegt mit warmem, gefülltem Schweinebraten und Apfelmus oder Truthahn und Cranberry. Es ist, als würden sich alle Lieblingsgerichte vom Sonntagsbraten bis zum Weihnachtsmahl vereinen. Stellen Sie sich an und wählen Sie Ihren Liebling.

☛ WO? *Ein Besuch auf dem Borough Market bedeutet, Teil einer Jahrtausende alten Geschichte zu werden. 8 Southwark St, London*

© Shutterstock / Sofiaworld

476

© Dexter Choong, Courtesy of Flour and Stone

475

# 474

## Mauritianische Bouletten für jeden Geschmack

MAURITIUS // Die Küche von Mauritius ist von vielen Aromen der Welt beeinflusst. Unbedingt probieren sollte man die kleinen Klöße namens *Boulettes* – pur oder in einer Brühe. Wir finden sie mit Brühe am besten. Was bei dieser Mahlzeit besonders Spaß macht: Man kann *Boulettes* jeglicher Geschmacksrichtung in die Brühe geben und dann mit Saucen nach Belieben würzen.

☛ WO? *Bei Ti Kouloir, Grand Bai, Riviere Du Rempart, Mauritius, mit Soja-, Fisch-, Knoblauch- oder Chilisauce*

# 475

## Lernen Sie in Sydney den Lamington zu lieben!

AUSTRALIEN // Er ist noch nicht tot, der klassische australische Kokosnusskuchen Lamington. Widerstehen Sie an der Theke von Nadine Ingrams Flour und Stone Bakery allen Ablenkungen: Sie suchen ihrer Interpretation dieses Kinderklassikers mit viel Panna Cotta. Setzen Sie sich draußen hin und beißen Sie in den weichen Biskuitwürfel. Im Bennelong Restaurant in Sydneys Oper hat der kleine Kuchen übrigens ein Luxusdessert inspiriert.

☛ WO? *In der Sydney's Flour and Stone Bakery in der 53 Riley St, Woolloomooloo*

# 476

## Feiern Sie den Herbst mit einem Mond-kuchen in Macau!

MACAU // Im Oktober sind in Hong Kong, Macau und Südchina alle verrückt nach Mondkuchen, dem aufwendig verzierten Gebäck, das zum Mondfest genossen wird. Kantonesische Mondkuchen haben einen weichen Teig, der mit Lotuspaste, roten Bohnen oder gesalzenem Enteneigelb gefüllt ist. Neuerdings gibt es auch Varianten mit Füllungen aus Eis, Erdnüssen, Käse, Karamell und Schokolade.

☛ WO? *Als Statussymbol gibt es Mond-kuchen oft in Luxushotels wie dem Mandarin Oriental in Hong Kong.*

# 477

## Megagroße Kekse: Oblea in Bogotá

**KOLUMBIEN** // Es ist vier Uhr nachmittags auf den Straßen Bogotás: Sie haben etwas Hunger und sind erschöpft vom Erkunden der Attraktionen aus der Kolonialzeit in der hoch gelegenen Stadt? Zum Glück gibt es hier an einem der unzähligen Metallkarren einen der himmlischsten Straßensnacks der Welt: *Oblea*, zwei riesige runde Waffeln, die dick mit *Arequipe* (kolumbianisches Karamell) bestrichen und zusammengeklappt werden. Die besten sind goldbraun und größer als Ihr Kopf. Weitere Zutaten sind Marmelade, Kokosnuss und merkwürdiger geriebener Käse. Dieser Zuckerschub sollte Sie jetzt erst mal wachhalten!

☛ **WO?** *Oblea-Verkäufer gibt's in den Fußgängerzonen der meisten kolumbianischen Städte.*

477

© Marc Boettcher / Alamy Stock Photo

478

© Shutterstock / KiltedArab

# 478

## Ab in eine quirlige, toskanische Trattoria für ein Bistecca alla fiorentina!

**ITALIEN** // Inmitten der Renaissancearchitektur von Florenz nimmt ein Koch ein Steak und würzt es mit Salz, Pfeffer und etwas Olivenöl... Moment mal: Ein wirklich klassisches *Bistecca alla fiorentina* – ein Steak nach Florentiner Art – hat seinen Ursprung im toskanischen Chianatal, wo das Chianina-Rind, eine riesige uralte Rasse auf dem üppigen Schwemmland grast und das Fleisch für dieses Gericht produziert. Damit der Geschmack noch besser wird, muss es reifen, bevor es auf den Grill kommt, wo es eine saftige Kruste bekommt. Im Trubel einer lauten Trattoria passen zu dem blutigen Fleisch perfekt zitronige Cannellini-Bohnen und eine Karaffe Chianti.

☛ **WO?** *Die Trattoria Mario (Via Rosina) in Florenz bereitet seit einem halben Jahrhundert perfekte Bistecche zum Mittagessen zu.*

# 479

## Karamellkuchen nach einem Marsch in Südengland

GB // The Hungry Monk in der östlichen Spitze des South Downs National Park behauptet, das Restaurant gewesen zu sein, das 1972 Bananen und Toffee in einem Biskuitteig kombiniert hat. Es dauerte nicht lang, bis andere Lokale die karamellüberzogene Leckerei namens *Banoffee-Pie* nachmachten. Zwar gibt es The Monk nicht mehr, aber wenn Sie über den South Downs Way wandern, gönnen Sie sich in Arlington ein gehaltvolles Stück des berühmten regionalen Kuchens.

☞ WO? *Genießen Sie das sahnige, klebrige Gebäck im Yew Tree Inn, Arlington, Polegate, East Sussex.*

# 480

## Thieboudienne: Scharfe senegalesische Schlichtheit

SENEGAL // Die besten Dinge im Leben sind oft die einfachsten: Das senegalesische Nationalgericht besteht aus Reis und Fisch in einer scharfen Tomatensauce. Aber es gibt mindestens so viele Ideen zu seiner Perfektionierung wie es Reiskörner in der Gemeinschaftsschüssel gibt. Typischerweise hat der geräucherte Fisch einen milden Geschmack – die würzige Sauce bringt die Schärfe dazu. Zu regionalen Varianten von *Thieboudienne* gehören leckeres Rindfleisch und Brühe.

☞ WO? *Die Stände, an denen die Einheimischen kaufen, finden Sie vor dem geschäftigen Marché Kermel in Dakar.*

# 481

## Das Geheimnis der thailändischen Wurst Sai Krok Isan

THAILAND // Man muss schon abenteuerlustig sein, um *Sai Krok Isan* zu bestellen. Aber wenn Sie den Wang Lang Markt in Bangkok besuchen (unbedingt zu empfehlen!), wäre es verrückt, diese umwerfende Wurst nicht zu probieren. Ihr Mut wird mit einem der tollsten Snacks Thailands belohnt: Fettes Schweinehackfleisch und Reis in einer Wurstpelle werden fermentiert, bis alles leicht säuerlich ist, und dann gegrillt. Dazu gibt's knusprige scharfe Beilagen.

☞ WO? *Sai Krok Isan gibt es nur in Garküchen, man findet sie nie in Restaurants.*

479

# 482

## Feiern Sie Chanukkah mit einer in Öl gebackenen Speise

ISRAEL // Chanukkah feiert den Sieg über Tyrannen, der symbolisiert wird durch das Wunder eines Leuchters, der mit einer Portion Öl acht Tage lang brannte. Heute feiern Juden mit in Öl gebackenen Gerichten, dazu gehören auch diese lockeren runden Krapfen. Moderne *Sufganiyot* werden mit allem Möglichen gefüllt, von Nutella bis Ingwercreme. Sie schmecken unter den Palmen im hübschen Viertel Neve Tsedek in Tel Aviv.

☞ WO? *In der Bäckerei Dallal gibt es Sufganiyot in 7 Kol Israel Haverim St, Tel Aviv.*

© Lonely Planet / River Thompson

© Shutterstock / Elena Pominova

# 483

## Genießen Sie die einzigartige Atmosphäre in einem Bouchon in Lyon!

FRANKREICH // In Lyon in einem Bouchon zu essen bedeutet, Teil einer kulinarischen Tradition aus dem 17. Jahrhundert zu werden. Als die Seidenindustrie der Stadt boomte, suchten Besucher aus aller Welt nach Lokalen. Die *Bouchons*, die nach dem Stroh benannt sind, das zur Säuberung der Pferde bereitgestellt wurde, waren gemütlich und gastlich zugleich. Mit ihren bescheiden-behaglich eingerichteten Speisesälen führen moderne *Bouchons* die Tradition fort. Auf der Speisekarte finden sich Fleischgerichte wie Hühnerleberquiche oder Kalb mit Morcheln. Dazu trinken Sie einen Beaujolais aus der Region.

---

☛ WO? *Ein paar Schritte von der Saône in Lyon entfernt ist das Café Comptoir Abel seit 1928 eine atmosphärische Entdeckung.*

# 484

## Ab nach Singapur für die günstigste Mahlzeit mit Michelin-Stern!

SINGAPUR // Der Koch Chan Hon Meng war wohl ziemlich erstaunt über die Aufmerksamkeit, die sein Huhn mit Sojasauce und Reis 2016 erregte. Aber es passiert eben nicht täglich, dass Michelinkritiker einer Garküche auf einem Markt in Singapur einen Stern verleihen. Und das machte sein klassisches Huhn-Reis-Gericht - zu zwei Singapur-Dollar pro Portion - zur günstigsten Mahlzeit mit Michelin-Stern weltweit. Heute bilden sich hier lange Schlangen, aber wenn Sie nicht warten wollen, gibt es 260 weitere Garküchen zur Auswahl, die schwarze Pfefferkrabbe, *Char Kway Teow* servieren.

---

☛ WO? *Liao Fan Hong Kong Sojasauce Chicken Rice and Noodle im Chinatown Complex Food Centre, 335 Smith St, Singapur*

© Lonely Planet / Matt Munro

© Lonely Planet / Matt Munro

# 485

## Ein Schatz der vietnamesischen Garküchen: Bò Lá Lot

VIETNAM // *Bò Lá Lot* ist nicht gerade weltbekannt. Gewürztes Rinderhack wird in Betelblätter gewickelt und über Kohlen gegrillt. In ein Blatt Reispapier werden ein Salatblatt, etwas eingelegte Karotte und Daikon gelegt, dazu grüne Kräuter wie Koriander und Basilikum, das Fleisch im Betelblatt und frische Chili. Das wird zusammengerollt und in eine Fischsauce gedippt.

☛ WO? *An den Ständen in der Ton Duc Thang Rd, Ho-Chi-Minh-Stadt*

# 486

## Spielen Sie mit beim Chile Relleno in Puebla!

MEXIKO // Dieser Teller mit frittierten gefüllten Poblanoschoten ist eine Art Roulette: Die meisten sind mild, aber welche ist scharf? Die grünen Paprika werden mit Panelakäse gefüllt und dann in einem leichten Teigmantel frittiert. Dieser ultimative Snack zu Alkohol stammt aus Puebla. Eine amerikanische Version mit schärferen Jalapeños mildert diese mit einer Frischkäsefüllung.

☛ WO? *Restaurante Sacristia in der Calle 6 sur 304, Puebla. Oder Pueblas Chile Festival*

# 487

## Probieren Sie gefüllte Arepas in Caracas!

VENEZUELA // *Arepas* wurden schon vor 1492 seit Jahrhunderten überall in Venezuela und Kolumbien gegessen. Es ist eine Art Brötchen aus Maisteig, das man wie Pita mit so ziemlich allem füllen kann. Der Teig ist oben knusprig und innen luftig und durch den Mais leicht süß. Beliebte Füllungen sind schwarze Bohnen, Käse, Fisch und Schweinefleisch.

☛ WO? *Beginnen Sie den Tag mit Arepas mit tollen Füllungen aus der Arepa Factory's: Cristal Palace Transversal 2, Caracas.*

# 488

## Ein Stapel Placky zeigt die slawische Kartoffelleidenschaft

SLOWAKEI // Die osteuropäische Liebe zur Kartoffel zeigt sich in diesem sättigenden Kartoffelpuffer, den es in den meisten slawischen Ländern gibt. Die Leute in Tschechien und der Slowakei sind aber richtig begeistert davon. Wenn man eine Familie besucht, bekommt man fast immer *Placky* oder die ähnlichen *Lokše* angeboten. Rohe Kartoffeln werden gerieben und mit Eiern, Mehl, Pfeffer und Majoran zu einem Teig verrührt. Lecker! Man wünscht sich einen Stapel davon.

☛ WO? *Lassen Sie sich von jemandem nach Hause einladen, am besten in den Bergen, und schauen Sie beim Kochen zu.*

# 489

## Jemenitisches Lahoh schmeckt zu süßer wie salziger Sauce

JEMEN // Am besten vergleicht man *Lahoh* wohl mit einem Pfannkuchen. Traditionell aus Mehl, Hefe und Wasser ist dieses runde, fluffige Fladenbrot zu jeder Tageszeit ein beliebter Snack. Zum Frühstück streichen Jemeniten Honig und Ghee auf ihr Lahoh. Die leichten und luftigen sind auch perfekt, um Currys und Suppen damit aufzunehmen. Sogar im Dessert *Shafout* taucht *Lahoh* auf, wo es mit Joghurt, frischer Minze und Granatapfel kombiniert wird.

☛ WO? *Wenn die Konflikte wieder abflauen, findet man heiße, knusprige Lahoh an Ständen im Souk von Sanaas Altstadt.*

# 490

## Alcapurria: Ein frittierter Klassiker aus Puerto Rico

PUERTO RICO // Bananenteig um eine würzige Fleischfüllung und alles frittiert: *Alcapurria* ist eine einzigartige Fleischtasche. Diese leckeren Snacks finden Sie überall auf den Straßen Puerto Ricos, aber wenn Sie einen probieren wollen, den die Einheimischen lieben, dann folgen Sie dem Straßengewirr östlich von San Juan nach Piñones. Bei Mangroven, Strand und Sonnenschein pflegen Afro-Puerto-Ricaner ihre Traditionen mit Tanz, Plena Musik und *Alcapurria*.

☛ WO? *Kiosko El Boricua ist der beste Stand am Strand – die Schlange davor bezeugt es.*

491

© Lonely Planet / Mark Read

491

© Lonely Planet / Mark Read

# 491

## Stärkung für eine Partynacht in Havana: Medianoche

KUBA // Die wildere, kleine Schwester des bekannten Kubanischen Sandwichs, das *Medianoche*, trifft man am wahrscheinlichsten in der Nacht, mitten in einer wilden Partyhorde in Havana. Der Name bedeutet „Mitten in der Nacht", und in einem *Medianoche* stecken Schweinebraten, Schinken, schweizer Käse und eingelegtes Gemüse in einem süßen Eierbrot, anders als beim knusprigen, kubanischen Sandwich. So ist es auch nach zu vielen Mojitos einfacher zu essen.

☛ WO? *In Cafés und an Ständen nahe der Clubs in Havana: La Chucheria, 1era entre C y D Vedado, La Habana oder auf El Malecon*

# 492

## Soulfood-Klassiker aus den Südstaaten: Shrimp and grits

USA // Zur Kultur der Südstaaten gehören Gerichte, nach denen man den Gürtel lockert und die Seele baumeln lässt. Restaurants in Charleston servieren so ein Gericht aus dem Lowcountry: *Shrimp and grits* (Art Maisgrütze). Hier reichen die Varianten von der ganz schlichten Version, wie man Sie in Lokalen wie Hannibal's Kitchen findet, bis zu noblen Versionen, wie sie im teureren Hominy Grill von Robert Stehling serviert werden. Probieren Sie unbedingt beide!

☛ WO? *In Hannibal's Kitchen, 16 Blake St und Hominy Grill, 207 Rutledge Ave, beide in Charleston, South Carolina*

# 493

## Die Wiener wissen, wie es geht: Apfelstrudel

ÖSTERREICH // Der Apfelstrudel ist schon seit Jahrhunderten ein Wiener Klassiker – in der Stadtbibliothek findet sich übrigens ein berühmtes handgeschriebenes Strudelrezept von 1696. Das österreichische Nationalgericht besteht aus einer leckeren Füllung aus geschnittenen Äpfeln, Semmelbröseln, Butter, Zucker, Zimt und eventuell noch Rosinen und Mandelsplittern, die in einen hauchdünnen Strudelteil gerollt und im Ofen gebacken werden – umwerfend!

☛ WO? *Gegenüber der Oper serviert man in Gerstners prächtigem Café den hübschesten Strudel der Stadt. Kärntner Str. 51, Wien*

# 494

## Keine Feier in Brasilien ohne Espetinho

BRASILIEN // Ob ein Open-Air-Konzert, eine große Sportveranstaltung oder ein Festival: Wenn man sieht, dass *Espetinho*-Verkäufer ihre Grills aufbauen, weiß man, dass eine Party bevorsteht. *Espetinho* heißt auf Portugiesisch „kleiner Spieß" und erinnert an Kebab. Anders als bei vielen typischen Nationalgerichten wird mit den *Espetinhos* nicht geprahlt: Brasilianer machen Witze, welches Fleisch tatsächlich auf diesen Spießen steckt. Den besten Stand erkennen Sie an der längsten Schlange vor dem Grill.

☛ WO? *Überall, wo etwas los ist, stehen auch Espetinho-Verkäufer.*

493

# 495

## Guten Morgen! Simit-Kringel und Joghurt in Istanbul

TÜRKEI // Die türkischen Sesamringe *Simit* werden seit über 500 Jahren in Istanbul gebacken. Die perfekte Einfachheit eines Frühstücks mit *Simit* und der würzigen Käsejoghurtcreme *Haydari* könnte ein Grund für die anhaltende Beliebtheit sein oder auch der Kontrast zwischen knusprigem Äußerem und weichem Innerem. Mit Butter, etwas Fetakäse und einem türkischen Mokka ist es das beste Frühstück früh am Morgen, wenn Istanbul gerade erst hektisch wird.

☛ WO? *An einem Simit-Karren auf Istanbuls Straßen oder bei einem Simitverkäufer, der einen Stapel auf seinem Kopf trägt*

# 496

## Wenn es gut genug für Geister ist ... Irish Barmbrack

IRLAND// *Barmbrack,* das irische Früchtebrot, wird mit starkem schwarzem Tee, Hefe und Trockenobst gemacht, in Scheiben geschnitten, mit Butter bestrichen und zu einer Tasse Tee serviert. Das Besondere hier ist die Tradition: Das Brot wurde ursprünglich an Halloween vor die Häuser gelegt, um böse Geister zu beruhigen. Zudem wurden kleine, symbolische Gegenstände eingebacken, die dem Finder etwas über die Zukunft verrieten.

☛ WO? *Genießen Sie Barmbrack mit großartigem Kaffee bei der Hansel and Gretel Bakery & Patisserie, Clare St, Dublin.*

# 497

## Soufflé von den galllischen Meistern

FRANKREICH // Das berüchtigt zarte Soufflé hat den Ruf, schwer zuzubereiten zu sein. Wenn Sie also diese leichte, luftige Köstlichkeit backen wollen, holen Sie sich ein paar Tipps von den Franzosen, den Meistern ihres Faches. In Angers ist das Restaurant La Soufflerie eine einzige große Soufflé-Meisterklasse, mit herzhaften Stars wie St Jacques mit Jakobsmuscheln, Seezunge und Languste und unwiderstehlichen Desserts mit Mürbeteigkeksen und Karamellsauce.

☛ WO? *Im Soufflé-Restaurant La Soufflerie, 8 Place du Pilori, Angers*

497

# 498

## Meloui: Frittierte Spiralen aus glühendheißem Teig

MAROKKO // Am beliebtesten ist der dicke marokkanische Pfannkuchen *Meloui* zur Frühstückszeit. Er wird in einer heißen Pfanne oder auf einem Blech gebacken und mit Sirup serviert. Es gibt aber auch Varianten, die mit Hackfleisch, Käse, Lammspeck und Konservenfleisch gefüllt werden und *Khlii* heißen. *Meloui* werden in traditionellen Riads und Restaurants serviert, aber am besten schmeckt er direkt von der heißen Platte eines Straßenverkäufers, wenn er außen knusprig-heiß und innen weich ist.

☛ WO? *Kaufen Sie Meloui überall im Land bei Straßenhändlern.*

## Besuchen Sie die Bäckerei in der Lower East Side, die seit über 100 Jahren ihr Knish-Rezept nicht geändert hat – und das aus gutem Grund!

USA // Es waren wohl jüdische Immigranten aus Osteuropa, die *Knish* um 1900 nach NYC brachten. In den Straßen der Lower East Side verkauften Sie diese gefüllten Teigtaschen aus Karren und Körben. Ein solcher Händler war Yonah Schimmel, ein rumänischer Jude, der seine mageren Ersparnisse nutzte, um 1890 seinen Karren gegen eine Bäckerei einzutauschen. Der Laden brummt immer noch und ist die älteste *Knish*-Bäckerei in den USA. Sie ist immer noch ein Familienbetrieb, geführt von Yonahs Großneffen. Die *Knishes* bei Yonah's halten sich eng an die Tradition, das Originalrezept mit Kartoffeln und

*Kascha* (Buchweizengrütze) ist dasselbe wie vor über 100 Jahren, aber heute gibt es auch andere Füllungen wie Spinat, Brokkoli, Pilze und Süßkartoffeln. Der zarte Teig um das warme, weiche Herz ist ein Handschmeichler, der einen zurück in die Zeit bringt, als die Lower East Side das Zuhause einer boomenden jüdischen Gemeinde war, die die Kultur und den Charakter New Yorks unauslöschlich geprägt hat.

👉 WO? *In Yonah Schimmel's Knish Bakery, gegründet 1910 in 137 E Houston St, New York*

© xPACIFICA / Alamy Stock Photo

# 500

## Stürzen Sie sich auf dem Nachtmarkt in Taipeh auf den übelriechendsten Snack – ein Ruf als mutiger Gourmet ist Ihnen sicher!

TAIWAN // Der Name „Stinkender Tofu" verrät schon, worum es geht – dieser berühmte Snack aus Taiwan stinkt wirklich übel. Wenn Sie durch die schmalen vollen Gassen der berühmten Nachtmärkte Taipehs bummeln, riechen Sie ihn wahrscheinlich schon, bevor Sie ihn überhaupt sehen – ein Aroma wie schimmlige Sportsocken gemischt mit Schweißgeruch! Jetzt geht es nur noch darum, sich für die vor Ihnen liegende Herausforderung zu wappnen, um danach damit anzugeben. Wir empfehlen die frittierte Variante (lassen Sie die mit dem geronnenen Entenblut erst einmal links liegen). Nehmen Sie Chili und eingelegten Kohl als Beilage. Konzentrieren Sie sich darauf, Ihren Würgreiz zu unterdrücken und den Stinkenden Tofu zu schlucken. Wahrscheinlich finden Sie den Geschmack salzig und die Konsistenz weich und zart, Chili und Kohl sorgen für passende Schärfe. Haben Sie es geschafft, können Sie allen Freunden davon erzählen.

☞ WO? *Shilin Night Market, No 101, Jihe Rd, Shilin District, Taipeh*

# Register

# Top Fives

# IMPRESSUM

Titel der englischen Ausgabe: Lonely Planet's Ultimate Eatlist
August 2018
Herausgegeben von Lonely Planet Global Limited
CRN 554153
www.lonelyplanet.com
© Lonely Planet 2018

**Autoren**: Andrew Bain, Celeste Brash, Joshua Samuel Brown, Austin Bush, Will Cockrell, Jen Feroze, Emily Matchar, Kalya Ryan, Mark Scruby, Craig Scutt, Luke Waterson, Yolanda Zappatera

**Managing Director, Publishing** Piers Pickard
**Associate Publisher** Robin Barton
**Art Direction** Daniel Di Paolo
**Editors** Nick Mee, Yolanda Zappaterra
**Image Research** Regina Wolek
**Print Production** Nigel Longuet
**Dank an** Chris Downey, Ashley Garver, Laura Hamilton, Laura Lindsay

## Verlag der deutschen Ausgabe
MAIRDUMONT GmbH & Co. KG
Marco-Polo-Straße 1, 73760 Ostfildern
www.mairdumont.com, www.lonelyplanet.de
**Projektbetreuung** Andrea Wurth
**Übersetzerinnen** Jeanette Bauroth, Kerstin Fricke, Christine Heinzius
**Produktion** red.sign GbR, Stuttgart
**Redaktion** Guido Huß, red.sign GbR, Stuttgart
**Abbildungen** Fotos © wie angegeben
1. Aufl. 2018
ISBN 978-3-8297-2677-1
Printed in Italy

Das Papier in diesem Buch wurde nach den Forest Stewardship Council® -Richtlinien zertifiziert. FSC® fördert die umweltfreundliche, sozialverträgliche und wirtschaftlich tragfähige Bewirtschaftung des weltweiten Waldbestands.

MIX
Papier aus verantwortungsvollen Quellen
FSC® C021741